房地产评估发展丛书

基准房价
理论与实践

JIZHUN FANGJIA
LILUN YU SHIJIAN

耿继进 汪友结 张　晖◎著

人民出版社

《房地产评估发展丛书》总序

柴 强

深圳市房地产评估发展中心立足于深圳这座改革之城，开放之城，创新之城，伴随着中国房地产业的发展，历经近30年的专业求索之路，已成长为中国富有特色的房地产评估与研究的专业机构，为深圳市、广东省乃至国家的房地产、城乡规划和国土资源事业的发展做出了突出贡献。本次受邀为其《房地产评估发展丛书》作序，深感欣慰与荣幸。

举凡以"丛书"之名刊印的研究成果，无论是自然科学的还是社会科学的，多是一定专业领域的新发现、新探索和新成果的知识集成，着重于通过不同维度、不同视角的科研工作，探析特定领域的本质规律，刻画专业知识的演进背景与过程，展现蕴含其中的理性精神与科学内核，激发人们从尽可能的深度和广度去思考人类社会的发展与变迁趋势。

房地产价格、价值等的评估与研究，是一个既古老又新兴的问题，与人们的生产生活息息相关。现存的岩画、石刻等史前遗迹和相关史料，都有关于人类祖先对洞穴、猎场和水源等不动产保护和分配的重要记录。市场和交易的出现，赋予了房地产评估发展的土壤。但在漫长的农业文明中，交易者更多依靠自身摸索的经验和继承的常识，来达成用以实现土地和房屋交易的价格。直到古典经济学派对价值理论的系统研究和讨论，并经奥地利学派，最终由新古典综合学派构建了市场均衡理论，才为房地产评估提供了理论支点，同时关于房地产交易行为、市场趋势和制度规则的研究也与房地产评估日益交融，密不可分。进入20世纪，以英美为代表的房地产行业制度逐步完善，专业领域不断细分，专业组织不断涌现，基于房地产评估理论的专业教育与培训得以发展，开启了评估实务的规范化与标准化，经过整整一代房地产评估研究者和评估师的杰出工作，于20世纪中叶形成了沿用至今的现代评估方法、程序等规范和标准的技术体系，并在后续的评估实务中，不断纳入新的分析方法和统计工具，不断丰富和完善了更为规范的理论基础。 近年来，随着计算机、网络信息和地理信息技术的发展，房地产评估领域不断融合新技术、新思想；随着房地产金融、资产及衍生品定价的理论研究和实务发展，不断拓展领域的边界，尤其是在企业并购、金融产品交易和财产税征收方面，房地产评估得到空前的重视与应用。

不能忽视的是，正因为房地产评估在社会经济发展中获得日益广泛的应用与凸显的重要性，长期以来伴随的批评更应予以关注和重视。尽管规范和标准的技术体系，极大提升了评估实务的效率，但也导致了从业人员沉溺于数学公式的形式和工具的机械运用，而不再热衷于对公式的理解和探求价值实质的无偏估计。进一步的危险还在于评估者与委托人之间固有的利益博弈中，呆板数学公式和程序化统计工具的存在，更易导致评估者忽视最新市场数据的应用，不再强调充分的市场数据搜集和确保数据质量的严肃性，而是更倾向于基于委托人的偏好进行机械的价值估计，估计偏差无法避免， 因而加剧了"道德风险"。

我国房地产估价行业发展的时间虽然较短，但非常迅速，并具有十分重要的作用。在前人探索的基础上，我们建立符合国情的评估技术体系具有一定的后发优势，但在这个过程中，如何避免上述提到的技术陷阱，则是要认真面对和深思的，尤其是在近年房地产业对国民经济和民众生活所产生重要影响的背景下，房地产市场调控与管理，房地产金融风险防范和房地产税制改革等方面，都对房地产评估产生了重要的需求，如何保证房地产评估的公允性，而不被相关行业利益渗透和绑架，显得十分重要。

令人欣慰的是，深圳市房地产评估发展中心在近年的实务工作和理论研究中，特别重视上述问题。该中心积多年的工作经验，以"评估"为核心，以"研究"为基础，以完全产权的市场商品房、政府和社会提供的保障性住房、用以土地整备的拆迁房屋、游离于市场之外的违法建设房屋作为房地产评估的四个纵向维度，并将房地产市场研究、住房保障规划、房地产法律制度设计、房屋地质环境安全、市政基础工程配套作为房地产研究的五个横向层级，相互耦合成一个全方位的用以评估与研究的整体"房地产标的"，同时进一步融合与整合了近年来深圳市在地理信息系统与住房信息平台建设方面的成果和资源，通过彼此间"地、房、人"的大数据交互，有效地对房地产进行系统的评估与研究，将特定的需求内置于这一整体模型的逻辑范式中，而整体模型的操作与发展则依赖于各专业方向的数据更新频次与数据质量保障，由此，一定程度上跳出了束缚于既定数学公式和统计工具的技术藩篱。而不同维度和不同层次的研究工作，又进一步细致刻画和解构了房地产的发展全景，无论对于实务还是理论的发展，可以说具有里程碑的意义。

应该说，像深圳市房地产评估发展中心这样由实务工作和应用研究起步，对房地产评估方法的理论体系有所创见和贡献的专业机构或社会公共服务组织，在国内尚十分难得。如今，该中心将多年来的研究成果结集出版，既是对自身成绩的展示，也是其所应承担的社会公共服务职能的内在要求。向社会传递专业领域的思想和成果，将专业工作打造成吸引专业人才和服务社会的一项事业，还是其多年秉承"专业铸就价值"理念的一种体现。我衷心希望这套丛书的出版，既能为社会传递改革创新的正能量，促进行业发展，更希望深圳市房地产评估发展中心能以此为新的起点，进一步提升自身的专业优势，在房地产评估与研究领域做出更卓越的贡献。

（作者为中国房地产估价师与房地经纪人学会副会长兼秘书长，经济学博士，研究员，国务院批准享受政府特殊津贴专家，住房和城乡建设部房地估价与房地产经纪专家委员会主任委员）

前 言

　　人类认识世界的过程实质上是对生产、生活经验的概念化、抽象化和理论化的过程，而"基准"观念的产生则在认识论的发展史上具有重要意义。基准的实践意义在于建构了人类认知世界的视角与参照系,促进了零散信息和经验碎片的标准化与体系化，延展了人类探知能力；基准的理论意义在于将真实世界中无限多的变量置于一定的范式之中，为研究和分析问题提供了起点和支点，为人们解决问题提供了设计和选择分析工具的可能，使知识体系从经验方程式向逻辑方程式演进，实现了知识体系创新发展的有序传承。

　　在我国市场经济改革的实践中，"基准地价"、"基准利率"和"基准工资"构建了土地、资本和劳动力等生产要素市场化的价格参照体系，为生产、分配、消费提供了重要的指引，目前已成为调控管理和研究分析我国经济发展的重要指标与工具。随着我国房地产市场的快速发展，房地产业在国民经济中的作用和对人民日常生活的影响日益重要，而房价信号的紊乱无序已成为影响市场发展的重要因素之一。官方数据与民间信息的对峙，研究专家与意见领袖的争吵，成交价格与价格指数的背离，统计标准与应用标准的不一，使房价丧失了市场信号的基本功能。因此，以房地产价格基准化重构市场认知标准和价格参照系的诉求日益迫切，并成为完善我国市场经济价格体系的重要工作。

自2005年起，我们开始关注此问题，并在深圳市规划和国土资源委员会的支持下，成立专门的研究团队开展相关工作。耿继进最早提出基准房价的概念，并主持推动了基准房价从理论向实践的转化，严美蓉、李彬、仝德等进行了早期的探索研究。随着我们的研究从"片区价"到"楼栋价"再到"房屋价"的阶段式攀升，基准房价理论体系也逐渐趋于完善。历经八年的探索与实践，终形成此研究成果。

本书关于基准房价的研究立足于国内外关于房价、基准房价的研究成果，充分借鉴和吸收国内相关城市构建"片区基准房价"体系及应用平台的实践经验，以深圳市房地产市场数据为基础，将"基准房价"概念从目前普遍的"片区价"细化至"单元房屋价"，以重新确定基准房价概念的内涵与边界为研究主线，通过数据工程建设，推导基准房价的核心模型——整体估价模型，构建基于单元房屋的基准房价理论体系，并在此基础上设计开发了可应用于房地产市场调控及管理，房地产价格评估与统计、公众查询、房地产金融风险控制和房地产税制改革的基准房价应用平台。

以单元房屋市场价值作为基准房价概念的内涵，在理论上突破了多年来受基准地价影响的"片区价"观念的束缚，重拾了向市场原点回归的思路，重拾了基准理论提供统一认知视角和标准参照系的核心要求。争议不休的各类房地产价格，因市场最基本的标的——单元房屋的基准价格做参照系，有了重新归集与比较的可能，在目前数据获得能力的极限条件下，将运算过程纳入了渐次择优的专业路径中，并使基准房价的评估成果得以最优化，以此作为一种标准和方法，也显著提升了其他价格在既定领域的应用成效。

本书主要包括以下研究内容：

一是在解析现有文献和应用研究成果的基础上，明确界定以房屋基本单元为最小范围的基准房价概念及内涵，构建与阐释基准房价理论体系；

二是综合基准房价的研究诉求和应用的样本数据现状，遵循多维数据收集——数据模型构建——数据库构建的技术规程，实施数据工程建设，推导建立基准房价评估模型——整体估价模型。

三是从房地产市场发展的具体实践诉求出发，深入探索并拓展基准房价体系的应用领域，提出在各相关领域应用基准房价体系的确定思路和方法措施；

四是以基准房价评估模型为核心，结合基准房价体系的应用领域与方法，按照数据采集与管理、基准房价评估、成果展示与应用成效的逻辑顺序，设计并开发基于GIS等技术的深圳市基准房价评估与应用平台，以检验基准房价体系评估与应用研究的科学性、便利性与有效性。

全书共分七章。第一章为背景部分，简要介绍基准房价研究的必要性、可行性及技术路线；第二章为理论部分，明确基准房价内涵并构建基准房价体系；第三、四、五、六章为实践部分，依次对基准房价的数据准备、评估模型、应用方法及平台建设进行详细介绍；第七章为应用部分，以深圳市为例进行基准房价实证研究。全书由耿继进拟定总体思路，汪友结统稿，最后由耿继进定稿，参与撰写的其他主要人员有张晖、唐琳、李妍、朱奎花、唐勇、张然、项前、姜红丹等。

在书稿付梓之际，要特别感谢深圳市规划和国土资源委员会郭仁忠副主任、黄埕副主任、李玉泽处长、李书韵副处长等领导和同仁一直以来的关心和支持；感谢深圳市规划国土信息中心谢建良主任、李春阳副总工程师、孙吉川、王文泉、姜秀臣等在数据方面的鼎力支持和帮助；感谢北京大学邬伦教授、冯长春教授对本书提供的宝贵建议，他们在相关研究领域的卓越成就为我们提供了良好的经验借鉴；感谢中国房地产估价师与房地产经纪人学会柴强博士、江西师范大学张东祥教授、人民出版社高晓璐女士、深圳市房地产评估发展中心孟庆昇先生的辛勤帮助，他们为本书的顺利完成及出版做了大量卓有成效的工作。在本书的撰写过程中，参阅了大量国内外相关文献与工作成果，获益良多，在此对各位作者一并表示感谢。

基准房价的研究目前刚刚起步，本次的工作成果有赖于先行者的探索，也将被后继者超越。虽然我们现在的研究还未必能让民众在面对迷雾般的房地产市场时，"冀悟迷惑之心，使知虚实之分"，但始终秉承了这样的信念：我们起于微尘，终将归于尘土，但我们探求真实世界的努力，亦如闪烁在真理天空的星辰，尽管微弱，却给人希冀，与人期望。

Contents

目　录

第一章 绪 论

第一节 研究背景

房地产业与国民经济及民众生活息息相关，房地产价格特别是住宅价格的一举一动都会受到政府部门及社会公众的广泛关注。随着我国大中城市房地产市场的不断健全，对房价信息准确度的要求亦逐步提高。无论是微观层面的房屋买卖、宏观层面的政府调控，还是房地产金融风险控制、房地产税制改革等相关实践活动，都需要权威、准确、精细度高的房价信息。但由于现有房地产价格评估体系在房价方面存在一定的薄弱环节，引致我国房地产市场存在着各种类型的房价，却无统一的基准，其准确性及可信度均难以令人满意，比如就价格类型来说，存在着诸如交易价格、挂牌价格、不同估价目的的评估价格等各种类型的房价；就价格标准来说，存在着普通住房优惠价格标准、征地拆迁补偿价格标准、存量房交易计税参考价格等诸多房价标准；就价格走势来说，存在着各类房价指数，全国性的如国家统计局发布的"70个大中城市住宅销售价格指数"、中国指数研究院发布的"百城房价指数"、上海易居房地产研究院发布的"70个大中城市新建商品住宅价格指数"等，此外许多城市还发布当地的房价指数，如深圳、青岛等。房价信息如此庞大，却很难满足各个群体的真实诉求，其权威性、公正性与准确性也常常受到怀疑。因此，构建基准房价体系，进而满足社会经济生活现实需求，已迫在眉睫。

一、评估体系完善诉求

目前，我国与房地产价格评估有关的法律法规主要是《中华人民共和国城市房地产管理法》，其第三十三条明确规定："基准地价、标定地价和各类房屋的重置价格应当定期确定并公布";其第三十四条明确规定:"国家实行房地产价格评估制度。……以基准地价、标定地价和各类房屋的重置价格为基础,参照当地的市场价格进行评估。"经过几十年的不断发展,基准地价的评估技术方法已经较为成熟,且我国绝大多数城市均已建立了较为完善的基准地价体系,其在社会经济生活中也发挥了重要作用。

但我们也要注意到,由于《中华人民共和国城市房地产管理法》出台较早,其时我国城市房地产市场尚不完善,市场价格形成机制及评估技术难以掌握,重置价格应运而生并扮演着基准房价的角色。经过20多年的发展,我国城市房地产市场已经逐步形成,而基准房价无论是在评估理论体系中还是评估现实实践中的重要作用日益凸显。但可惜的是,与基准地价相比,基准房价仍然未成体系,未能发挥其应有作用。可以说,我们对基准房价的概念及内涵,尤其是评估方法的研究还处于起步阶段,这严重阻碍了我国基准房价体系的建立。从现有研究来看,基准房价评估主体还主要集中于"片区"层面,与此对应的基准房价也仅仅是指"片区基准价",它未能细化到构成房地产市场的基础单位——房屋基本单元,同时对基准房价评估方法的研究也不够深入细致,还主要集中于对传统评估方法的改进及简单堆砌等方面,没有形成一套完整的基准房价评估技术体系。可见,从房地产评估体系完善角度来看,当前亟须构建以房屋基本单元为基础的基准房价体系。

二、社会经济现实诉求

(一)行业管理诉求

近年来我国陆续出台了一系列房地产调控或管理政策,且这些政策的调整目标均无一例外地涵括了房价。但由于行业管理部门缺乏对每套房屋价格信息的准确了解,因此无法准确判断房地产市场的微观变化,致使所出台的政策多数仅停留在较为宏观的层面而缺乏可操作性,即使部分政策涉及到市场微观主体,但也由于房价基础信息的缺乏而致使政策未能如理想状态般影响到众多市场微观主体,最终导致政策效果不甚明显。

上述现象实质上反映了我国房地产行业调控与管理还不够精细的现状,究其根本原因在于现有房价体系基本停留在类似于基准地价体系的

"片区价"水平，但房地产市场与土地市场最大的差异就在于市场主体的微观性程度不同而导致的精细度要求不同，即：对于土地市场而言，"片区价"基本已经可以满足调控要求，但房地产市场的载体是一个个房屋基本单元，若不能建立覆盖所有房屋的基准房价体系，"片区价"式的面上调控终究难以真正触及房屋个体，由此使得调控政策难以得到一个个微观主体的客观响应，进而削弱调控政策的针对性和有效性。可见，从行业管理角度来看，当前亟须构建覆盖所有房屋基本单元的基准房价体系。

（二）价格统计诉求

从近年来我国房价统计实践情况来看，政府披露的房价信息往往不为市民及相关业内机构所重视和信任，究其原因主要在于现状房价统计体系存在较为明显的缺陷，具体体现为房地产无论发生交易与否，其价格都客观存在，但现有房价统计体系却仅以实际发生交易的房地产为样本来简单评估片区均价并以此作为基准房价，进而导致在此基础上所统计的房价指数或评估的房地产价格的准确度与可信度非常低。

上述现象实质上反映了我国房地产价格评估与统计还不够实用的现状，而房价统计方法方面的这种滞后使得现有房价统计体系所能提供给社会公众的产品仍是"片区式"价格，这严重削弱了房价统计产品对社会公众进行置业投资、避免风险的应有作用，因而备受质疑。实际上，社会公众关心的是真正意义上的基准房价，即"一房一价"，而非片面、笼统的片区指导价。可见，从社会公众角度来看，当前亟须构建覆盖所有房屋基本单元的基准房价体系。

（三）税基核定诉求

房地产税制改革是未来我国进行税制改革的重要方向，而房地产税基核定则是房地产税制改革推进的关键因素之一。无论是从相关税收理论还是从国际经验实践来看，房地产税收的税基核定基础均应是一个个纳税个体，但由于我国现有房价体系并未能覆盖到房屋基本单元，由此导致"阴阳合同"等社会不良现象泛滥。从这个意义上来说，目前我国对房价特别是基准房价的相关研究和实践难以支撑未来我国房地产税制改革的需求，也就是说，没有精确到房屋基本单元的基准房价体系，房地产税制改革无疑会举步维艰。

上述现象实质上反映了我国现有房价体系已经无法满足房地产税基核定的实际需求。实际上，只有当建立了真正意义上的覆盖所有房屋基本单元的基准房价体系之后，此类问题才能得到根本解决。可见，从税收征管、税基核定及税制改革等方面来看，当前亟须构建覆盖所有房屋基本单元的基准房价体系。

（四）市场交易诉求

目前，许多城市已经进入了存量房交易时代，存量房的交易量已经超过了新房交易量。存量房交易往往由地产中介撮合而达成，买卖双方往往无法了解房屋的市场公允价值，买卖过程常受到地产中介的操纵与控制。

上述现象既反映了中介行业管理方面的问题，更多地则是由于我国城市房地产信息公开化、透明化、全面化的水平较低造成的。当前，市民对诚信、透明的房地产交易需求越来越迫切，相应地渴求政府发布权威、准确的房价信息的呼声也越来越高。可见，从建立良好的房地产市场环境和秩序等方面来看，当前也亟须构建覆盖所有房屋基本单元的基准房价体系。

综上所述，无论是从评估体系完善诉求角度出发，还是从社会经济现实诉求角度出发，当前都亟须建立覆盖所有房屋基本单元的基准房价体系，并实际应用于相关工作实践之中。此外，考虑到以房屋基本单元为最小范围的基准房价体系的信息量非常庞大，通常均涉及到几十万甚至上百万套房屋个体，因此无论是从基准房价评估角度来看，还是从基准房价体系的实际应用来看，都应在充分利用现代计算机技术及3S技术等的基础上，搭建基准房价评估及应用平台，在全面提升评估质量与速度的同时，不断优化基准房价体系应用的针对性和高效性。

本研究正是立足于当前实际工作需要，研究并建立科学、完整且实用的基准房价体系，并以地理信息系统技术等为基础，探索建立基准房价体系构建的关键技术，最后以深圳市为例研究并设计基准房价体系评估模型与应用平台，以满足我国房地产行业管理、房地产税制改革、房地产金融风险控制等的实际需要。

第二节　研究现状及述评

时至今日，国内外与房价有关的研究文献浩如烟海，而考虑到本研究的实际需要，这里侧重于阐述与基准房价相关的研究现状及实践进展。

一、国外研究现状

（一）理论研究现状

从总体上来看，国外文献虽多未明确提出"基准房价"这一用词，但相关研究已经间接证明其确实存在，并着重对其影响因素进行了深入研究，如Maurice（2001）[1]对都柏林房价快速上涨现象进行了深入分析，指出其实质是由于投机引起的房价泡沫现象；Capozza（2002）[2]通过评估62个都会区固定样本数据的序列相关性和平均回归系数来研究影响房价的动力学因素；Lum（2002）[3]和Meese（2003）[4]分别对巴黎和新加坡的房价动态变化与市场基础进行了研究，并提出了影响房价变化的基本因素及影响机理；Krainer（2004）[5]对房地产市场价格及房地产价值进行了研究和探讨，并对影响"房价–租金"比的主要因素进行了分析，指出房地产市场是典型的随着经济基础变化的市场等。Ball（1973）[6]早在1973年就对相对房地产价值进行了研究。Benjamin（2004）[7]等人对利用多元回归方法

[1]　Maurice, J. R. The Rise in Houseprices in Dublin: Bubble, Fad or Just Fundamentals[J]. Ireland Economic Modelling.2001, 18(2):281–295.

[2]　Dennis, R. C, Patric H. H and Charlotte M, et al. Determinants of Real House Price Dynamics[R]. MayerNBER Working Paper No. 9262, Issued in October 2002.

[3]　Sau, K. L. Market Fundamentals, Public Policy and Private Gain: House Price Dynamics in Singapore[J]. Journal of Property Research. 2002, 19(2): 121–143.

[4]　Richard, M. and Nancy, W. House Price Dynamics and Market Fundamentals: The Parisian Housing Market[J]. Urban Studdy. 2003, 40(5–6): 1027–1045.

[5]　John, K. and Chishen, W. House Prices and Fundamental Value[J]. FRBSF Economic Letter. 2004(1).

[6]　Ball, M. J. Recent empirical work on the determinants of relative house prices[J]. Urban Studies, 1973.

[7]　Benjamin, J. D., Randall, S. G. and Sirmans, C. F.. Mass Appraisal: An Introduction to Multiple Regression Analysis for Real Estate Valuation[J]. Journal of Real Estate Practice and Education. 2004,7(17):65–77.

进行房地产批量评估做了介绍。

可见，虽然目前国际上还没有统一、公认的行业标准来界定基准房价的定义和内涵，也没有如何建立基准房价体系的相关研究，但上述这些对房地产价值的理论研究能够直接或间接证明无论房地产是否被交易，其基准房价及其影响因素均客观存在，且对基准房价的相关研究能够部分程度地解决目前房地产市场中存在的一些问题。实际上，这也就为建立基准房价体系的可行性奠定了比较坚实的理论基础。

二、国内研究现状

（一）理论研究现状

与国外不同，国内学术界相关研究已经开始触及"基准房价"概念，并着重对其计算方法进行了积极探索。

涂平（2005）[8] 在对武汉市大量相关数据的收集、处理和分析基础上，从商品住宅投资者角度对商品房价格的形成机制进行探讨，并通过对投资收益现值、存量房价格指数、租金指数等指标的分析，构建了一个较为系统的商品房定价体系，以期分析研判宏观经济、政策环境及投资者行为方式对房价的影响。

张鑫（2007）[9]进行了基于特征价格的二手房价格评估方法研究。该方法以特征价格法为核心，通过引入支持向量机方法来对特征价格模型进行回归预测，从而得到二手房评估价格。该方法虽然比较新颖，有一定的研究价值，但由于其计算方法偏重依赖模型，计算过程复杂、耗时，因此无法满足基准房价极其庞大的计算需求。

仝德等（2008）[10]对基准房价的概念、特点及求取方法进行了明确的阐述，并对基准房价的应用进行了初步探讨，但其研究没有跳出"基准房价就是宗地基准价或片区基准价"的局限，因而离真正意义上的基准房价还相距甚远，无法满足现实需求。

张福林（2010）[11]重点介绍了住宅小区基准房价法在房地产估价中的

[8]涂平：《武汉市商品住宅定价研究》[D]，武汉：华中科技大学，2005。
[9]张鑫：《基于特征价格的二手房价格评估方法研究》[D]，杭州：浙江大学，2007。
[10]仝德,陈怡：《基准房价的概念、特点及应用》[J]，《中国房地产》，2008(5):29-31。
[11] 张福林.：《小区基准房价法在房地产估价中的应用》[J]，《城市建设》，2010(29):92-94。

应用优势。由于该研究中基准房价的计算对象已经缩小到了房屋级别，因而对基准房价的发展具有积极意义，同时也对本研究具有一定的借鉴价值。但该研究也有一定的不足之处：一是计算基础过度依赖于交易案例采集；二是将交易价格的算术平均值视为待估对象的基准房价过于简单；三是该方法对个案评估的适用度较高但对于批量评估则有明显的局限性。

曾锋（2011）[12]以长沙市为例，建立了一套对住宅价格进行动态监测的存量房价格智能评估系统，以力求准确地反映住宅价格水平和变化趋势。此研究首先界定了基准房价内涵，进而通过样本采集和系数修正，科学评估出各片区的基准房价，然后再依据各片区基准房价和当月实际成交均价的对比分析，来阐述长沙市存量房价格智能评估系统的科学性和应用性。该评估系统的开发对本研究的开展有积极的借鉴价值，但是该研究同样是以片区基准价作为存量房基准价，因此不符合"一房一价"的基准价值发展趋势。

此外，李顺（2007）[13]、李爱华（2010）[14]、杨永清（2005）[15]等专家学者也就基准房价相关问题进行了研究和探讨。

从总体上来看，国内相关研究已经部分程度地触及基准房价，这为开展本研究提供了一定的理论借鉴；但需要指出的是，国内绝大部分研究仍然是以"片区价"为基础来展开的，其所涉及的基准房价概念界定及计算方法并不能满足当前实际需要，这无疑从理论层面凸显了建立以房屋基本单元为最小范围的基准房价体系的必要性。

（二）实践开展现状

在基准房价应用实践方面，国内一些地方政府根据行业管理需要，在结合本地房地产市场客观状况的基础上，先后探索并尝试建立了带有政府指导性质的基准房价体系。

北京市早在2001年就开始尝试进行"基准房价"的应用实践。2001年

[12] 曾锋：《长沙市存量房价格智能评估系统的开发与应用》[J].，《中国房地产业》，2011(9)：466-467。

[13] 李顺：《上海市地价评估系统编制及应用》[D]，上海：同济大学，2007。

[14] 李爱华：《基于ELES的保障性住房价格研究》[C]，北京，2010:349-354。

[15] 杨永清：《房地产价格的动态性及估价方法改进研究——以烟台市房地产业为例》[D]，武汉：华中科技大学，2005年。

12月19日，北京市国土资源和房屋管理局公布了《北京市房屋拆迁评估规则（暂行）》，其中第四条第二款规定：住宅房屋拆迁的基准地价、基准房价和土地级别范围，由国土资源和房屋管理局（以下简称市国土房管局）制定并定期公布。北京市利用基准房价对拆迁评估进行管理，为本研究开展基准房价应用研究提供了良好的经验借鉴。

中山市的基准房价体系建立于2003年，并于2007年进行了重新调整，调整后的基准房价体系覆盖了2003年到2006年新增加并进入市场交易的商品房楼盘。中山市建立基准房价体系的初衷是作为相关政府部门对二手房屋交易课税的参考标准，当时在国内具有一定的先进性，但仍然没有跳出"片区价"的局限。

福州市物价局2005年8月在全国率先公布了该市商品房的社会平均成本清单，对地价、建安成本以及附属公共配套设施费、公共基础设施费的成本进行了分地段、分等级的核算，被称为"第一个用准确数据揭开房产内幕的范本"。福州市的这一举措，得到了很多专家以及群众的认可，但仍然有一部分专家学者认为需要对公布之后带来的社会效应进行论证，这给推广工作带来了不小阻力。

广州市在基准房价应用实践的进程中也走在了国内前列。2005年11月1日，广州市组织开展了"广州市基准房价信息系统项目"招标工作，并于次年年中开始正式施行此项目。该项目的工作目标是在市国土库管局提供的地理信息系统数据库和网络平台上开发广州市基准房价信息系统，具体包括建立广州市不同区域不同用途的房屋基准价格、建立基准房价数据库和基准房价应用平台、建立一套适合计算机管理的标准化业务流程和标准的数据字典、建立房价动态监测体系和一套快速和简便的基准房价更新方法等。该系统使得物业所在片区基准价一目了然，因此市民通过该系统可以很清楚地了解每套物业所在区片的基准价格并进而对自己的物业进行自我评估，而政府通过监测各个区片的楼价即可从宏观上把握房地产市场发展的方向和趋势。此外，政府通过基准房价还可以有效地监控二手房屋交易情况，从而能够大幅度减少二手房交易过程中经常存在的价格低报、偷税漏税现象的发生。

长沙市的基准房价研究主要基于其设计、开发的长沙市存量房价格智能评估系统。该系统以片区为单位来界定基准房价的内涵，并通过样本采集和系数修正以科学评估出各片区的基准房价，然后再依据各片区基准房价和当月实际成交均价的对比分析来验证该系统的科学性和应用性。该系统可以较为准确地反映住宅价格水平和变化趋势，因此具有较强的实用性、指导性和可操作性，为政府制定房地产相关调控政策以及指导居民进行房地产投资等提供了便利条件。

南京市一方面对经济适用房、中低价商品房、拆迁安置房等实行政府指导价管理，严格审核其建设成本和管理费用；另一方面对普通商品房则规定房产开发商需按照物价部门核定的基准价，在规定的浮动幅度内遵循楼层、朝向、环境等差价代数和为零的原则，按"一套一价"规定明码标价。上述举措被称为南京"核价新政"，但在实际操作中利弊同行。

除上述城市之外，上海市、大连市以及合肥市等城市，也已经实施了用于房地产市场价格参考标准或计税标准的基准房价项目或类似项目。

总结我国诸多城市已开展或实施的基准房价相关项目，可发现如下特点：一是对"基准房价"的概念界定不清或标准不统一；二是大多以片区基准价作为片区内的基准房价；三是大多以地价或建安成本作为计算基准房价的依据；四是基准房价的应用领域狭窄，一般仅局限于房地产课税或房屋拆迁补偿等。随着房地产市场的发展、社会公众对房价信息诉求的日益递增以及未来房地产税制改革的不断倒逼等，国内现有的基准房价应用实践已经远远无法满足实际工作需要，而这也就实践层面凸显了建立规范统一的基准房价体系并实际应用于相关经济社会活动的必要性。

三、研究述评及本研究的切入点

一方面，从国外相关理论研究与实践开展现状来看，尽管没有明确提出基准房价的概念，但其理论研究已经完全凸显了基于市场公允价值的精细到每套房屋的基准房价理念，而其实践应用则更是充分发挥了"一房一价"式基准房价的基础性作用。

另一方面，总结国内现有理论研究与实践开展现状，可以发现无论是从理论层面还是从实践角度来看，均与真正意义上的基准房价相差甚远。

并且，与基准地价已成体系相比，国内对基准房价的研究起步较晚，至今没有形成一套完整、可行的理论、评估及应用体系，这既不符合当前房地产价格评估规模、精度及成本等方面日益提升的要求，也缺乏保障房地产市场长期、稳定、健康发展的技术支持。

综上所述，国外相关经验实践表明了构建基准房价体系及其应用平台的可行性，而国内相关经验实践则体现了构建基准房价体系及其应用平台的必要性。基于此，本研究在科学借鉴国内外先进经验实践的基础上，将"基准房价"概念从"片区价"升华至"房屋价"，通过明确界定基准房价的概念与内涵、进而构建涵盖数据、评估及应用的系统性基准房价体系，然后再构建真正意义上的基准房价评估模型——整体估价模型，最后在此基础上深入探索并全面拓展基准房价体系的应用领域，以期能够填补国内外相关研究与应用领域的空白，为我国房地产行业调控与管理、房地产价值评估与统计、房地产税制改革及房地产金融风险控制等现实需求提供必要的理论支撑和技术支持。

第三节　研究内容和意义

一、研究内容

本研究主要进行以下几个方面的工作：

第一，明确界定基准房价的定义与内涵，构建基准房价体系。鉴于目前国内外尚没有对基准房价概念进行明确定义或界定标准不统一的现状，本文在总结房地产价值评估最新研究成果的基础上，结合我国基准地价评估理论与实践，以及我国房地产行业现状特点，明确界定以房屋基本单元为最小范围的基准房价概念及其内涵，并在此基础上构建符合现实需求的系统性基准房价体系。

第二，在完成基准房价数据工程建设工作的基础上，构建基准房价评估模型——整体估价模型。综合基准房价评估需求和已有数据现状，遵循从多维数据收集—数据模型构建—数据库构建的技术规程，完成数据工程建设工作。根据房地产估价基本原理，以交易案例为核心、以比价关系为关联、以影响权重为纽带，构建整体估价模型以完成基准房价评估工作。

第三，深入探索并全面拓展基准房价体系的应用领域，明确基准房价体系的应用方法。基准房价反映了房屋最核心的价值，其适合的应用领域极其广泛。本研究将从房地产行业管理、房地产价格统计以及房地产税制改革等具体实践出发，深入探索并全面拓展基准房价体系的应用领域，进而提出在各领域应用基准房价体系的具体思路和方法措施。

最后，以深圳市为例设计和开发基于GIS等技术的基准房价评估与应用平台，提高基准房价体系评估与应用的科学性、便利性及有效性。以基准房价评估模型为核心，并结合基准房价体系的应用领域及应用方法，遵循数据采集与管理、基准房价评估、成果展示及应用等的逻辑顺序，设计并开发基于GIS等技术的深圳市基准房价评估与应用平台，为我国其他城市构建基准房价体系提供经验借鉴和实践参考。

二、研究意义

在房地产价格评估诉求日益提升、房地产行业调控与管理趋向精细化、房价统计趋向实用化以及房地产税基核定趋向明确化等的现实状况下，开展基准房价体系与应用方法研究，具有一定的理论价值与重要的实践意义。

（一）理论价值

一是构建以房屋基本单元为最小范围的基准房价体系在一定程度上丰富了我国房地产价值理论研究。我国现有的以"片区价"作为基准房价的房地产价值研究现状，存在着人为扩大基准房价内涵范围的弊病，不利于反映微观房屋个体的价值变化情况。本研究结合现有房地产价值理论，通过深入挖掘基准房价内涵，建立覆盖所有房屋基本单元的基准房价体系，能够进一步丰富我国对基准房价价值理论的研究，进而为今后继续开展房地产价值相关研究奠定良好的基础。

二是以整体估价模型为核心的基准房价评估技术方法极大地丰富了我国房地产价格评估体系。本研究所构建的基准房价评估方法——整体估价模型，突破了传统"片区价"的限制，实现了大规模、高精度、低成本、高效率基准房价评估和"个案评估—批量评估—整体评估"的技术突破，为丰富和完善我国房地产价格评估体系做出了积极贡献。

（二）实践意义

一是有利于进一步优化城市房地产行业调控与管理。经过20多年的发展，我国城市房地产市场已逐渐形成，但规范的管理和良好的秩序尚在建设之中，其中又以价格要素最为关键。本研究通过提供覆盖所有房屋基本单元的基准房价，为政府部门进行房地产市场监控和政策制定提供了较为充分的价格依据，同时也为社会公众进行投资置业和规避风险提供了重要参考。

二是为核算城市房地产价值以及确定城市拆迁补偿价格、房地产抵押贷款价格、基准地价等提供了重要的参考标准和解释依据。在我国，这些与房地产有关的价格的制定没有统一的标准，往往是由不同机构给出的价格相差较大，容易引起公众不满。在采用精确到房屋基本单元的基准房价体系之后，能够为制定房地产相关价格提供统一的参考标准和解释依据，有效避免纠纷，有利于促推房地产市场健康发展。

三是为房地产税收征管提供价格参考标准和解释依据，为房地产税制改革提供科学、有效的技术支撑。以房屋基本单元为最小范围的基准房价体系能够覆盖评估范围内所有房屋个体，且能反映所有房屋的市场公允价值，因此以基准房价作为制定房地产计税价格的参考依据具有明显的合理性和很强的可解释性，进而为保障我国房地产税制相关改革的顺利进行奠定了坚实的基础。

四是以深圳市为例进行基准房价体系的实证构建工作，能够在全国范围内起到积极的示范作用。深圳市作为我国经济最为发达的经济特区，其房地产市场十分活跃和成熟，其房地产现状和发展趋势从全国范围内来看具有典型性和超前性的特点。因此，本研究开展对深圳市基准房价体系的实证研究，设计并开发深圳市基准房价评估与应用平台，有利于把握和引导全国房地产价格评估发展方向，为我国其他城市进行房价评估提供重要的经验借鉴和实践参考。

第四节　研究方法和技术路线

一、研究方法

本研究以基准房价体系构建关键技术及与GIS技术的集成应用为研究重点，主要采用了如下研究方法：

一是运用文献资料法和信息迁移法，在借鉴已有研究成果特别是基准地价理论体系与实践经验的基础上，完成基准房价的内涵界定和体系构建。

二是运用定性分析方法构建基准房价相关理论体系，运用房地产评估、计量经济学、统计学以及批量评估等技术手段设计基准房价评估模型，从而实现了定性分析方法与定量分析方法的有机结合。

三是以典型区域（深圳）的案例研究为基础，运用实证研究法对所构建的理论体系与定量模型进行了相关的实证分析。

二、技术路线

本研究在借鉴吸收已有相关研究成果的基础上，以构建基准房价体系并探索其应用方法为基本目标，在对基准房价进行基本内涵界定后完成了基准房价体系的构建工作，并在完成基准房价数据工程建设的基础上构建了基准房价评估模型——整体估价模型，进而探索并拓展了基准房价的应用领域，最后以深圳市为例设计完成了基准房价评估与应用平台，其总体技术路线具体如图1.1所示。

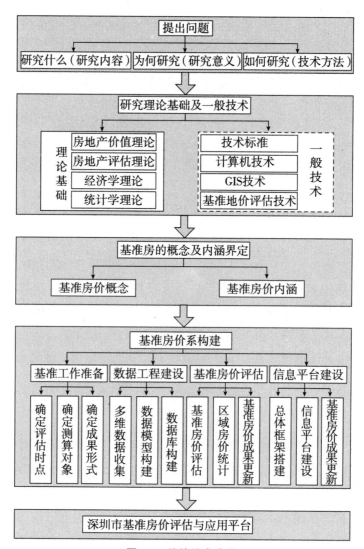

图1.1　总体技术路线

第二章 基准房价理论与体系

国外目前虽尚未在理论层面明确提出基准房价的概念，但其应用实践已经深入到了基于市场公允价值的"房屋价"；国内虽有部分研究或实践触及基准房价，但基本都是停留于"片区价"层面或特定适用范围，已经不能满足当前及未来的研究或工作需要。本章依据房地产价值等相关理论，借鉴基准地价评估等一般技术，综合考虑社会经济需求，给出了基于房屋基本单元的基准房价定义，明确了相关内涵，并进而构建了涵盖数据工程、房价评估及成果应用等关键技术的基准房价体系。

第一节 理论基础

一、房地产价值理论

现代西方房地产价值理论起源于18.19世纪的古典经济学派。亚当·斯密（1721—1790）提出生产要素成本价值论，该理论认为价值是一种客观现象，价值的存在是商品效用的源泉，短缺可以影响商品的交换价值，这一理论成为现代西方成本估价法的基本理论之一。大卫·李嘉图（1772—1823）提出土地边际收益价值论，该理论成为现代西方收益还原法中派生出的土地剩余估价技术和最高最佳使用原则的理论基础。威廉·斯坦利·杰文斯（1835—1882）等提出的边际效用价值论认为商品的价值是人对物品效用的感觉和评价，商品价值大小与边际效用有关，商品价值量取决于满足消费者效用的贡献率。阿尔弗雷德·马歇尔（1842—1924）将边际分析和供求分析综合起来分析地租地价，认为供给与需求像一把剪刀的双刃共同起作用且共同决定价值和价格，市场机制使价格与成本达到某种均衡，完善的市场经济则使价值、价格与成本达到和谐统一。

从现代经济学的角度来看，房地产价格是和平地获得他人的房地产所必须付出的代价——货币或实物、无形资产或其他经济利益。在我国，房地产价格是房地合一的价格，是指建筑物连同其占用土地的价格，是房地产经济运行和资源配置最重要的调节机制。作为商品，房地产具有与一般商品相同的特点，符合市场供需法则与市场均衡，即：市场上某类型房地产的价格与该类型房地产的供给呈反比关系，与该类型房地产的需求呈正比关系；在其他因素不变情况下，如果市场上某种类型房地产的价格上升，则该类型房地产的需求量将减少，而供给量将上升。在市场机制这一强大的"看不见的手"的作用下，房地产供给与需求之间达到动态平衡，形成该类型房地产的市场均衡——价格。此外，房地产价格与房地产质量呈正比，优质优价。

综上所述，房地产价格是房地产商品的使用效用、相对稀缺程度以及社会有效需求三者相结合而产生的以货币表示的交换价值。在本研究中，房地产价值理论主要用于基准房价体系以及整体估价模型构建工作之中。

二、批量评估理论

从基本内涵来看，国际评税官协会（Inernational Association of Assessing Officers，IAAO）在其2011年制定的《批量评估准则》[16]中，将批量评估定义为"批量评估是指利用共同的数据、标准化的方法和统计检验技术评估一组财产于确定日期价值的过程"。《国际评估准则2007》[17]同样对批量评估做出了类似解释，即"在特定的评估基准日，应用系统的、统一的、考虑到统计检验和结果分析的评估方法和技术，对多个财产进行成批评估的活动"。此外，美国《专业评估执业统一准则》（Uniform Standards of Professional Appraisal Practice，USPAP，2008-2009）[18]也对批量评估做出了类似表述。

---

[16] Committee TTS. Standard on Mass Appraisal of Real Property[R]. In: IAAO; 2011.

[17] International Valuation Standards Committee. International Valuation Standards[R]. In:IVSC[A].2007.

[18] The Appraisal Foundation. Uniform Standards of Professional AAPFHPraisal Practice[R]. In:USPAP[A].2008.

从价值评估原理来看，批量评估是运用价值评估基本方法（市场比价法、成本法、收益还原法），依据财产特征或跟踪财产价值随时间变化的趋势，结合多元回归分析等数理统计方法以及计算机技术和地理信息系统等技术方法，在一次评估中对多个不动产（财产）的价值进行评估。批量评估根据待评估群体资产的特征，相应选择成本法、销售比较法或收益法作为模型设定层次，再根据所选择的模型和所能获得的数据，选择相应的数理计算方法以获得模型设定系数（模型校准层次）。

从评估程序来看，《国际评估准则2007》较为明确地提出了批量评估程序，具体包括8个步骤，分别是：明确需要评估的财产；根据财产所有者和潜在购买者的交易惯例，界定财产所处市场区域；明确在特定市场区域内影响价值形成的供需特征；建立能够反映影响市场区域内财产价值的相关因素之间关系的模型；校正模型结构，在其他各种属性中，明确单项财产诸多特征对财产价值的影响；将模型中得出的各项结论应用到被评估财产的各项特征中；在持续评估的过程中或将过程分阶段执行时，验证所采用的批量评估程序、模型、衡量尺度或其资料，包括工作指标等；对批量评估结论进行复核和调整。上述的模型设定过程和校准过程其实是一个反复迭代的过程。评估师们常常先根据评估的理论和经验设定一个经验模型，然后当发现该经验模型输出结果不符合统计规律时，再对模型进行校正，这样的校正可能需要多次，直至模型的参数符合统计显著性等要求为止。

通过应用批量评估技术，本研究实现了对基准房价的评估结果检验，保证了基准房价的准确性和科学性。

三、计量经济学理论

计量经济学是以一定的经济理论和统计资料为基础，运用数学、统计学方法与计算机技术，以建立经济计量模型为主要手段，定量分析研究具有随机性特性的经济变量关系。

计量经济学根据研究对象和内容侧重面不同，可以分为理论计量经济学和应用计量经济学。理论计量经济学是以介绍、研究计量经济学的理论与方法为主要内容，侧重于理论与方法的数学证明与推导，与数理统计联系极为密切。而应用计量经济学则以建立于应用计量经济学模型为主要内容，强调应用模型的经济学和经济统计学基础，侧重于建立应用模型过程中实际问题的处理。

计量经济学在房地产评估中有着大量的应用，特别是在可比案例较少时，必须应用计量经济学中的时间趋势分析方法来获得房地产基准价值。时间趋势分析是根据以往的财产评估价值或财产的销售价格来推算财产评估基准日的评估价值，IAAO于2003年界定了四种时间趋势分析工具，即单位价值分析、重复销售分析、销售价格/评估价值趋势分析以及在销售比较模型中加入时间变量。

单位价值分析是跟踪每单位价格变化，而销售价格/评估价值趋势分析则是跟踪同一日期销售价格与评估价值的变动，这两种方法都能通过图形体现价值变动趋势。

重复销售分析是将销售价格间的差异转化为月变动率，并从中计算平均（中位）变动率，这种方法的可靠性依赖于销售的样本多少。

在销售比较模型中加入时间变量的方式可以认为是对多元回归分析的一个转化，这一方式被认为是有着较高精确度的时间趋势分析法，其理由就在于前述三种时间趋势分析工具均是获取一个关于价值随时间变动的指数，而此分析工具则是假定价值存在某种运动趋势，并通过时间变量来反映这种趋势。

通过应用计量经济学中的时间趋势分析方法，本研究实现了对基准房价的定期评估，保证了基准房价的延续性和有效性。

四、统计学理论

统计学是一门研究随机现象、以推断为特征的方法论科学，"由部分推及全体"思想贯穿于统计学的始终。具体地说，统计学是研究如何搜集、整理、分析反映事物总体信息的数据资料，并以此为依据对总体特征进行推断的原理和方法。

统计学是应用数学的一个分支，主要通过利用概率论来建立数学模型，收集所观察系统的数据，进行量化的分析、总结，并进而进行推断和预测，为相关决策提供依据和参考。它被广泛地应用在各门学科中，从物理和社会科学到人文科学，甚至被用在工商业及政府的情报决策上。

一般来说，用统计来认识事物的基本步骤是"研究设计→抽样调查→统计推断→结论"，这里的研究设计指的是制定调查研究和实验研究的计划，抽样调查指的是搜集资料的过程，而统计推断则指的是分析资料的过程。

在本研究中，无论是数据收集审核，还是评估模型构建，甚至是评估结果检验等各个环节，都需要大量的统计指标、统计模型及统计检验作为支撑，以保证数据的准确性，模型的可行性以及评估结果的一致性、可靠性，因此统计学在基准房价体系中的应用范围极其广泛。

第二节 一般技术

一、参考标准

在基准房价体系构建的数据采集、处理、分析、存储和使用等各个阶段，需大量参考相关的国家或行业相关标准（表2.1），以保证数据质量。这些国家或行业标准涉及房地产基础属性信息和空间信息的采集、统计和表达，以及相关地图制图等，为本研究的顺利实施奠定了良好的数据规范基础。

表2.1 参考标准列表

标准名称	标准内容
房地产市场基础信息数据标准（JGJ/T 252-2010）	该标准规范了房地产市场基础信息数据采集、统计、分析工作。主要内容包括房地产基础属性数据的规范及各种数据字典表的内容和格式。
房产测量规范第1单元：房产测量规定（GB/T 17986.1-2000）	该标准规定了城镇房地产测量内容与基本要求，适用于城市、建制镇的建成区和建成区以外的工矿企事业单位及其毗邻居民点的房产测量。
房产测量规范第2单元：房产图图示（GB/T 17986.2-2000）	该标准规定了城镇房地产测量内容与基本要求，适用于城市、建制镇的建成区和建成区以外的工矿企事业单位及其毗邻居民点的房产测量。
基础地理信息标准数据基本规定（GB 21139-2007）	该规定从数学基础、数据内容、生产过程和数据认定4个方面规定了基础地理信息标准数据的基本要求。

标准名称	标准内容
基础地理信息要素分类与代码（GB/T 13923–2006）	该标准规定了基础地理信息要素分类与代码，用以标识数字形式的基础地理信息要素类型。
城市地理空间信息共享与服务元数据标准（CJJ/T 144–2010）	该标准规范了城市地理空间信息元数据的建立、管理和发布，促进城市地理空间信息资源的共享和开发利用。
地理信息一致性与测试（GB/T 19333.5–2003）	该标准规定了测试的框架、概念和方法，给出了声明与地理信息系列国家标准相一致时所要达到的准则。
地理信息元数据（GB/T 19710–2005）	该标准定义描述地理信息及服务所需要的模式，提供有关数字地理数据标识、覆盖范围、质量、空间和时间模式、空间参照系和分发等信息。
公开版地图质量评定标准（GB/T 19996–2005）	该标准规定了公开版地图质量评定的基本要求、方法、差错分类和质量分级评定标准。
行政区域界线测绘规范(GB/T 17796–2009)	该标准规定了省级和省级以下行政区域陆地边界界线测绘的基本内容与要求。
数字城市地理信息公共平台地名/地址编码规则（GB/T 23705–2009）	该标准规定了数字城市地理信息公共平台地名/地址及标志物的编码规则与地理位置表示方法。适用于数据城市地理信息公共平台建设。
各种比例尺下的地图图式的规范（GB/T 20257.1–2007，GB/T 20257.2–2007，GB/T 20257.3–2007，GB/T 20257.4–2007）	规定了各种比例尺下的地形图上表示的各种自然和人工地物、地貌要素的符号和注记的等级、规格和颜色标准、图幅整饰规格，以及使用这些符号的原则、要求和基本方法。
各种比例尺下的基础地理信息要素数据字典（GB/T 20258.1–2007，GB/T 20258.2–2007，GB/T 20258.3–2007，GB/T 20258.4–2007）	规定了各种比例尺下的基础地理信息要素数据字典的内容结构与要素的描述。
公共地理信息通用地图符号（GB/T 24354–2009）	该标准规定了公共地理信息通用地图符号的基本内容、符号样式及使用方法，适用于设计、编制和出版以表达公共地理信息为主题的各类地图，也可供电子地图系统开发中相关信息的选取与地图符号设计参考。
建筑物基本指标、功能分类及编码（SZDB/Z 26–2010）	该标准是深圳市根据自身特点制定的地方性指导文件，统一了深圳市建筑物基本信息指标、建筑物功能分类和建筑编码。

二、计算机辅助批量评估技术

计算机辅助批量评估（Computer-Assisted Mass Appraisal，CAMA）是采用计算机处理技术，应用统一程序、统一标准按照统计学原理以及房地产评估程序和方法，对大量房地产进行基准价值评估的技术平台。该技术平台主要由以下几个部分组成：

第一是数据收集与整理系统。精确的物业价值评估需要有完整、准确以及及时更新的物业数据，一般来说所需要收集的数据包括：房地产特征数据，如楼层、朝向、面积、房龄等；交易数据，如成交价格，产权人等；地理数据，如房屋地段、交通状况、临街状况等；成本与折旧数据，在运用成本法时需要将现在的成本和折旧数据根据当地市场情况进行调整；收入与费用数据，在运用收益法估价时需要相关数据。

第二是评估及评价分析系统，即选定模型并运用模型进行评估。在建立评估模型时，通常所采用的方法包括：成本法，即对待评估房地产的各项成本构成进行分析，求取待评估房地产在评估时点的重新购建价格（重置价格或重建价格），然后扣除折旧，以此估算房地产价值的方法；市场比较法，即将待评估房地产与其所在区域近期内已经成交的类似房地产进行比较，以这些房地产的成交价格作为参考进行修正，从而估算待评估房地产在正常市场情况下的价格或价值的一种方法；收益法，即选用适当的报酬率将预计待评估房地产未来的正常净收益折现到评估时点后累加，估算房地产价值的方法。

第三是管理支持系统。CAMA的管理包括评估人员的管理和计算机软件的管理两方面，其中：人员的管理要求有一支专业的员工队伍，精通管理、评估、制图、数据处理等，软件管理则主要是指软件的开发及日常的维护更新等。

在本研究中，CAMA技术主要应用于提升基准房价体系构建的自动化程度。

三、地理信息技术

地理信息科学是在卫星遥感（RS）、全球定位系统（GPS）、地理信息系统（GIS）以及数字传输网络等一系列现代信息技术高度集成，以及信息科学与地球系统科学交叉的基础之上所形成的科学体系。它以信息流为手段研究地球系统内部物质流、能量流和人流的运动状态与方式，其中RS、GIS和GPS技术（通常简称为3S技术）是地理信息科学的主要技术，特别又以GIS技术最为关键。

在基准房价评估中应用地理信息技术特别是GIS技术，从根本上说是为了提高评估效率、降低评估成本和提高评估精度。具体而言，地理信息科学在基准房价评估中的应用主要体现为以下几个方面：

首先是数据采集过程中的应用，主要包括两个方面：一是通过RS和GPS可以快速获取待评估区域的遥感图像、房地产定位信息等，从而达到既提高信息获取效率和节约人工成本的目标，同时又有利于反映和分析区位对房地产价值的影响；二是利用GIS技术可以将新建房地产的登记信息、房地产交易登记信息、调查人员实地考察所得到的信息等与遥感影像及定位信息等进行融合从而实现信息实时更新。通过将GIS与基准房价评估系统的数据库相连接，或者在完全融合的情况下地理信息系统与基准房价评估系统共享一个数据库，可以实时地从GIS数据库中提取所需要的数据以进行基准房价评估，这无疑大大提高了基准房价评估的效率、质量与透明度。

其次是基准房价评估建模中的应用，主要包括以下几个方面：GIS能根据土地等级、位置、交通、配套、区域人口等不同标准分离出类似的区域或同质区域；GIS能够按照不同的区域或不同的土地价值来追踪销售记录；GIS能够获取待评估区域的地图，从而使建模变得更加直观；GIS能够确定某些特定的特征对所评估的房地产价值的影响，这些特征包括人口情况、交通情况和所处的特殊地理区域等；利用GIS还能分离出所处位置对待评估房地产价值的影响。

第三是地理信息技术能够消除基准房价评估中的一些错误。通过GIS和基准房价评估系统在数据库方面的融合，基准房价评估人员或GIS技术人员可以将各类数据可视化，这样比较容易消除基准房价评估系统中的各种错误。一般来说，GIS在消除此类错误时主要通过消除数据遗漏、主题化绘图、区域分级和航空图片覆盖等方式来完成。

第四是地理信息技术能够提高基准房价评估结果的透明度。GIS能够将基准房价评估结果乃至基准房价评估模型中所考虑到的各种因素以可视化图形的形式输出，如GIS可以生成土地地籍图，可以生成某个区域的3D视图，还可以输出某个房地产的环境信息如周围的学校、道路交通情况等。

最后是地理信息技术能够分离出位置因素对房地产价值的影响。位置因素对房地产价值具有决定性的影响，这一点目前已经得到了大多数专家、学者以及房地产评估师们的认可。目前，在GIS和基准房价评估系统中可以应用的分离位置价值的方法主要包括三种，即二值变量法、区域质量法以及区域价值分析法。

目前，地理信息技术特别是GIS技术已经在批量评估中得到了广泛的应用(表2.2)。本研究引入地理信息技术，主要用于基准房价数据工程建设、基准房价评估以及基准房价成果展示等，特别是用于建立基于二、三维GIS空间分析的基准房价信息平台，以实现基准房价数据与成果的GIS可视化表达，以及整体估价模型与二、三维GIS的定量分析应用集成等。因此，地理信息技术特别是GIS技术将能在基准房价体系构建中发挥重要作用。

表 2.2 GIS与CAMA的整合

功能	典型要求
GIS	空间信息采集 空间数据管理 查询与可视化 区域分析 覆盖分析 制作地图
CAMA	数据库管理 评估功能 管理功能
整合后功能	实时与计算机辅助批量评估数据连接以便查看和查询 从地理信息系统中升级计算机辅助批量评估数据 显示评估结果 显示可比房地产及区域 显示待评估的房地产

四、基准地价评估技术

基准地价是指城镇国有土地的基本标准地价，即在一定时间内，根据城镇各种用地类型、交易情况和土地实际收益状况，按照科学的估价方法，估算出各级别土地范围或均质地域内的商业、住宅、工业等各类土地利用类型的平均价格，是分用途的土地使用权的区域平均价格。基准地价一般由政府部门或其委托的具有相应资质的评估机构评估，因此，基准地价具有权威性、全域性及实效性等特点。

基准地价的评估一般要遵循三条原则，一是土地用途与现实用途一致；二是土地使用价值的评价与土地收益、地租、地价评估相结合；三是根据城市条件和市场状况，选择评估技术路线。虽然基准地价评估方法各有不同，但基准地价评估的理论依据是基本一致的，具体为：

1. 土地位置差异带来不同的土地收益是评估基准地价的依据。

2. 各行业对土地质量要求不同是形成不同类别基准地价的基础。

3. 各行业在城镇中都有其最佳位置，使不同用地基准地价具有不同的空间分布规律。

4. 城镇中土地利用的相对合理性和变化性是基准地价相对稳定和不断演化的前提条件。

5. 土地收益是基准地价评估的基础，市场交易价格是土地收益在土地市场中的直接反映。

基准地价是由政府部门制定和发布的，为保证其权威性和准确性，基准地价的评估过程是有严格的要求和规定的，其改为"评估流程"如图2.1所示。

基准地价和基准房价都是房地产评估体系的重要组成部分，且其价值影响因素有相同或相似之处，例如空间位置、自身品质、收益情况等，因此，基准地价评估技术方法对基准房价评估方法及评估流程的制定具有积极的借鉴意义，其有助于确定基准房价影响因素、影响程度及影响关系，进而有助于构建基准房价评估模型。

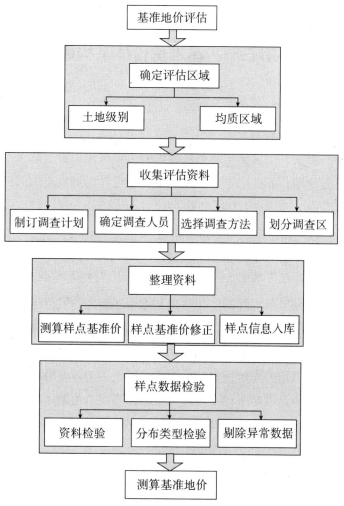

图2.1 基准地价评估流程

第三节　基准房价体系构建

一、基准房价的界定

目前，我国所存在的诸多房价类型及标准，要么停留在较为宏观的"片区价"层面，无法真实映射到微观的房屋个体；要么基于特定目标而人为界定与使用，其适用范围极度狭窄，缺乏真正意义上的广泛应用性。在现实实践中，当用"片区价"来替代"个体价"，或用特定条件下适用的价格来替代其他条件下的价格时，就会出现价格贴现度极低的现象。

实际上，从国外相关研究及实践经验来看，在市场供求规律的影响下，单个房地产单元确实对应存在着一个独立、客观的市场公允价值。不论此房地产单元是否实际发生交易或其他市场行为，其市场公允价值均客观存在。即使在发生交易时，此房地产单元的实际交易价格可能会高于或者低于市场公允价值，但那也仅是在此价值的一定合理区间内上下波动。因此，这里的市场公允价值是房地产价格体系中可以反映出房地产市场的一般价格水平，是贯穿于整个房地产价格体系中的最基本的、最核心的价格，其可以通过平均市场价格而得以体现出来，而这也正是本研究所要定义的基准房价。

综上所述，我们认为，基准房价是在一定区域内，对一般状况下的房屋基本单元，按照其规定用途，评估确定的某一价值时点的一定年期的平均市场价格。

该基准房价定义从不同维度对基准房价概念做了全新的概括和解释：

1. 一般状况：是指基准房价所反映的价格水平是在房地产自身或外部状况处于一般状态下评估出来的，而不应该受到特殊状况的影响，这些特殊状况包括由房地产特殊装修、特殊改造或特殊交易条件下引起的价格异常变化。

2. 房屋基本单元：根据《房屋登记办法》，房屋基本单元是指有固定界限、可以独立使用并且有明确、唯一的编号（如幢号、室号、房号）的房屋或者特定空间。基本单元兼顾了房屋的自然状态和权利状态，是房屋登记的最小单元，因此以房屋基本单元为基准房价的标的范围，既实现了基准房价的评估范围最小化，同时又从根本上提高了基准房价的概念准确度和精确度。

3. 规定用途：是指基准房价评估对象在评估时点时的用途类型，例如住宅、商业或工业等。值得注意的是，规定用途包括两层含义，其一是指房地产法定用途，其二是指房地产现状用途，因此，在基准房价评估过程中，规定用途要根据评估目的、评估要求或具体评估技术方案而定。在深圳实践过程中，规定用途以法定用途为标准。

4. 价值时点：是指基准房价评估要明确评估时点，某个时点的评估价格只代表该时点的基准房价水平，并且，要根据房地产市场运行情况，定期或不定期的对基准房价进行更新。

5. 一定年期：一般来说，基准房价的标的对象存在两种法定年期，分别是法定最高年期和法定剩余年期。基准房价评估可遵循其中一种年期，并根据年期系数修正来得出另外一种年期的基准房价。

6. 平均市场价格：一方面，这里的市场指的是基准房价的评估结果应该是在正常市场条件下得出的，不应受到异常状况的影响，这里的正常市场条件具有的特点包括市场供需基本平衡、市场预期基本稳定等。另一方面，这里的平均价格指的是由经济学原理可知，任何商品的价值是一定的，但由于受到客观因素的影响，其市场价格会在一个合理的区间内围绕其价值上下波动，因此作为商品的房地产的市场价格也应遵循这一规律，即基准房价所反映的价格水平不是价格区间的上限或下限，而是市场价格波动区间的平均值。基准房价作为一种平均市场价格，最接近房地产价值，而房地产市场价格则围绕基准房价上下波动，这无疑也体现了基准房价的"基准"作用。

二、基准房价的内涵特征

从基准房价的概念定义可以看出，基准房价是基于房地产市场价值而所建立的统一性的房地产价格基准，其可以改变当前房地产价格标准不一、缺乏权威的房价计算依据以及房地产价格信息不对称的现状，从而满足政府、市民、专业人士对权威、准确房价的诉求。

基准房价之所以能够实现上述目标，是与其客观存在的相关本质特征分不开的，这些特征可以概括为全覆盖性、整体性和独立性三个方面，其中：

全覆盖性指的是基准房价应既能达成空间全覆盖，同时又能达成功能全覆盖。这里的空间全覆盖指的是基准房价应涵盖一定范围内所有的房屋基本单元，而功能全覆盖则指的是在对房屋基本单元进行基准房价评估时，应根据其规定用途分类进行评估，从而达成一定范围内所有房屋基本单元均能依据其功能而产生基准房价。

整体性指的是由于基准房价覆盖了一定范围内的所有房屋基本单元且涵盖了各种不同的规定用途，因此具有规模和功能上的系统性和整体性。这种整体性使得传统的个案评估无法满足基准房价评估的实际需求，而目前国内外应用较为广泛的批量评估虽能够实现较大规模的房地产价值评估，但在面对一些城市高达几百万个且涵盖住宅、商业、办公、工业等不同使用功能的房屋基本单元的基准房价评估需求时，也仍存在一定程度的不足。从这个角度来说，基准房价的整体性引致了其评估技术方法也必须体现出整体性思维。

独立性指的是作为一种价格基准，基准房价具有一定的稳定性和可靠性，能够为其他各种派生价格提供基础依据。同时，随着房地产市场的不断发展，基准房价还能够进行定期或不定期更新，以满足不同的社会经济实践需求。

三、基准房价体系构建

基准房价体系构建是一个复杂的系统工程，涉及数据收集、整理与分析，基准房价评估模型构建，以及基准房价成果应用等关键技术。在具体的构建过程中，本研究将从以下四个方面入手：

一是基础工作准备，具体包括确定评估时点、确定评估对象和确定评估成果表现形式等，实际上是明确基准房价体系构建的目的和方向，使后期各项工作能够有的放矢地持续开展。

二是数据工程建设，在明确了基准房价体系构建目标之后，将进行具体的数据收集及整理工作。数据在整个基准房价体系构建中处于最底层、最基础，但同时也是最重要、最复杂的工作，其质量和数量也将直接影响最终的评估结果，因此本研究制定了三个步骤来保障数据质量，即多源数据收集、数据模型构建及数据库构建。经过这三个过程，房地产数据能够被有效地、统一的管理起来，为后期评估模型建立及成果表达奠定了坚实的数据基础。

三是基准房价评估，这是基准房价体系构建过程中最核心的内容，具体包括基准房价评估和基准房价成果更新。

四是信息平台搭建。为了能够快速、便捷的将基准房价成果转化成实际应用，需结合地理信息技术等现代科学技术建立系统平台以保障基准房价应用成效。

基准房价体系构建的技术路线如图2.3所示。

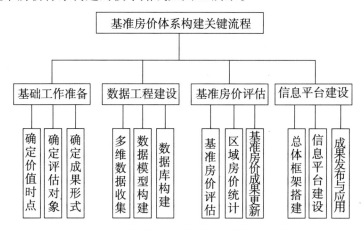

图2.3 基准房价体系构建技术路线示意图

此外，从应用的角度来看，基准房价体系构建成果应供社会各界使用，如公众可以查询到每套房屋的基准价格，方便其了解真实市场价格，指导其房屋交易行为，避免信息不对称带来的各种问题；统计部门可以基于准确的基准房价进行存量房屋价格指数的编制，减少因交易样本不均匀而带来的统计误差；税务部门可参照基准房价拟定计税价格，进行房地产相关税收的核查与征收；房地产行业管理部门可依据基准房价进行房地产市场的管理与调控；监察部门可根据基准房价来进行相关的行政监督审查等。因此，以图2.3所示的技术路线为基础，可得出基准房价体系的总体框架如图2.4所示。

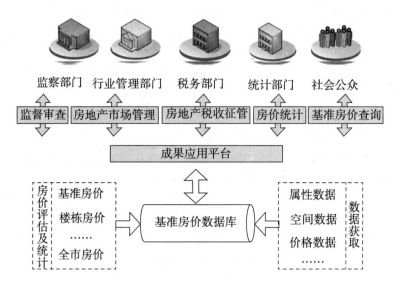

图2.4 基准房价体系总体框架图

第三章 基准房价数据工程建设

基准房价体系构建需要大量真实的房地产数据作为支撑，而数据准备是否充分、质量是否达到要求、组织是否合理、分析是否到位，都将直接影响基准房价结果的准确性，进而影响到基准房价的应用成效。因此，建设可靠有效的基准房价数据工程，既是基准房价体系建设的重要内容，也是基准房价体系构建的重要基础，更是基准房价体系发挥作用的重要前提。本章将在结合深圳市客观实际的基础上，详细阐述如何完成基准房价数据工程建设工作。

第一节 数据工程概述

一、建设目标

作为基准房价体系建设的内容之一，基准房价数据工程旨在提供重要、及时的数据依据，建立灵活可扩展的数据库，并以此为基础，利用先进的数据分析和挖掘技术，生成科学合理的各类应用数据。

基准房价数据工程的具体建设目标如下：

1. 实现土地、楼栋及房屋（以下简称"地—楼—房"）一体化管理和查询统计。基准房价数据工程首先需要对估价对象，即房地产的基本信息进行有效管理。地楼房一体化有利于从房地合一的角度更全面地描述和分析房地产的状况。

2. 实现房地产全生命周期价格跟踪管理。房地产价格信息真实反映了房地产市场变化，是研究基准房价的重要参考依据。实现房地产全生命周期价格跟踪管理，不仅有利于掌握房地产价格的时间变化，还有利于基准房价的及时评估，进而有利于及时向社会发布各类基准房价应用信息。

3. 实现房地产时空数据的结合应用。房地产数据包含时间特征和空间特征，将时空数据结合有利于更直观地分析房地产时空演变特征，有利于发现基准房价的变化轨迹。

4. 解决基准房价数据工程建设过程中的数据集成、规范等问题。解决不同来源数据的集成、规范等问题，可以使零散的数据形成相连的整体，从而发挥更大的使用价值。

5. 实现更丰富更灵活的数据多维度分析。由于数据本身或技术手段方面的不足，传统数据分析一般主要集中在二维层面。本研究的数据分析根据应用的不同，分析维度可以是二维平面、三维空间，也可以是属性维度、空间维度，也可以是时空结合维度。

二、建设内容

（一）建设目标导向下的建设内容

以建设目标为导向来看，基准房价数据工程的建设内容包括以下几个方面：

一是建立以"地—楼—房"为基础的房地产基础数据库。从现实地理实体出发，建立稳定的从土地、楼宇、房屋出发的反映房地产基本状况的房地产基础数据库。房地产基础数据包括属性数据和空间数据，因此基础数据库包含房地产属性数据库和空间数据库。

二是建立以房地产价格为根本的房地产全生命周期价格库。以房地产为基准，从房地产存在的全生命周期出发，建立反映不同时间段或时间点价格的房地产全生命周期价格库。

三是建立以时空为纽带的房地产时空一体化数据库。房地产作为一种地理实体而存在，其数据就包括属性数据和空间数据。其中房地产的属性数据中除了自身基本状况的数据之外，还有一个很重要的数据，就是随时间变化的价格数据。因此要充分利用房地产数据，就需要将房地产的这种随时间变化的数据与空间联合起来。

四是建立以应用为导向的基准房价评估技术数据库。基准房价体系构建的核心是基准房价评估，而数据工程建设将能为基准房价评估提供最为坚实的数据基础，同时也为基准房价应用提供了一定的数据支持。

（二）微观处理导向下的建设内容

从建设过程中微观层面需要处理的关键问题来看，基准房价数据工程的建设内容包括以下几个方面：

一是制定数据规范，以指导和规范基准房价数据库的建立。从数据类型来看，数据规范内容包括属性数据的规范、空间数据的规范以及价格数据的规范。从数据处理过程来看，数据规范内容包括处理内容的规范、处理方式的规范。

二是设计数据字典，解决数据取值不规范问题。在参考现有国内外有关数据字典的标准规范和成果的基础上，结合本地实际对基准房价数据字典进行了整体设计，并保持一定的开放性，以便于未来不断扩展。

三是集成不同来源数据，使这些数据相连形成一个整体，最大发挥数据的使用价值。不同来源的数据，其命名方式和编码规则不尽相同，通过数据集成，将这些数据之间建立起关联，实现数据共享和高效应用。

三、技术路线

基准房价数据工程在借鉴吸收已有数据工程建设及研究成果的基础上，以为构建基准房价体系提供支撑为基本目标，完成了基准房价数据库的构建工作，并通过结合先进的数据挖掘技术和分析方法完成对基准房价数据的深入挖掘和分析，其总体技术路线见图3.1所示。

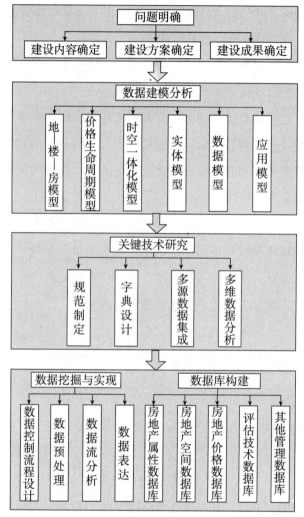

图3.1 总体技术路线图

四、建设成果

基准房价数据工程的建设成果主要包括以下几个方面：

1. 建成了以"地—楼—房"为基础、以房地产价格为根本、以时空为纽带、以应用为导向的基准房价数据库群，具体包括房地产基础数据库、房地产全生命周期价格库、房地产时空一体化数据库、基准房价评估技术数据库。实现了地楼房一体化管理和查询统计、房地产全生命周期价格跟踪管理、房地产时空数据的结合应用。

2. 构建了一套符合深圳市实际的、满足项目需求的可扩展的基准房价数据规范。该套规范在指导和规范基准房价数据库的建立方面起到了很好的指引作用。从规范的数据类型来看，该套规范包括属性数据的规范、空间数据的规范以及价格数据的规范。从数据处理过程来看，数据规范内容包括处理内容的规范、处理方式的规范。

3. 设计了一套房地产数据字典。在参考现有国内外有关数据字典的标准规范和成果的基础上，结合深圳市实际对基准房价数据字典进行了整体设计，对数据取值进行了规范，对该部分数据实现了有效管理。

第二节　数据建模分析

基准房价体系研究包括构建基准房价评估模型、探索并拓展基准房价体系的应用领域以及设计和开发基于GIS等技术的基准房价体系评估与发布平台。为实现这些研究内容，首先需要有支持基准房价模型评估和应用实现所需要的各类数据，然后要考虑各类数据的存储、组织和管理方式等一系列数据工程问题。

基准房价体系的核心是精细到每个房屋基本单元的基准房价即"一房一价"，它通过引入整体估价模型进行批量评估得到。在进行基准房价评估时需要大量的房地产数据作为数据支撑，这些数据从数据内容上看，既包括记录待评估房地产自身属性的基础数据、反映待评估房地产市场交易或租赁价格的价格数据，也包括直接用于批量评估工作的相关数据和参数数据；从数据来源上看，既包括原始积累的数据、从其他房地产部门或机构定期交换的数据，也包括开展数据调查获得的调查数据；从数据处理及应用情况来看，不同类别的数据根据自身特点及评估方法的差别，其处理方法及应用领域也不尽相同。

由于基准房价评估工作所涉及的数据内容种类繁多，数据来源广泛，因此本研究根据不同类型的数据所发挥的作用不同，将其分为房地产基础数据、价格数据、评估相关数据和参数数据。然后从数据本身客观存在的形式出发，结合基准房价体系的实现目标，在明确数据各自特点以及挖掘各类数据之间的内在联系的基础上，通过充分归纳和抽象，总结出一套结构稳定、满足实际需要的基准房价数据组织管理方式。本节将以数据建模的方式来展现基准房价数据工程模型。

一、"地—楼—房"模型

基准房价数据工程涉及的数据主要包括房地产基础数据、房地产价格数据、房地产评估相关技术数据以及其他相关数据等。其中，房地产基础数据是描述房地产的基本状况和实物状况的数据，大体上可分为两类：一类是描述房地产名称、坐落、用途、面积、楼层、装修、楼龄、周边配套设施及权属等方面信息的基础属性数据，另一类是描述房地产空间位置、形状、大小、分布状况及拓扑关系等信息的空间数据。无论在基准房价的评估中，还是在其他的管理应用中，房地产基础数据都是整个体系中最基础的部分，它明确了评估对象的基本信息，同时也是其他数据（如价格数据、评估技术数据等）得以发挥作用的主体。

从客观实际出发，房地产基础信息应包含土地基础信息和房产基础信息，房产基础信息又可以拆分为楼栋基础信息和楼栋内房屋基础信息，而土地、楼栋、房屋这三个主体之间存在着相互依存的关系，因此这三者之间通过建立依存关系从而可以实现"地—楼—房"一体化管理的目标。

"地—楼—房"模型是现实世界中的房地产表现形式在信息世界的映射。这个映射并非是一个完全的映射，即存在某些现实世界中的事物，在信息世界中未能与之完全对应。究其原因主要在于，现实世界是一个复杂的难以穷举所有事物的世界，且在本研究研究当中，也不需要将这现实世界的所有事物都想尽方法搬至信息世界中。比如在房地产管理事务中，土地是需要被管理的重要对象，通常来说肯定是有必要把所有涉及房产的土地都在系统中保存管理起来，因此我们需要对现实世界中的土地在信息世界中建立映射；但实际上对于土地而言，我们并不需要把土地的所有信息都记录下来，如土地的地貌情况、土地上的植被情况、土地的土壤性质等在别的研究中可能需要保存，但在本研究中并不需要（图3.2）。

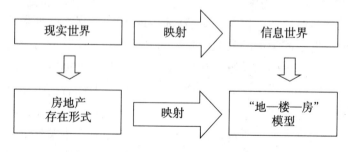

图 3.2 模型映射关系图

从图3.2可以看出，信息世界表达的信息是根据不同的项目研究目的，提炼出的现实世界中与此目的相关的信息，因此可以说信息世界表达的信息是现实世界的一部分。本节提出的"地—楼—房"模型是用来描述和反映现实世界中房地产的表现形式。很明显，现实世界中房地产是包含土地和房产两方面信息，因此在该模型当中，涉及三个实体两个关系：即土地、楼栋、房屋三个实体，土地与楼栋的关系、房屋与楼栋的关系。具体来讲，"地—楼—房"模型不仅包含有三个实体的基本信息，同时还包含有这三个实体之间的关系信息，其实体联系图具体见图3.3所示。

根据房地产开发的一般模式可知，房地产的项目开发首先必须得到可供该项目开发的某块地的使用权，当这块地确定之后，相应的楼栋才会在相应的地块范围内建造，相应的房屋也就会根据不同的设计分布在该楼栋内。因此一般来讲，土地与楼栋的关系是一对多，并且楼栋的位置是依托土地的位置而存在。而楼栋与房屋的关系也是一对多的关系，房屋也是依赖楼栋而存在，其概念模型具体见图3.4所示。

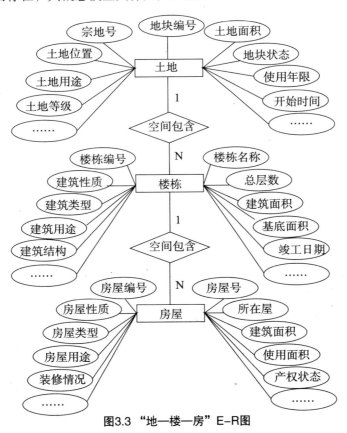

图3.3 "地—楼—房"E-R图

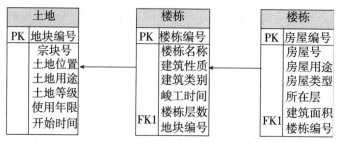

图3.4 "地—楼—房"概念模型图

"地—楼—房"模型中涉及的房地产本身的信息主要是反映房地产的基本状况和实物状况方面的信息，大体上可分为两类：一类是描述房地产名称、坐落、用途、面积、楼层、装修、楼龄、产权状态及周边配套设施等信息的基础属性数据，另一类是描述房地产空间位置、形状、大小、分布状况及拓扑关系等信息的空间数据，这些我们统称为房地产的基础信息，其相关内容具体包括：

1. 土地基础信息。土地是承载房产的物质基础，是房地产价值构成的重要组成部分。土地基础信息包括地块编号、宗地号、土地位置、土地登记、产权状态、地块状态、土地使用权类型、土地用途、用地面积、土地使用年限、土地出让起始时间、土地出让结束时间等信息。通过对土地基础信息的了解，能够对房地产价值构成的认识进行深入分析，准确把握房地产价值构成因素。

2. 楼栋基础信息。楼栋基础信息包括楼栋编号、楼栋名称、所在宗地号、建筑性质、建筑类型、建筑结构、建筑用途、楼栋总层数、竣工日期、使用年限、基地面积、建筑面积等。这些属性信息从各个角度描述了楼栋的基本情况，可以辅助房地产评估人员全方位了解楼栋品质、进而判断房屋品质的重要参考依据。同时，也是在基准房价评估中构建楼栋间比价关系的数据基础。

3. 房屋基础信息。房屋是基准房价体系中最小的构成单元，其基础信息包括房屋编号、房屋性质、房屋类型、房屋用途、房屋结构、所在层数、所在楼栋、装修情况、建筑面积、使用面积及产权状态、产权证号、产权登记时间等信息。房屋这些基础信息反映了房屋的基本情况及其当前的产权状态，清楚地了解房屋的基础信息，有利于基准房价评估时房屋类型的精细划分及房屋之间比价关系的构建。

上述这些数据的具体组织方式将在下文的数据模型一节中进行完整阐述。

二、价格生命周期模型

基准房价评估是评估房地产的价值，而价格是价值的外在表现形式。因此，房地产价格数据都是基准房价评估过程中重要的参考依据，能够直接影响评估结果的准确性和一致性。并且，这些价格数据产生的阶段不同、类型不同、来源也不同，因此对各种房地产价格数据进行分析，也是准确认识价格数据特点、合理把握价格数据适用领域及使用方法的必要的技术手段。

从本质上来讲，房地产价格是房地产在开发、建设、经营的过程中，所耗费的社会必要劳动所形成的价值与土地所有权价格综合的货币表现，房地产商品价格是房屋建筑物价格和地产价格的统一，是房地产商品价值和地租资本化价格的综合性货币体现，在房地产价值评估中，一般认为房地产价格是房地产经济价值（交换价值）的货币表示。

在房地产存在的全生命周期内伴随着不同的交换行为，因此有不同的房地产价格数据产生（图3.5）。本节提到的房地产存在的全生命周期是从微观角度出发，表示房地产从产生到最后使用权结束这一个时间段，包括新房预售阶段、存量房买卖阶段、存量房租赁阶段。

图3.5 房地产全生命周期内的价格示意图

从图3.5可以看出，在新房预售阶段，存在新房预售价格；在存量房买卖阶段，有挂牌价格、个案评估价格、抵押贷款价格、实际买卖价格、交易计税价格以及产权登记价格，这些价格因为目的不同、主体不同而表现不同；在存量房租赁阶段，存在着租赁价格。

对图3.5进一步分析可以得到，在房地产存在的不同阶段，产生了不同的价格数据，这些价格数据产生有一个共同特点就是围绕的实体都是"地—楼—房"，因此我们可以将这些价格数据与其对应的实体建立起联系，在这里我们将价格也抽象为一个实体。这就是以"地—楼—房"为基础的房地产价格生命周期模型的雏形（图3.6）。

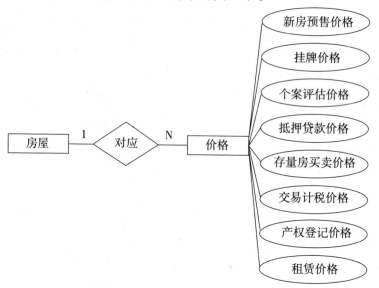

图 3.6 房地产价格生命周期模型E-R图

从图3.6可以看出，在房地产全生命周期内，按照类型来分，涉及的价格主要有以下几类：

（一）实际成交价格

实际成交价格即买卖价格，是房地产权利人采取买卖的方式将其房地产转移给他人，由房地产权利人（作为卖方）收取或他人（作为买方）支付的货币或实物、无形资产和其他经济利益的价格。实际成交价格数据包括新建商品房销售价格和存量房交易价格两种类型。

新建商品房销售价格，也称为新房预售价格，它是经政府部门批准，由房地产开发商按市场价值预售给购房者后，购买者在房地产管理机构进行预售登记与产权登记的价格。新建商品房销售价格主要来自新房销售备案系统，且较为真实可靠。

存量房买卖价格数据则主要来自房地产中介机构，是房地产权利人直接或通过房地产中介机构将房地产转移给他人时的交易价格。一般来说，存量房规模要远高于新建商品房，因此存量房交易价格数据是基准房价评估中非常重要的参考依据，其数据内容主要包括成交编号、物业名称、位置、总层数、所在层、物业面积、交易时间、交易总价、交易单价、交易类型、物业户型以及数据来源等。

（二）租赁价格

租赁价格通常也称为租金或租价。租赁价格在租赁标的为土地或以土地为主的情况下称为地租，而在租赁标的为土地和建筑物合体的情况下则习惯称为房屋租赁价格即房租。房租是房屋所有权人或土地使用权人作为出租人将其房地产出租给承租人使用，由承租人向出租人支付或出租人向承租人收取的货币或实物、无形资产和其他经济利益的价格。

就深圳市而言，租赁价格数据主要指的是"深圳市房屋租赁管理办公室"及"深圳市流动人口和出租屋综合管理办公室"所提供的相关数据，主要包括租赁物业地址、面积、单位面积月租金、承租人、出租人、租赁审批时间以及出租房屋用途等。由于租赁价格数据一般能够间接反映出收益性房地产的市场公允价值，因而在收益性房地产基准价格的评估中占据十分重要的地位。

（三）挂牌价格

挂牌价格是中介机构等在网站上发布的待售或待租房地产的价格，其数据内容主要包括案例楼盘的名称、地址、周边配套、产权归属、户型、装修、朝向、总层数、所在层、房龄、面积、总价（或月总租金）、单价（或单位面积月租金）以及挂牌时间等。

虽然挂牌价格一般不会明确对应到具体的某一套房屋，因此其利用程度具有一定局限性，无法直接纳入基准房价评估模型以进行评估，但挂牌价格一般较易采集且数据量相对较大，因此可用于较大范围内的基准房价评估结果的检验。

（四）个案评估价格

个案评估价格是指房地产权利人出于某种目的，委托专业房地产评估机构评估其房地产的市场价值而所得到的价格。在现实生活中，个案评估的目的多为房地产抵押价值评估，此外也有少量的征地和房屋拆迁补偿估价、出国资产证明评估以及房地产拍卖底价评估等。个案评估方法则随房地产类型的不同或估价目的的不同而有所不同，其中又以市场比较法和收益法居多。

一般来说，个案评估价格的数据内容主要包括估价目的、项目名称、房产证号、估价方、估价时点、作业起始日期、报告编号、价值定义、估价方法、未设定法定优先受偿权的市场价值、估价师知悉的法定优先受偿款、抵押价值、评估收费、估价对象建筑面积、估价报告有效期以及录入时间等。由于个案评估数据主要来自专业性的评估机构，因此具有较高的可信度，对于基准房价评估来说也就具有较高的参考价值。

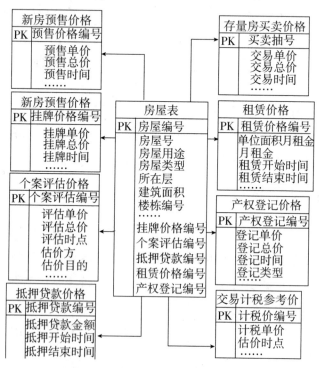

图 3.7 房地产价格生命周期概念模型

（五）抵押贷款价格

抵押价格数据指的是抵押贷款价格，其来源主要为相关行业管理部门所建立并管理的抵押登记系统。

抵押价格的数据内容主要包括抵押对象、抵押贷款的金额、抵押登记时间以及抵押用途等。抵押价格先天就带有一定的谨慎性，其相对实际成交价格、挂牌价格、个案评估价格等而言，存在一定程度的折扣现象，因此无法直接用于基准房价评估；但由于抵押价格较易收集、规模较大，且也从不同侧面间接反映了房地产价值，因而也就成为上述价格数据的有益补充。

通过建立房地产价格生命周期模型，将这些不同阶段产生的不同类型的价格数据组织起来，可以实现房地产全生命周期价格跟踪管理和分析，不仅有利于掌握房地产价格的时间变化，有利于为发现房地产价格变化的内在机制提供依据，还为基准房价的评估提供了丰富的价格参考依据。房地产价格生命周期的概念模型具体见图3.7所示。

三、时空一体化模型

房地产数据一般包括两方面的信息，一方面是描述房地产名称、面积、用途、交易行为等属性方面的信息，另一方面是描述房地产空间位置、形状、大小、分布状况及拓扑关系等空间方面的信息。总结这两方面的信息，对房地产实体来说，房地产数据既存在时间变化方面的信息（如不同时间的交易行为），同时还存在房地产空间状态信息。

时空一体化模型是一种有效组织和管理时态地理数据，属性、空间和时间语义更完整的地理数据模型。时间、空间和属性是地理实体和地理现象本身固有的三个基本特征，是反映地理实体的状态和演变过程的重要组成部分，也是时态GIS构成的基本三要素，它们之间的关系可用图3.8表示。

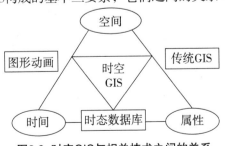

图3.8 时空GIS与相关技术之间的关系

第三章 基准房价数据工程建设

043

由于时空数据模型应用前景广泛，近二十年来其研究发展非常迅速，到目前为止，所构建的模型加上相关的扩展及孪生模型的数目和种类极其繁多。大量的相关文献和研究报告对当前已有时空数据模型进行了归纳(分类)和论述，但就其分类描述而言，缺少统一的分类标准，并且现有的分类没有从本质上加以区别。根据所描述的时空目标本身情况不同，时空数据模型一般可以分成三类（表3.1）。

表3.1 时空数据模型分类方法和归类情况表

分类方法	类别	模型归类	适合范围
根据所描述的时空目标本身情况	侧重于对时空目标状态本身的描述	如序列快照模型、基态修正模型、时空立方体模型、时空符合模型以及非第一范式关系时空模型等	更适合栅格数据，可以CA模型扩展
	侧重于时空目标变化过程	如基于事件驱动的时空数据模型、定性因果模型、基于图论的时空数据模型和基于过程的时空数据模型	栅格或矢量数据，可以做时空推理分析
	侧重于时空目标和时空关系描述	如时空立体模型、面向对象时空数据模型、面向特征和地理本体时空数据模型	矢量数据，可以做时空规划分析

基准房价体系中所管理的对象包括房屋及其所对应的属性的变化。这种变化是由房屋的分割、合并、注销、产权变更和产权转移等引起的，涉及到时间、空间和属性的变化。

就房屋及其对应属性的变化情况归纳起来有三种情况：一是房屋的空间形态、属性同时变化；二是房屋的空间形态未变，但属性发生了变化；三是房屋的属性未变，但房屋空间形态发生变化。一般引起房屋空间形态变化的主要原因有二：一是房屋所有权人变化引起的房屋的分割与合并；二是房屋的灭失。分割、合并、灭失是房屋空间形态变化的主要形式，具体如图3.9所示。

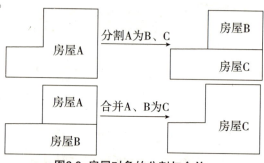

图3.9 房屋对象的分割与合并

另一方面，随着房产交易的不断进行,房屋的时间属性也会发生不断的变化，其中变化最频繁的是房屋的交易价格、房屋的产权状态及产权人。

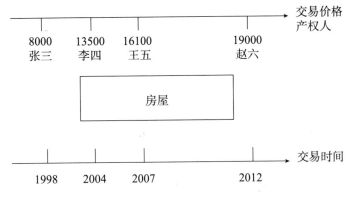

图3.10 房屋交易变化的时间模型

按照时态数据库中有关时间模型的理论，房屋交易变化应属于步进模型(Stepwise Model)。在这种模型下，时间序列上任一点的数据值对应于上一次数据改变时保持的状态，如果要查询当前数据的取值，则需要回溯。如图3.10所示，房屋所有权人自1998 年至今一共发生了4次变动，采用步进模型只要求记录4个时间点的信息。如果查询目前该人员的身份，虽然没有登记当前时间点，但并不是返回一个无效的空值，而是沿着时间轴回溯，找到最近发生的状态变化。其他房屋共有权人、他项权人的变化一般遵循此模型，属性信息的变化大部分也都遵循步进模型。由于房产业务的特殊性，房地产的时空变化具有以下特征：

1. 空间对象的时态变化缓慢；

2. 空间对象的变化一般是以单一空间对象为单位进行变化的,不涉及到多个对象的同时变化；

3. 空间对象的属性信息变化频繁。房屋空间对象的时态变化相对于房屋的属性变化而发生的频度是很小的,这是本文提出时空数据模型的一个客观基础。

根据本节提出的数字房产的时空数据模型，在信息系统数据库设计中，我们可以采用工作库、现势库和历史库三库分离的技术来实现。时空数据模型中当前时刻、工作时刻和历史时刻分别对应着现势库、工作库、历史库。我们称这种在数据库中将对同一对象的不同时刻状态在数据库中分为现势库、工作库、历史库的方法称之为三库分离技术，三者之间的关系如图3.11所示。

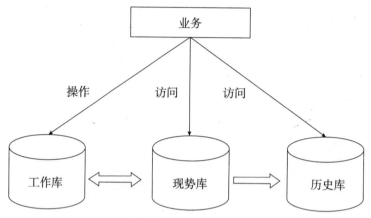

图3.11 时空数据管理中的逻辑关系

在图3.11中，各库的内容分别为：

1. 现势库。存放现在时刻数据，这些数据可以作为查询、统计等业务操作的具备"法律效力"的数据。在时空数据库中，现势库反映的是操作对象的现在时态的空间位置和属性，数据库中每一个对象都处于"激活"状态，是数据库的当前操作对象如当前的房产图形库、所有权人库等。根据基态修正模型的特点，处于最频繁操作的状态应为基态，显然现势库中的对象应为基态。

2. 工作库。存放工作数据，即处于业务处理中、尚未完成评估等过程数据。工作库存储时空数据库操作的各个过程，同时进行过程操作验证，如一旦事件发生的条件不满足时，该事件会沿发生的时间轴回退，直到条件成立或返回事件发生前的状态。

3. 历史库。存放现势库数据发生变化之前的数据。一个对象由一事件引起变化后，其最新状存入现势库，它相对于基态的修正量存入历史库中。历史库是一个时间序列数据库，分层次存储各时间序列"历史"数据，如历史图形、历史所有权人等。

从总体上来说，以房地产时空数据为基础，建立时空一体化模型，有利于更直观地分析房地产时空演变特征，进而有利于发现基准房价的变化轨迹。

四、实体模型

实体模型的目标是从现实客观世界出发，提炼出基准房价体系中涉及的实体及实体间的联系，为进一步的数据模型提供依据。实体模型的内容包括实体确定，实体间联系以及相应的约束条件。实体间的联系分静态联系和动态联系。

前面三节内容已经提炼出基准房价体系必须存在的土地、楼宇、房屋、价格四个实体及这四个实体间存在的联系，为进一步实现数据的高效管理和利用，经深层的挖掘和分析，最终确定的符合需要的实体模型如图3.12所示。

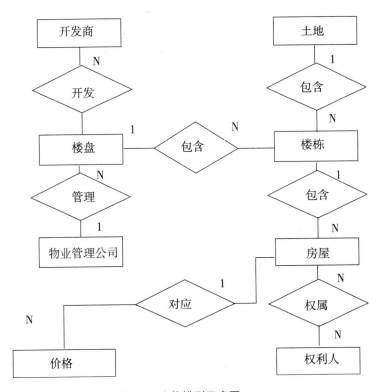

图3.12 实体模型示意图

从图3.12可以看出，基准房价涉及的实体有土地、楼栋、房屋、权利人、价格、楼盘、开发商以及物业管理公司。在这里，楼盘的概念指的是楼栋的集合体，从现实世界出发分析可知，同一楼盘内的房地产具有一定程度的同质性、可比性，因此抽离出了一个楼栋集合体的实体，即楼盘。楼盘实体包含有相应开发商和物业管理公司。

一般来说，土地与楼栋的关系是一对多的关系，也就是说某块土地单元上可能有多个楼栋，但是某个楼栋只能在某一个确定的土地单元上；楼栋与房屋的关系是一对多的关系，即某楼栋内可能有多套房屋，正常来讲，一个楼栋内有多套房屋，但是也存在一个楼栋就是一套房，如独栋别墅，这种情况也能在这个一对多的关系中表达。反过来讲，某套房屋一定属于某个楼栋内，只有建立了相应的楼栋信息，房屋的信息才能依托此楼栋存在；房屋与权利人的关系是多对多的关系，即一套房屋可能由多个权利人共同拥有，一个权利人可能拥有多套房屋；房屋与价格的关系是一对多的关系，房屋在全生命周期内存在多种类型的价格，而在信息化的世界中，价格应当对应确定的房屋才能被有效利用；开发商与楼盘的关系也是多对多的关系，一个开发商可以开发多个楼盘，一个楼盘可能由多个开发商共同开发。物业管理公司和楼盘的关系一般是一对多的关系，一个物业管理公司可以对多个楼盘进行物业管理。

五、数据模型

建立基准房价数据模型的目标是定义实体静态的数据结构、数据结构上的操作以及约束，其中数据结构部分为自身属性加上静态联系，操作对应于要素模型中的行为，约束主要是自身的约束限制，而联系导致的约束会在操作中具体体现。数据结构的自身属性结合项目研究需要，并综合参照"中华人民共和国房地产行业标准"的《房地产估价规范》(GB/T50291)，《房地产市场基础信息数据标准》（JGJ/T252）等标准规范给出，其数据模型如图3.13所示。

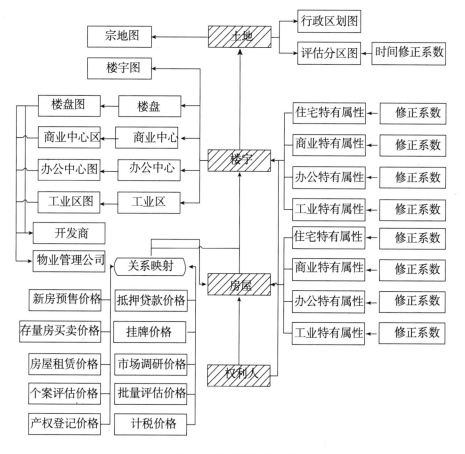

图3.13 数据模型示意图

从图3.13可以看出，由于住宅、商业、办公、工业这四大类房地产本身的属性虽然都存在共性的部分，但是由于用途不同，各自具有不同的属性，同时在基准房价体系的数据管理中也表现出不同的侧重点。因此，在信息化世界的表达中，将住宅、商业、办公、工业本身区别于其他用途的属性抽离出来，进行单独的组织和管理，这不仅有利于区别管理，也能减少数据的冗余存储。在基准房价评估原理中，比价系数是整体估价模型的纽带，因此在信息化的世界中，比价系数应当作为单独的管理对象管理起来，不同用途的房产具有相对应的比价系数。

六、应用模型

基准房价评估所涉及的房地产数据包括基础属性数据、价格数据以及空间数据，它们是获得所有其他数据的原始材料。通过数据匹配、数据转换、GIS化处理等数据预处理操作，这些原始数据将被转换为能够被基准房价评估所直接应用的标准化了的评估数据，进而进行基准房价评估，其应用模型如图3.14所示。

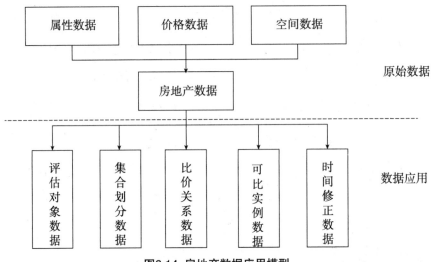

图3.14 房地产数据应用模型

从图3.14可以看出，房地产原始数据可以被应用转换为评估对象数据、集合划分数据、比价关系数据、可比实例数据以及时间修正数据，各种数据的具体内容如下所述：

（一）评估对象数据

评估对象是基准房价评估工作的核心，是基准房价的载体。在原始房地产属性数据中，并没有"评估对象"这个概念，它是通过在产权登记数据的基础上进行加工整理后的成果数据，其包括住宅房地产评估对象、商业房地产评估对象、办公房地产评估对象以及工业房地产评估对象。以住宅房地产评估对象为例，每个评估对象即为一个房产证对应的房屋，是基准房价评估的基础。每个对象除了包含标识房屋唯一性的房屋编号外，也包括评估基准房价时作为参考之用的重要的属性信息，如面积、所在楼层及朝向等。

（二）集合划分数据

在基准房价评估理论中，集合划分是首先要完成的工作。集合划分的合理与否，将直接影响其后所有评估中间过程结果的准确性，并最终影响基准房价结果的准确性。

所谓标准集合划分，简单来说就是根据房地产基础信息、价格信息及空间信息将具有相似属性的房地产划分在同一个集合内，该集合内的所有待评估房地产属于同一供求范围，可以应用同一种评估方法或同一套系数（或参数）进行基准房价评估，这是整体估价思想的重要体现之一。在房地产整体估价理论中，无论是住宅房地产评估、商业房地产评估还是办公房地产评估，标准集合的划分依据都是"三位一体"的，即同时考虑房地产的区位状况、实物状况及权益状况，它们都可以从房地产空间数据和基础属性数据中提取出来。

（三）比价关系数据

比价关系是从空间角度将所有房屋之间建立起联系的纽带，是"以标准房为核心、以比价关系为纽带"的整体估价思想的一个重要体现。比价关系数据用一系列大于零的浮点型数字量化了这种比价关系，数字的大小关系决定了待评估房地产与标准房之间的价值大小关系，从而为批量评估所有待估房地产奠定了坚实的数据基础。

比价关系数据是一套三层系数体系，从高到低分别为标准集合内小区间比价关系、小区内楼栋间比价关系以及楼栋内部比价关系。由于每层比价关系的侧重点不同，因此在构建比价关系时，评估人员所参考的房地产属性信息也不尽相同。

比价关系数据的记录方式是以房屋为单位的，即每一套房屋对应一个该房屋所在楼栋的楼栋内比价系数、一个该房屋所在楼栋的楼栋间比价系数以及一个该房屋所在集合的集合内小区间比价系数。然而，在实际操作过程中，除了三个比价系数之外，为了直观地验证比价关系准确性，比价关系数据也同时记录了一些与房屋价值关系密切的基础属性信息，如房屋用途、性质、所在层数、朝向、建筑面积和竣工日期等。

（四）可比实例数据

在整体估价理论中，无论是住宅房地产基准房价还是非住宅房地产基准房价，可比实例搜索都是其中至关重要的一个步骤，直接决定了标准房评估值以及所有房屋评估值的准确性。

可比实例数据不是简单的价格数据的直接应用，而是在原始价格数据的基础上经过数据来源检验、完备性检验和可靠性检验等操作之后形成的价格数据集。首先，可比实例来源检验主要是指确保价格数据（包括交易和租赁数据）尽量来自于房地产中介机构或实地调查，因为以这两种方式获得的价格数据更贴近实际价格。其次，完备性检验主要是指检验价格数据的房屋属性是否完备。如果不完备，则通过与基础数据进行关联的方式补充缺失属性信息。最后，可靠性检验是指采用自动筛选、比例统计及人工筛选等方式剔除异常价格数据，保证可比实例集合中的价格数据是真实可靠的。

价格数据经过上述处理之后，就形成了最终的可比实例数据，它们为可比实例搜索、时间修正系数建立及标准房和所有房屋基准房价评估奠定了坚实的数据基础。

（五）时间修正数据

时间修正是指将可比实例价格修正到评估时点的价格水平，它从时间角度将可比实例与标准房之间建立起联系，进而根据可比实例搜索结果计算标准房基准房价。时间修正数据反映了在一定时间段和一定范围内的房地产交易或租赁价格随时间变化的趋势，它用一系列大于零的浮点型数字量化了这种修正关系，数字的大小决定了可比实例价格修正程度。

在整体估价理论中，时间修正系数的建立是在可比实例基础上完成的，并根据需要分为大区级标准分区时间修正系数和片区级标准分区时间修正系数。时间修正系数的评估主要依靠可比实例数据和比价关系数据，其计算过程可简单描述为：若在某个标准分区的某个时间段内建立时间修正系数，则利用楼栋内和楼栋间的比价关系将该时间段内的可比实例价格修正到该标准分区标准房价格，并以标准房的价格走势作为该分区内房地产价格走势。

在深圳市基准房价评估实践中，时间修正数据的表示方式采用价格指数的形式展现出来，具体为：每次评估时，项目组选取评估时点前一年内的可比实例来计算每个月的房地产价格指数，并以第一个月的价格指数为基数（在整体估价理论中将其设置为100）进行表示。这样，时间修正数据一般包括两个属性列，一是时间（精确到月份），二是该时间对应的价格指数（精确到小数点后两位）。

第三节　关键技术实现

一、规范制定

基准房价评估会使用到大量的房地产属性数据、房地产空间数据及房地产价格数据。由于这些数据的来源及格式均有所不同，且数据质量也可能参差不齐，甚至有时即使是同一种数据也会出现由于各自所遵循的标准或规范的不同而给实际应用带来麻烦，因此为规范基准房价评估过程中所使用的各种数据，保障基准房价评估结果的准确性和完整性，有必要结合各种数据自身以及数据之间的转换规则来制定相应的数据规范。

从总体上来看，制定数据规范可以起到如下作用：一是有利于数据的采集、整理、分析和存储，进而提高工作效率；二是有利于控制数据质量，进而保障数据使用结果；三是有利于不同格式数据之间的转换，进而提高数据使用灵活性；四是有利于基础数据与空间数据之间的关联，进而最大限度地发挥数据价值；五是有利于数据的长期维护和更新，进而提高数据维护效率和降低维护成本；最后是有利于提高基准房价评估结果的准确性和完整性。

（一）房地产属性数据规范

前已述及，房地产属性数据是用来描述房地产的自然特征数据和权属特征数据的总和，因此可从基础物理数据和基础权属数据两方面入手来分别制定相应的数据规范。

1.基础物理数据规范

基础物理数据主要包括房屋信息、楼栋信息、楼盘信息以及土地信息等，其记录着房地产自身的相关物理属性信息，在基准房价评估中占据十分重要的地位。本研究依据《房地产市场基础信息数据标准（JGJ/T 252-2010）》（以下简称《标准252》）和深圳市发布的《建筑物基本指标、功能分类及编码（SZDB/Z 26-2010）》（以下简称《深圳标准2010》）中所述的相关规范，并结合深圳市房地产的实际特点及基准房价评估的工作需要，对基础物理数据的名称、类型、取值范围等制定了相应规范。

（1）房屋信息

房屋信息主要包括产权房屋编号、所在区域、房号、所在楼层，房屋性质、房屋类型、房屋用途、房屋结构、装饰级别，建筑面积、使用面积、所在楼栋编号以及套内建筑面积等，其相关规范标准具体见表3.2所示。

表3.2　房屋信息规范表

名称	类型	字段长度	值域/说明
房屋编号	字符型	50	每套房屋具有统一编排的唯一编码，该编码由10位数字构成，例如3000168511。
房号	字符型	50	采用每套房屋的实际房号。
所在楼栋编号	字符型	50	每个楼栋具有统一编排的唯一编码，该编码由10位数字构成，例如9000008925。
所在分区	字符型	50	该属性的取值根据深圳市实际情况及评估需要设定，分别为：罗湖、福田、南山、宝安、龙岗、沙头角、南头、华侨城、蛇口、龙岗一类、龙岗二类、龙岗三类、宝安一类、宝安二类、西丽、盐田梅沙、盐田及工业。
所在楼层	数字型	50	采用房屋所在的实际楼层数。
房屋性质	字符型	50	深圳市房屋性质多种多样，因此该属性的取值一共有85种，其中主要的性质类型有：商品房、福利房、拆迁补偿房、微利商品房、单位建房等，在此不一一列举。
房屋类型	字符型	50	深圳市房屋类型多种多样，因此该属性的取值一共有90种，其中主要的性质类型有：多层、小高层、中高层、高层、高层裙楼等，在此不一一列举。
房屋用途	字符型	50	该属性的取值为：住宅、商业金融及信息用房、工业、仓库用房、办公楼、公共建筑、市政绿化用房和其他用房。
房屋结构	字符型	50	该属性的取值为：钢结构、钢和钢筋混凝土结构、框架结构。砖木结构、混合结构、其他、其他结构、框剪结构、框筒结构、筒体结构、框架剪力墙、排架和短肢剪力墙。
装饰级别	字符型	50	该属性的取值有5种，分别为：普通装修、豪华装修、初级装修、高级装修及其他。
使用年限	数字型	10	该属性记录房屋所在土地的出让年限，取值一般为50年或70年。

名称	类型	字段长度	值域/说明
起始日期	日期型	—	记录出让起始日期，日期结构为"YYYY-MM-DD"。
终止日期	日期型	—	记录出让终止日期，日期结构为"YYYY-MM-DD"。
竣工日期	日期型	—	记录房屋的竣工日期，日期结构为"YYYY-MM-DD"。
建筑面积	数字型	12（2）	采用房屋的实际建筑面积，精确到小数点后两位，单位为"平方米"。
使用面积	数字型	12（2）	采用房屋的实际使用面积，精确到小数点后两位，单位为"平方米"。

（2）楼栋信息

楼栋信息主要包括楼栋编号、楼盘编号、楼栋名称、位置、所在宗地、性质、类型、主要用途、结构、总层数、开工日期、竣工日期、基地面积以及建筑面积等，其相关规范标准具体见表3.3所示。

表3.3　楼栋信息规范表

属性名称	属性类型	字段长度	值域/说明
楼栋编号	字符型	50	每个楼栋具有统一编排的唯一编码，该编码由10位数字构成，例如9000008925。
楼栋名称及栋号	字符型	50	在深圳市，楼栋名和楼栋号经常是连在一起的，因此将这两个属性合并为一个属性来记录和显示。例如：景林花园39栋。
所在分区	字符型	50	该属性的取值根据深圳市实际情况及评估需要设定，分别为：罗湖、福田、南山、宝安、龙岗、沙头角、南头、华侨城、蛇口、龙岗一类、龙岗二类、龙岗三类、宝安一类、宝安二类、西丽、盐田梅沙、盐田及工业。
楼栋性质	字符型	50	深圳市楼栋性质多种多样，因此该属性的取值一共有85种，其中主要的性质类型有：商品房、福利房、拆迁补偿房、微利商品房、单位建房等，在此不一一列举。
房屋类型	字符型	50	深圳市楼栋类型多种多样，因此该属性的取值一共有90种，其中主要的性质类型有：多层、小高层、中高层、高层、高层裙楼等，在此不一一列举。
房屋用途	字符型	50	该属性的取值为：住宅、商业金童及信息用房、工业、仓库用房、办公楼、公共建筑、市政绿化用房和其他用房。

属性名称	属性类型	字段长度	值域/说明
房屋结构	字符型	50	该属性的取值为：钢结构、钢和钢筋混凝土结构、框架结构、砖木结构、混合结构、其他、其他结构、框剪结构、框筒结构、筒体结构、框架剪力墙、排架和短肢剪力墙。
总层数	数字型	10	采用楼栋的实际总层数。
使用年限	数字型	10	该属性记录房屋所在土地的出让年限，取值一般为50年或70年。
起始日期	日期型	—	记录出让起始日期，日期结构为"YYYY-MM-DD"。
终止日期	日期型	—	记录出让终止日期，日期结构为"YYYY-MM-DD"。
开工日期	日期型	—	记录楼栋的实际开工日期，日期结构为"YYYY-MM-DD"。
竣工日期	日期型	—	记录楼栋的实际竣工日期，日期结构为"YYYY-MM-DD"。
基地面积	数字型	12(2)	记录楼栋的实际基地面积。
建筑面积	数字型	12(2)	记录楼栋的实际建筑面积。
地块编号	字符型	50	记录楼栋所在地块的地块编号。
宗地号	字符型	50	
产权状态	字符型	50	该属性的取值为：无效、变更、查封、有效、抵押和抵押查封。

（3）楼盘信息

楼盘信息既包括编号、楼盘名称、所在宗地、位置、开发商、土地受让时间、土地出让合同、权属来源、使用年限、建筑面积等政府部门登记数据，也包括楼盘规模、配套设施、环境状况等目前尚未能纳入政府部门登记数据之中的相关信息。由于后者在基准房价评估中具有一定作用，因此需通过开展实地调查来采集和补充这部分楼盘信息。无论是直接收集还是间接调查，都需要制定相关的数据规范以控制数据质量，楼盘信息相关规范标准具体见表3.4所示。

表3.4 楼盘信息规范表

属性名称	属性类型	字段长度	值域/说明
楼盘编号	字符型	50	每个楼盘具有统一编排的唯一编码，根据需要由不同位数的数字构成。例如：1234567
楼盘名称	字符型	50	采用楼盘的实际名称。
楼盘位置	字符型	1024	一般由行政区名、片区名、道路名及方位等描述性信息构成。例如：福田区新闻路与香梅路交汇处。
开发商	字符型	50	采用该楼盘的实际开发公司的全称。
起始日期	日期型	—	记录出让起始日期，日期结构为"YYYY-MM-DD"。
终止日期	日期型	—	记录出让终止日期，日期结构为"YYYY-MM-DD"。
开工日期	日期型	—	记录楼栋的实际开工日期，日期结构为"YYYY-MM-DD"。
竣工日期	日期型	—	记录楼栋的实际竣工日期，日期结构为"YYYY-MM-DD"。
土地出让年限	数字型	—	记录房屋所在土地的出让年限，取值一般为50年或70年。
楼盘面积	数字型	10（2）	采用楼盘的实际面积，保留小数点后两位，单位为"平方米"。
楼盘规模	字符型	1024	有三种描述方式，根据情况采用其中一种或几种组合：一是面积表示法，用数字表示，精确到小数点后两位；二是用楼盘内的楼栋数量表示；三是用楼盘所占的面积表示。
环境状况	字符型	1024	记录影响房地产价值的环境因素（包括正面影响和负面影响），一般包括：公园、绿地、水体、噪声源、垃圾场、电厂（站）、加油站。
配套设置	字符型	1024	记录影响房地产价值的配套设施名称，一般包括：学校、医院、商场、超市、地铁站、公交站（枢纽）、锻炼设施、体育馆（场）、停车场。

（4）土地信息

土地信息以宗地为基本单元，包括了地块编号、宗地号、位置、土地等级、土地面积、产权状态、土地使用权类型、土地使用起止日期以及土地用途等数据，其相关规范标准具体见表3.5所示。

表3.5　土地信息规范表

属性名称	属性类型	字段长度	值域/说明
地块编号	字符型	50	记录楼栋所在地块的地块编号。
宗地号	字符型	50	宗地号编码分为四个部分：第一部分是区，用大写字母表示，其中A表示罗湖区，B表示福田区，C表示南山区，D表示盐田区，E表示宝安区，F表示龙岗区；第二部分是带，用数字表示；第三部分是片，用数字表示；第四部分是宗地，用数字表示。例如B107—24表示福田区第1带07片第24宗地。
位置	字符型	1024	一般由行政区名、片区名、道路名及方位等描述性信息。例如：福田区新闻路与香梅路交汇处。
土地用途	字符型	50	该属性的取值为：住宅、商业金童及信息用房、工业、仓库用房、办公楼、公共建筑、市政绿化用房和其他用房。
土地编码	字符型	50	依据"深圳市城市规划标准"。
土地等级	字符型	50	共分5级，其取值为：一级、二级、三级、四级和五级。
土地面积	数字型	10（2）	采用该块土地的实际面积，保留小数点后2位，单位为：平方米。
起始日期	日期型		记录出让起始日期，日期结构为"YYYY-MM-DD"。
终止日期	日期型		记录出让终止日期，日期结构为"YYYY-MM-DD"。
开工日期	日期型		记录楼栋的实际开工日期，日期结构为"YYYY-MM-DD"。
竣工日期	日期型		记录楼栋的实际竣工日期，日期结构为"YYYY-MM-DD"。
土地出让年限	数字型		记录房屋所在土地的出让年限，取值一般为50年或70年。
产权状态	字符型		该属性的取值为：有效、无效、查封、变更、抵押及抵押查封。

2. 基础权属数据规范

基础权属数据是房地产属性数据的另一个组成部分，其主要用于记录房地产的相关权属关系，如房屋权利人编号、权利人性质、土地权属来源等。根据这些权属关系，基准房价评估人员就能够准确掌握房地产的"来龙去脉"，进而有助于提高基准房价评估结果的准确性。正是由于基础权属数据具有如此重要性，则更需要对其制定相应的数据规范，具体见表3.6所示。

表3.6 基础权属数据规范表

属性名称	属性类型	字段长度	值域说明
权利人性质	字符型	50	该属性的取值为：独资企业、非法人企业或组织、个人、股份制企业、国家机关、国有企业、合资企业、合作企业、集体企业、境外企业或组织、军事单位、联营企业、内联企业、其他企业、三来一补、社会团体、事业单位、私营企业、外商投资企业、有限责任公司。
权利人状态	字符型	50	该属性取值为：有效、已变更。
变更类型	字符型	50	该属性取值为：权利人更名、更改法人、其他。
登记类型	字符型	50	该属性可取的值有：代用证登记、三级转移登记、补发产权证、其他、代用证三级、变更登记、二级转移登记、土地初始登记、房屋所有权初始登记、土地转移登记、楼花证登记、村民私宅登记、其他登记、安居房换证及自用房换证。
登记日期	日期型		即产权登记日期，采用"YYYY-MM-DD"的格式记录。
登记状态	字符型	50	该属性可取的值有：有效、无效、抵押、查封和抵押查封。
登记方式	字符型	50	该属性可取的值为：0、1.2。其中0表示土地登记；1表示分栋登记；2表示分户登记。
产权证号	字符型	50	由数据库系统按照规则统一生成唯一编码，该编码由十位数字构成。
产权转移类型	字符型	50	该属性可取的值有：法院判决、分割、强制转移、收购合并、作价入股、买卖、赠予、集成、交换、调拨、其他、换证、抵债、权利人变更换证。
土地权属来源	字符型	50	该属性取值为：国有、集体所有、非农建设用地、其他。
土地权属单位	字符型	50	采用产权登记中的土地权属单位名称。
土地使用权限	字符型	50	参照《标准252》中的表A.19，即土地使用权字典表。
土地产权性质	字符型	50	参照《标准252》中的表A.48，即产权性质字典表。

（二）房地产空间数据规范

与属性数据相对应的是空间数据，它是基准房价评估中必不可少的组成部分。本研究所使用的房地产空间数据类别繁多，如从数据格式来看可分为矢量数据和栅格数据，从承载介质来看可分为电子数据和纸质数据，而从数据来源来看则又可分为原始积累、相关单位共享及购买等。房地产空间数据的这种复杂性使其在应用过程中产生诸多不便，因此必须通过制定相关空间数据规范以统一使用这些数据。本研究在制定房地产空间数据规范的过程中，参考了大量的国家相关标准，并充分结合了深圳市房地产的实际特点，以求最大程度地保障所采集到的空间数据真实可靠。这里根据基准房价评估的实际需要以及数据内容及类型的不同，将房地产空间数据分为土地及地形图数据和建筑物数据两个类别，并相应制定相关数据规范。

1. 土地及地形图数据规范

土地是承载房地产的物质基础，其对基准房价评估具有重要意义。深圳市土地空间数据是以宗地为基本单元，通过每一块宗地的边界坐标来反映出土地位置、形状及空间关系等信息。

地形图数据则记录了全市地表上的居民点、道路、水系、境界、土质、植被等基本地理要素，且在覆盖范围上涵盖了全市域。由于地形图数据带有地形、地势等信息，因此基准房价评估人员可以通过其直观的了解房地产所在区域的地形地势，并借助空间分析工具来自动获取房地产所在区域的地形特征，以用于分析其对基准房价的影响。

为能够统一、无障碍地使用土地空间数据及地形图数据，提高基准房价评估成效，本研究对土地空间数据及地形图数据制定了相应的规范。一方面，本研究采用全国统一标准（国家《土地利用现状分类》标准），并依据土地的自然属性、覆盖特点、利用方式、土地用途、经营特点及管理特征等因素对土地利用类型、编码及含义进行规范说明，具体见表3.7所示。另一方面，本研究所使用的地形图数据统一采用高斯-克吕格投影方法，坐标系统一采用深圳独立坐标系，而比例尺则统一在深圳市1:1000地形图基础上根据具体需要进行定制，具体见图3.15所示。

表3.7 土地利用分类表

一级类		二级类		含义
编码	名称	编码	名称	
01	耕地			指种植农作物的土地,包括熟地,新开发、复垦、整理地,休闲地(含轮歇地、轮作地);以种植农作物(含蔬菜)为主,间有零星果树、桑树或其他树木的土地;平均每年能保证收获一季的已垦滩地和海涂。耕地中包括南方宽度<1.0米,北方宽度<2.0米固定的沟、渠、路和地坎(埂);临时种植药材、草皮、花卉、苗木等的耕地,以及其他临时改变用途的耕地。
		011	水田	指用于种植水稻、莲藕等水生农作物的耕地。包括实行水生、旱生农作物轮种的耕地。
		012	水浇地	指有水源保证和灌溉设施,在一般年景能正常灌溉,种植旱生农作物的耕地。包括种植蔬菜等的非工厂化的大棚用地。
		013	旱地	指无灌溉设施,主要靠天然降水种植旱生农作物的耕地,包括没有灌溉设施,仅靠引洪淤灌的耕地。
02	园地			指种植以采集果、叶、根、茎、汁等为主的集约经营的多年生木本和草本作物,覆盖度大于50%和每亩株数大于合理株数70%的土地。包括用于育苗的土地。
		021	果园	指种植果树的园地。
		022	茶园	指种植茶树的园地。
		023	其他园地	指种植桑树、橡胶、可可、咖啡、油棕、胡椒、药材等其他多年生作物的园地。
03	林地			指生长乔木、竹类、灌木的土地,及沿海生长红树林的土地。包括迹地,不包括居民点内部的绿化林木用地、铁路、公路征地范围内的林木,以及河流、沟渠的护堤林。
		031	有林地	指树木郁闭度≥0.2的乔木林地,包括红树林地和竹林地。
		032	灌木林地	指灌木覆盖度≥40%的林地。
		033	其他林地	包括疏林地(指树木郁闭度10-19%的疏林地)、未成林地、迹地、苗圃等林地。

续表

一级类		二级类		含义
编码	名称	编码	名称	
04	草地			指生长草本植物为主的土地。
		041	天然牧草地	指以天然草本植物为主，用于放牧或割草的草地。
		042	人工牧草地	指人工种植牧草的草地。
		043	其他草地	指树木郁闭度<0.1，表层为土质，生长草本植物为主，不用于畜牧业的草地。
05	商服用地			指主要用于商业、服务业的土地。
		051	批发零售用地	指主要用于商品批发、零售的用地。包括商场、商店、超市、各类批发（零售）市场，加油站等及其附属的小型仓库、车间、工场等的用地。
		052	住宿餐饮用地	指主要用于提供住宿、餐饮服务的用地。包括宾馆、酒店、饭店、旅馆、招待所、度假村、餐厅、酒吧等。
		053	商务金融用地	指企业、服务业等办公用地，以及经营性的办公场所用地。包括写字楼、商业性办公场所、金融活动场所和企业厂区外独立的办公场所等用地。
		054	其他商服用地	指上述用地以外的其他商业、服务业用地。包括洗车场、洗染店、废旧物资回收站、维修网点、照相馆、理发美容店、洗浴场所等用地。
06	工矿仓储用地			指主要用于工业生产、采矿、物资存放场所的土地。
		061	工业用地	指工业生产及直接为工业生产服务的附属设施用地。
		062	采矿用地	指采矿、采石、采砂（沙）场，盐田，砖瓦窑等地面生产用地及尾矿堆放地。
		063	仓储用地	指用于物资储备、中转的场所用地。
07	住宅用地			指主要用于人们生活居住的房基地及其附属设施的土地。
		071	城镇住宅用地	指城镇用于生活居住的各类房屋用地及其附属设施用地。包括普通住宅、公寓、别墅等用地。
		072	农村宅基地	指农村用于生活居住的宅基地。

一级类		二级类		含义
编码	名称	编码	名称	
08	公共管理与公共服务用地			指用于机关团体、新闻出版、科教文卫、风景名胜、公共设施等的土地。
		081	机关团体用地	指用于党政机关、社会团体、群众自治组织等的用地。
		082	新闻出版用地	指用于广播电台、电视台、电影厂、报社、杂志社、通讯社、出版社等的用地。
		083	科教用地	指用于各类教育，独立的科研、勘测、设计、技术推广、科普等的用地。
		084	医卫慈善用地	指用于医疗保健、卫生防疫、急救康复、医检药检、福利救助等的用地。
		085	文体娱乐用地	指用于各类文化、体育、娱乐及公共广场等的用地。
		086	公共设施用地	指用于城乡基础设施的用地。包括给排水、供电、供热、供气、邮政、电信、消防、环卫、公用设施维修等用地。
		087	公园与绿地	指城镇、村庄内部的公园、动物园、植物园、街心花园和用于休憩及美化环境的绿化用地。
		088	风景名胜设施用地	指风景名胜（包括名胜古迹、旅游景点、革命遗址等）景点及管理机构的建筑用地。景区内的其他用地按现状归入相应地类。
09	特殊用地			指用于军事设施、涉外、宗教、监教、殡葬等的土地。
		091	军事设施用地	指直接用于军事目的的设施用地。
		092	使领馆用地	指用于外国政府及国际组织驻华使领馆、办事处等的用地。
		093	监教场所用地	指用于监狱、看守所、劳改场、劳教所、戒毒所等的建筑用地。
		094	宗教用地	指专门用于宗教活动的庙宇、寺院、道观、教堂等宗教自用地。
		095	殡葬用地	指陵园、墓地、殡葬场所用地。

第三章 基准房价数据工程建设

一级类		二级类		含义
编码	名称	编码	名称	
10	交通运输用地			指用于运输通行的地面线路、场站等的土地。包括民用机场、港口、码头、地面运输管道和各种道路用地。
		101	铁路用地	指用于铁道线路、轻轨、场站的用地。包括设计内的路堤、路堑、道沟、桥梁、林木等用地。
		102	公路用地	指用于国道、省道、县道和乡道的用地。包括设计内的路堤、路堑、道沟、桥梁、汽车停靠站、林木及直接为其服务的附属用地。
		103	街巷用地	指用于城镇、村庄内部公用道路(含立交桥)及行道树的用地。包括公共停车场、汽车客货运输站点及停车场等用地。
		104	农村道路	指公路用地以外的南方宽度≥1.0米、北方宽度≥2.0米的村间、田间道路（含机耕道）。
		105	机场用地	指用于民用机场的用地。
		106	港口码头用地	指用于人工修建的客运、货运、捕捞及工作船舶停靠的场所及其附属建筑物的用地，不包括常水位以下部分。
		107	管道运输用地	指用于运输煤炭、石油、天然气等管道及其相应附属设施的地上部分用地。
11	水域及水利设施用地			指陆地水域，海涂，沟渠、水工建筑物等用地。不包括滞洪区和已垦滩涂中的耕地、园地、林地、居民点、道路等用地。
		111	河流水面	指天然形成或人工开挖河流常水位岸线之间的水面，不包括被堤坝拦截后形成的水库水面。
		112	湖泊水面	指天然形成的积水区常水位岸线所围成的水面。
		113	水库水面	指人工拦截汇集而成的总库容≥10万立方米的水库正常蓄水位岸线所围成的水面。
		114	坑塘水面	指人工开挖或天然形成的蓄水量<10万立方米的坑塘常水位岸线所围成的水面。
		115	沿海滩涂	指沿海大潮高潮位与低潮位之间的潮浸地带。包括海岛的沿海滩涂。不包括已利用的滩涂。
		116	内陆滩涂	指河流、湖泊常水位至洪水位间的滩地；时令湖、河洪水位以下的滩地；水库、坑塘的正常蓄水位与洪水位间的滩地。包括海岛的内陆滩地。不包括已利用的滩地。

一级类		二级类		含义
编码	名称	编码	名称	
		117	沟渠	指人工修建，南方宽度≥1.0米、北方宽度≥2.0米用于引、排、灌的渠道，包括渠槽、渠堤、取土坑、护堤林。
		118	水工建筑用地	指人工修建的闸、坝、堤路林、水电厂房、扬水站等常水位岸线以上的建筑物用地。
		119	冰川及永久积雪	指表层被冰雪常年覆盖的土地。
12	其他土地			指上述地类以外的其它类型的土地。
		121	空闲地	指城镇、村庄、工矿内部尚未利用的土地。
		122	设施农用地	指直接用于经营性养殖的畜禽舍、工厂化作物栽培或水产养殖的生产设施用地及其相应附属用地，农村宅基地以外的晾晒场等农业设施用地。
		123	田坎	主要指耕地中南方宽度≥1.0米、北方宽度≥2.0米的地坎。
		124	盐碱地	指表层盐碱聚集，生长天然耐盐植物的土地。
		125	沼泽地	指经常积水或渍水，一般生长沼生、湿生植物的土地。
		126	沙地	指表层为沙覆盖、基本无植被的土地。不包括滩涂中的沙地。
		127	裸地	指表层为土质，基本无植被覆盖的土地；或表层为岩石、石砾，其覆盖面积≥70%的土地。

图3.15 地形图数据示意图

2. 建筑物数据规范

一般来说，房地产的价值是由其内因和外因共同决定的，其中内因是

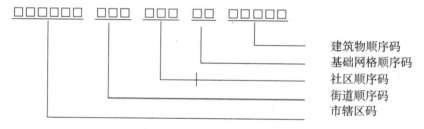

指房地产本身的基础物理信息，而外因则是指房地产的空间信息。房地产空间信息来源于建筑物空间数据，而建筑物空间数据则来源于建筑物普查以及每年的动态更新数据。针对这类数据，本研究分别从基底图选用、建筑物分类及编码、建筑物空间信息三个角度出发制定了相关规范标准，以便于统一使用。

建筑物基底图选用的是现有的深圳市1:1000地形图，其几何特征为面状，且面与面之间具有拓扑关系，而组成建筑物基底图形的多边形角点的定位精度则均在正负1米之内。

建筑物分类及编码参照的是深圳市《建筑物基本指标、功能分类及编码》标准，其中：建筑物分类是依据建筑物的功能采用大、中、小三层分类体系，且大类分为居住、商业、共公配套、工业、仓储、交通、市政建设及特殊建筑；建筑物编码则按五级19位进行编码，依次是6位市辖区码、3位街道办事处顺序码、3位社区顺序码、2位空间基础网格顺序码和5位建筑物顺序码（图3.16）。

建筑物顺序码
基础网格顺序码
社区顺序码
街道顺序码
市辖区码

图3.16 建筑编码结构示意图

在基准房价评估过程中，使用最多的空间信息是建筑物空间信息。本研究在制定建筑物属性信息标准的基础上，对建筑物空间信息制定了相关规范，具体分别见表3.8和图3.17所示。

表3.8 建筑物属性信息标准表

属性名称	说明/取值规范
建筑物名称	指建筑物当前使用的名称。对于小区内部建筑，先写小区名称后写该建筑物名称。对于大型市政设施，先写大型设施名称后写具体的建筑名称。
地址	指公安部门编制的建筑物门牌地址或其他现状、登记门牌地址。

结构类型	建筑物结构类型可分为：钢结构、混合结构、框架结构、框架剪力墙体系、简体结构和其他结构。
使用期限	根据建筑物的报建、产权等审批情况，以及建筑结构情况，将建筑物分为永久建筑和临时建筑。
建筑层数	指层高大于2.2米的楼板结构分层层数。
建筑高度	指自建筑物散水外缘处的室外地坪至建筑物最高部分的垂直高度。
停车位数	指建筑物附属的停车位个数，包括地上停车位和地下停车位。
基底面积	指建筑物接触地面的自然层建筑外墙或结构外围水平投影面积。
总建筑面积	指建筑物地面以上及地面以下各层建筑面积之总和。
建造年代	指建筑物的建造时间，有竣工时间的以竣工时间为准，无竣工时间的可按历年的遥感影像对照判断。
主要用途	一般以建筑物的设计审批用途为准。

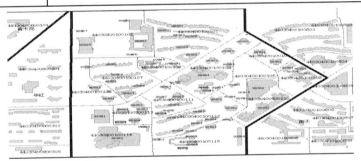

图3.17 建筑物空间数据示意图

（三）房地产价格数据规范

房地产价格数据是贯穿于整个基准房价评估过程的核心数据之一，其质量高低将直接影响到评估结果的准确与否。本研究使用到实际成交价格、租赁价格、挂牌价格、个案评估价格、抵押价格以及基准地价等多种房地产价格数据，由于这些数据的来源各不相同，其所遵循的标准、规范及数据格式等也存在较大差异，因此不能直接使用。为有效利用房地产价格数据，充分发挥其应有的使用价值，需将这些数据按照统一的标准规范起来，具体见表3.9所示。

表3.9 房地产价格数据规范表

价格属性	规范
价格币种	统一采用"人民币"作为价格表示和计算的币种。
价格单位	交易数据：交易总价单位为"元"，单价为"元/平方米"。
	租赁数据：租金总价单位为"元/月"，单价为"元/月*平方米"。
价格单位	挂牌数据：挂牌总价单位为"万元"，单价为"元/平方米"。
	个案评估数据：评估价值单位为"万元"。
价格精度	以"万元"表示时：精确到小数点后两位。
	以"元"表示时：精确到个位。
面积性质	在计算单价时，面积指的是"建筑面积"。
价格数据时间	时间要精确到"天"，采用"YYYY-MM-DD"的格式进行表示和存储。

二、字典设计

在基准房价数据工程构建当中，需搜集丰富的数据以供使用。这里所涉及的数据不仅类型多样，数据来源也相当不同，这就带来数据格式、数据取值、数据质量等方面，尤其是关键属性数据方面的取值及其类型没有一个统一的标准。为便于能充分利用这些数据，有必要对关键属性数据的预处理，而在关键属性数据的预处理过程中，应当有一套指导标准化处理的方案设计，其中最重要的是应当建立一套这些关键属性的字典，为数据的共享、交换以及未来可拓展提供可能。

在字典设计中，主要考虑三项内容：一是确定字典的名称项；二是设计字典名称项的代码；三是要考虑字典名称项来源的权威性、合理性以及未来可扩展性。字典名称项的确定参考了现有房地产行业有关标准，同时综合考虑本研究中涉及的属性取值项而定。字典名称项的代码采用多级分类的数字编码。

本研究涉及的基本对象包括土地、楼栋、房屋。就土地对象来说，主要有土地用途、土地等级、土地类别方面的字典设计。就楼栋对象而言，主要有建筑结构、建筑类型、实际用途、法定用途等的字典设计。就房屋对象而言，主要有朝向、采光、景观、装修程度、房屋类型等的字典设计。鉴于篇幅原因，此处只列举部分字典表，具体如表3.10-3.13所示。

表3.10　建筑类型字典表

编码	类型	说明
1	低层	1–3层
2	多层	4–7层
3	小高层	8–12层
4	高层	13–30层
5	超高层	>30层

表3.11　住宅房屋用途字典表

编码	类型	说明
10	低密度住宅	带有独立庭院的独立式、并联式或叠加式的低层住宅，包括TownHouse、独立别墅、花园洋房等，一般为1–6层，容积率较低。
11	独立式住宅	单独占地、建筑层数不超过三层、生活起居功能齐全、独门独户的住宅。
12	双拼式住宅	两户拼合、共同占地、建筑层数不超过三层、生活起居功能齐全、独门独户的住宅。
13	联排式住宅	多户拼合、共同占地、建筑层数不超过三层、生活起居功能齐全、独门独户的住宅。
20	成套住宅	按套型设计并设有卧室、起居室、厨房、卫生间等单元式（成套）的城市居民住宅（含与其他功能空间处于同一建筑中的住宅部分）。
30	非成套住宅	有集中管理且供单身人士使用的居住建筑。
31	单身公寓	指一房一厅的单身公寓。不包括商务公寓和酒店式公寓。
32	集体宿舍	学校、医院、工业区等配套建设的宿舍。
40	村民自建住宅	原村民宅基地上建造的私房。
99	其他	

表3.12　房屋类型字典表

编码	类型	说明
1	平层	所有的住宅功能位于同一平面上的户型。
2	错层	一套住宅内的各种功能用房在不同的平面上，用30cm–60cm的高差进行空间隔断，层次分明，立体性强，但未分成两层。
3	复式	复式住宅在概念上是一层，并不具备完整的两层空间，但层高较普通住宅（通常层高2.8米）高，可在层高较高处隔出夹层，安排卧室或书房等，用楼梯联系上下，其目的是在有限的空间里增加使用面积，提高住宅的空间利用率。

编码	类型	说明
4	跃式	跃层式住宅是一套住宅占两个楼层以上，内部以楼梯连接。
5	双拼	由同一平面上的两套住宅合并拼接成一套住宅。
99	其他	

表3.13　建筑结构字典表

编码	类型	说明
1	砖木结构	主要承重构件用砖、木构成。建筑物中竖向承重构件如墙、柱等采用砖或砌块砌筑，水平承重构件的楼板、屋架等采用木材制作。这种结构形式的房屋层数较少，多用于单层房屋。
2	砖混结构	建筑中竖向承重结构的墙、柱等采用砖或砌块砌筑，柱、梁、楼板、屋面板等采用钢筋混凝土结构。多用于层数不多（六层以下）的房屋。
3	钢筋混泥土结构	建筑物中主要承重结构如墙、柱、梁、楼板、楼体、屋面板等用钢筋混凝土制成，非承重墙用砖或其他材料填充。用于高层或大跨度房屋建筑中。
4	钢结构	建筑物中主要承重结构以钢制成。 适用于超高层建筑。
5	混合结构	
99	其他	

三、多源数据集成

由于数据来源不同，其编码方式和命名规则都各不相同，为了能够充分利用各类数据，需要将不同来源的数据之间建立关联，使零散的数据成为相连的整体，从而发挥更大的使用价值。这种建立不同来源数据之间关联的过程即多源数据集成，通俗来讲也叫数据匹配，是数据处理工作的重要环节。

（一）属性集成

属性集成主要是基于属性数据进行数据集成，因此不需考虑数据的空间位置，而只需关注属性值的吻合程度。在基准房价评估中，属性集成主要指的是产权登记数据与预售备案数据、二手房交易数据、个案评估数据、挂牌数据等的关联（图3.18）。

就深圳市而言，由于基准房价的载体是已登记房屋基本单元，而房屋基本单元相关信息则又来源于在产权登记中心的房屋产权登记数据，因此在建立不同来源数据间的联系时，以产权登记数据为核心，建立起产权登记数据与交易案例之间、与租赁价格数据之间、与个案评估数据之间、与挂牌价格数据之间、与抵押价格数据之间以及与建筑物普查数据之间的联系。

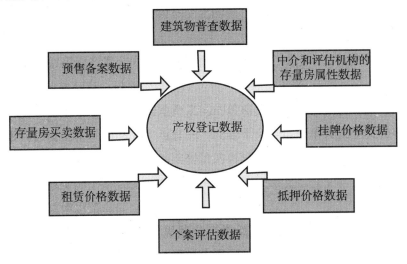

图3.18 数据匹配关系图

空间集成是以GIS技术为手段，根据不同数据之间的空间拓扑关系来完成。在基准房价评估实践中，空间集成主要指的是利用房屋建筑的图层与其他级别的区域图层（如行政区、街道、社区、规划分区、评估分区等）来实现房屋建筑与区域的关联。由于已将产权登记楼栋与相应的房屋建筑相对应，而前面已经将产权登记楼栋与相关价格数据进行了属性关联，那么当完成产权登记楼栋与区域的空间关联后，相关价格数据也就实现了与空间区域的关联，因此在空间范围内可以实现各类价格数据的分析（图3.19）。

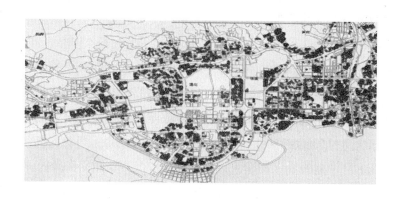

图3.19 空间关联叠加示意图

四、多维数据分析

基准房价的评估以真实房地产交易数据为基础，并应用比率分析方法对评估结果进行检验，因此评估结果较为准确，能够反映房地产市场真实价格水平。实现了"一房一价"的基准房价体系，既能监控微观的基准房价变化情况，又为从宏观上反映片区乃至行政区、全市的房价水平提供了科学基础。因此，可以利用基准房价信息系统定期或不定期地评估基准房价，及时了解房地产价格变化情况，掌握市场行情，同时可以对基准房价进行时间和空间上的分析（图3. 图3.21. 图3.22）。

在时间维度上，对基准房价数据进行时间序列分析，清楚地了解过去一段时间内各个区域尺度上房地产市场价格变化情况，掌握价格变化幅度，发现价格异常变化，并在此基础上预测其未来走势，及时为房地产监控决策提供数据依据。

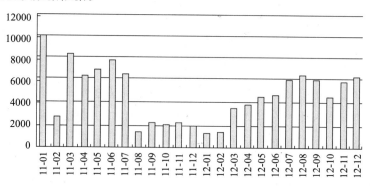

图3.20 2011-2012年存量住宅月度成交情况

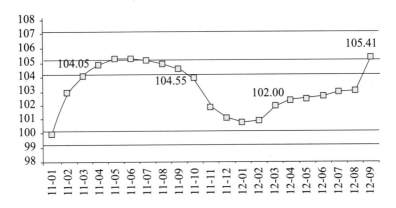

图3.21 2011年1月以来存量住宅交易价格指数情况

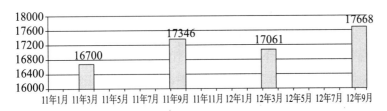

图3.22 2011-2012年住宅房地产四次基准房价评估结果均价比较

在空间维度上，利用GIS空间分析功能可以直观地发现房地产价格异常变化的地区，并将其作为重点监控对象，通过缩短基准房价评估周期的方式监控异常地区的价格变化情况。

本研究在三维仿真分析方面取得了较大进展，已经实现的有：基于三维的查询分析，测量分析、空间分析、区位分析以及基于三维场景的基准房价查询。其中三维的查询分析包括自选区域查询分析、线路缓冲查询分析、同心圆查询分析、点选查询分析。这些三维查询分析可以满足选定区域的对象、案例价格以及基准房价的查询；三维测量分析可以实现对距离、面积及高度的测量；三维空间分析实现了日照分析、景观可视化分析、负面环境影响因素分析、景观通达性分析。这些分析主要对影响房地产价值的影响因素进行了空间维度的分析，能更直观地解释房地产价值的合理性或者更容易发现造成房地产价值出现波动或异常的因素。三维区位分析主要是交通区位（如公交站点、地铁站点）的分析，教育区位的分析以及商业区位的分析。基于三维场景的基准房价查询是指在三维空间当中，可以按照需要查询基准房价统计分析成果，图3.23. 图3.24分别给出了楼栋和标准分区两个不同空间尺度的房价水平查询，其他分析功能的具体实例分析可见第七章相关内容。

图3.23 楼栋房价水平查询

图3.24 标准分区房价水平查询

第四节　基准房价数据挖掘与实现

一、数据挖掘流程分析

本研究所收集到的房地产属性数据、价格数据和空间数据总量十分庞大，如何在浩如烟海的海量数据中挖掘能够为基准房价评估所用的数据，是首先要突破的任务。因此，本研究在数据准备阶段，制定了详细的数据挖掘流程，以保障数据建设工程能够完整、详细、标准的将房地产数据呈现出来（图3.25）。

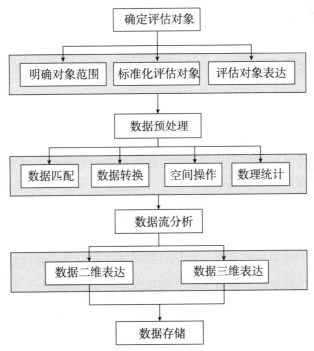

图3.25 数据挖掘流程设计图

从图3.25可以看出，数据挖掘流程主要包括以下步骤：

第一，在进行基准房价数据挖掘之前，首先要确定数据挖掘的目的，即整个数据挖掘工作的服务对象是什么。在确定了对象范围之后，根据相关数据标准和规范，将房地产数据标准化、规范化，以便后期显示、表达及评估之用。

第二，在确定了评估对象之后，就要着手准备与基准房价评估相关的基础数据，包括属性数据、价格数据及空间数据，并根据数据特点及评估需要，将所有房地产数据进行预处理。其中，主要的数据预处理工作包括数据匹配、数据转换、空间GIS化操作及数理统计等。

第三，应用数据流分析方法对主要的数据预处理流程及基准房价评估过程中主要的计算过程进行数据流分析，以明确数据输入、输出参数，确定数据流转过程，为实施基准房价评估奠定基础。

第四，利用GIS技术将数据在二维和三维环境中表达出来，以辅助评估人员判断房地产基准房价影响因素、影响范围及影响程度，进而确定诸如比价系数、时间修正系数等评估参数的计算方法。

最后，将准备就绪的房地产数据及进行数据挖掘后得到的房地产信息存储到数据库中待用。

二、数据预处理

由于获取的原始数据来源不同，组织方式也不尽相同，这些数据各自零散地存在着，无法直接进行基准房价评估，因此，为能在基准房价评估中直接应用各类数据，就需要对原始数据进行各种数据处理。首先，要在不同来源的数据之间建立起关联，使得零散的数据成为相连的整体，这种建立不同来源数据间关联的过程就叫数据匹配；其次，获取的原始数据格式、类型、内容存在差异，为使这些数据能在一个共同的计算平台中参与基准房价评估，需要对这些数据进行数据转换；第三，在房地产基准价格评估过程中，区位因素是影响房地产价值的一个重要因素，为能辅助决策区位因素的影响程度，需要对房地产的空间数据进行各种空间操作处理，如地图矢量化、坐标变换、缓冲区分析、叠加分析、空间量算等。最后，房地产基准房价评估运用了多种数理统计技术，如在确定影响房地产价值的影响因子及其权重时，用到了数理统计中的特征价格法进行回归分析或比率分析等。

（一）数据匹配

数据匹配采用计算机自动匹配和人工匹配两种方式。计算机自动匹配主要是通过发现两种数据间特定的对应规律，将其内化为具体的计算机程序来实现匹配。根据匹配精度的不同，分为完全匹配和模糊匹配。当两种数据间的对应规律不明显或者毫无规律，无法内化为具体的计算机程序去自动匹配时，需要借由人工判断完成匹配，这种匹配叫人工匹配。

一般来讲，计算机自动匹配效率高，匹配过程可控，匹配结果较为准确，而人工匹配效率较低，匹配过程可控性较低，匹配结果准确度因人为判断依据的不同而不尽相同，但人工匹配仍然是数据匹配中非常重要的一环，是对计算机自动匹配最有效的补充。

（二）数据转换

数据转换是将数据从一种表现形式变为另一种表现形式的过程，通过转换，可以确保不同的源数据在语义上的一致性。包括数据格式转换、数据类型转换以及数据内容转换。数据格式转换是指将不同格式的数据文件转换成统一的数据格式类型，如将Excel、Access、Oracle文件类型统一转换成Oracle格式在统一的数据库平台中使用。数据类型转换是指同一属性在不同的数据格式中，由于其数据类型（如文本型、数值型、日期型）不一致，需统一数据类型的转换，如楼层属性，有文本型和数值型，在评估中需要将文本型统一为数值型。数据内容转换将不同表现形式的数据转换为指定规则的标准化信息，使其能直接被计算机程序识别和应用。数据内容转换是本研究中数据转换的重点，也是基准房价评估数据处理工作中的重要环节。

原始数据　　　　　数据转换　　　　　规则数据

图3.26 数据转换示意图

由于原始属性数据表达在登记的过程中缺乏规范性要求，属性值为不规范的描述性信息，因此要将基准房价评估过程中的关键属性进行数据内容转换，如物业名称、户型、物业类型等属性。数据内容转换就是通过建立规则，对数据进行合并、清理和整合。

表3.14　楼盘属性清理整合规范表

楼盘名称转换		
类型	命名规律	示例
商品房小区	约定俗成	景丽花园
		东方玫瑰花园
带"期/区等"住宅小区	小区/楼盘名称+期/区号	万科金色家园一期
		半岛花园A区
		桦润馨居A区
单位/企业福利房/自建房	单位名称+住宅楼/大院	
公司宿舍	公司名称+宿舍	
工业建筑物	工厂/工业区/工业园名称	百门前工业区
		航嘉工业园
沿街私宅	街（路、巷、坊）+私宅	翠园街私宅
		东升街私宅
城中村私宅	**村+私宅	暗径东村私宅
		大梅沙村私宅

表3.15　楼栋属性清理整合规范表

楼栋名称转换		
类型	命名规律	示例
低密度住宅/成套住宅/单身公寓	楼盘名称/小区名称+楼栋名称/楼栋号	**花园**阁（居、楼等）
		小区栋（座、幢等）
村民自建住宅	街（路、巷、坊、村）+×号（栋、幢等）/人名+私宅	沙井头村1栋私宅
		沙栏吓三巷12号私宅
集体宿舍	单位名称+×号（栋、幢等）+宿舍	新天下工业城3栋宿舍
		银湖旅游中心5幢宿舍
工业/市政建筑物	工厂/工业区/工业园名称+*号(栋、幢)等+楼栋用途	罗湖变电站高压室

（三）空间操作

空间操作是对空间数据进行分析操作的统称，根据作用的数据性质不同，可以分为：基于空间图形数据的操作：如地图矢量化、坐标变换、图形拼接、空间量算、缓冲区分析、叠加分析、网络分析等；基于非空间属性的操作：如基于非空间属性的逻辑运算和数理统计分析等；空间和非空间数据的联合操作：如空间与非空间数据的属性关联等。

地图矢量化是重要的地理数据获取方式之一。所谓地图矢量化，就是把栅格数据转换成矢量数据的处理过程。当纸质地图经过计算机图形、图像系统光—电转换量化为点阵数字图像，经图像处理和曲线矢量化，或者直接进行手扶跟踪数字化后，生成可以为地理信息系统显示、修改、标注、漫游、计算、管理和打印的矢量地图数据文件，这种与纸质地图相对应的计算机数据文件称为矢量化电子地图。通常使用MapInfo、ARC/INFO等矢量制图软件把纸质地图和栅格地图加工成精确坐标表示的矢量电子地图，输出成果可针对不同的数据格式，可以利用不同的GIS平台转换。用户可以方便地进行无级缩放、查询、漫游和属性更新，并且画面更清晰，颜色更饱满，使用更方便。

为了精细化评估的需要，本研究在房地产数据处理中采用GIS矢量化工具对影响房地产价格的重要地物要素进行了矢量化处理，如对地铁站点、星级酒店、建筑物基底边界等进行矢量化处理，以便于进行空间分析和量算。对于空间地物要素的矢量化类型根据地物要素特点和评估需要而定，如地铁站点可矢量化为点要素，建筑物可矢量化为多边形要素，道路可以矢量化为线要素等。

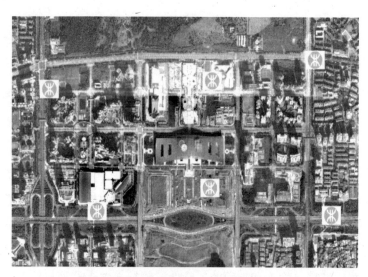

图3.27 地铁站点矢量化示意图

图3.28 建筑物基底矢量化示意图

坐标变换是当数据的空间参考系统与数据处理需求不一致时，就需要对数据进行投影变换。同样，在完成本身有投影信息的数据采集时，为了保证数据的完整性和易交换性，需要统一数据投影方法。进行投影变换，使数据处于同一坐标系统下，这也是进行空间分析的需要。投影转换的方法主要有以下几种：

正解变换：通过建立一种投影变换为另一种投影的严密或近似的解析关系式，直接由一种投影的数字化坐标x、y变换到另一种投影的直角坐标X、Y。

反解变换：即由一种投影的坐标反解出地理坐标(x、y→B、L)，然后再将地理坐标代入另一种投影的坐标公式中(B、L→X、Y)，从而实现由一种投影的坐标到另一种投影坐标的变换(x、y→X、Y)。

数值变换： 根据两种投影在变换区内的若干同名数字化点，采用插值法、有限差分法、最小乘法、有限元法或待定系数法等，从而实现由一种投影的坐标到另一种投影坐标的变换。

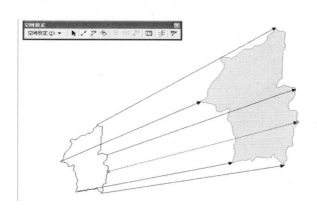

图3.29 空间校正示意图

在基准房价评估中，主要是对栅格数据和矢量数据进行坐标变换，栅格数据利用GIS的空间配准工具进行坐标变换，矢量数据利用GIS的空间校正工具进行坐标变换。不论采用哪种方法进行坐标变换，都是为了使得空间数据具有一致的空间坐标系统，以便于对空间数据进行统一的处理和分析。

图形拼接是指按照空间位置关系，将若干幅地图拼接成一套整幅的地图，以便于从整体上对数据进行分析。评估主要是对遥感影像数据进行图形拼接，使得分幅采集的影像数据成为整体。

图3.30 图形拼接示意图

空间量算主要包括距离量算、周长量算和面积量算。通过空间量算，可以便捷地获取房地产之间的距离，如可利用距离量算获取房地产与地铁站点之间的直线距离等。

图3.31 空间距离量算示意图

缓冲区分析是以某一个点（线或者面）为中心，以某一距离为半径，围绕地图要素形成具有一定范围的多边形实体。该方法在空间案例选择、房地产价格影响因素分析等方面非常有用。例如、可以基于某一个公园建立缓冲区，分析缓冲区内房地产价格的分布和空间变化趋势，从而得出公园对周边房地产价格的影响程度。还可以针对地铁站点进行缓冲区分析，对距离地铁站点不同范围内的房地产进行筛选、提取和处理。在评估中，主要利用缓冲区分析进行非住宅房地产的空间查询、提取和影响范围分析。

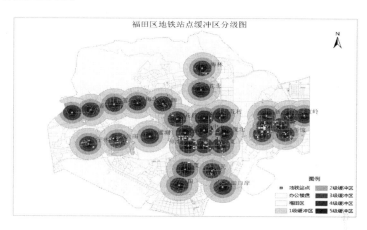

图3.32　缓冲区分析示意图

　　叠加分析是地理信息系统中用来提取空间隐含信息的重要方法。叠加分析是将代表不同主题的各个数据层面进行叠加产生一个新的数据层面。空间叠加可以用于空间案例的选择，可以基于空间距离或范围进行交易案例的选择，要实现空间选择案例，交易案例必须要具有空间位置，基于空间位置选择交易案例对于传统的基于属性选择案例是一个非常好的补充，这使得基于区位的案例筛选可以做得更精细。

图3.33 不同空间地图叠加示意图

空间统计是指基于某一空间范围，统计范围内空间要素的相关信息，常用的如统计某一范围内的房地产数量、面积、价格等。使用空间统计主要是基于空间数据统计房地产物业数量、面积、交易均价等，将价格或数理信息与空间数据关联，综合利用各种地图符号对价格信息进行渲染，使得价格或数理分布与变化通过空间和颜色表现出来，一方面可以更直观地分析价格的空间分布规律，另一方面通过将基准房价上图，可以更高效地进行评估结果的检验与校核。

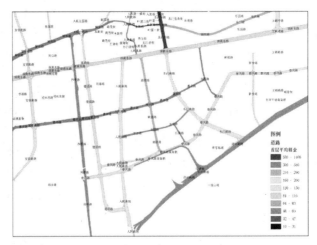

图3.34 路网平均商业租赁价格分布图

（四）数理统计

数理统计是伴随着概率论的发展而发展起来的一个数学分支，研究如何有效的收集、整理和分析受随机因素影响的数据，并对所考虑的问题作出推断或预测，为采取某种决策和行动提供依据或建议。数理统计以随机现象的观察试验取得资料作为出发点，以概率论为理论基础来研究随机现象。根据资料为随机现象选择数学模型，且利用数学资料来验证数学模型是否合适，在合适的基础上再研究它的特点、性质和规律性。

当前，数理统计的应用范围愈来愈广泛，已渗透到许多学科领域，应用到国民经济各个部门，成为科学研究不可缺少的工具。在基准房价评估中数理统计（如回归分析，方差分析，比率分析）也被广泛应用于解决相关问题。如在评估楼栋内普通住宅的比价关系时，运用特征价格法进行回归分析。

三、数据流分析

数据流分析是一种动态的数据分析方法，是收集数据在使用过程中流经各个关键节点时所反馈的信息的重要技术手段。这些信息能够表明每个流经的关键节点是否按照人们预先的设计完成了既定功能，一旦出现问题，这些信息也能够辅助人们发现问题所在，并最终解决问题。可见，数据流分析也是实现数据挖掘的重要方法。实现数据流分析的重要技术手段之一就是建立数据流图（Data Flow Diagram，DFD）。数据流图是一种便于用户理解、分析系统数据流程的图形工具，是从数据角度描述某一计算流程逻辑关系的图形化描述工具，能够简单、直观、清晰地描述计算过程的功能、输入参数和输出结果等信息。

在基准房价体系构建过程中，数据流分析主要应用于该体系的逻辑设计、数据信息深入挖掘及数据预处理等方面，尤其是在数据预处理领域，数据流分析的引用能够有效地指导数据处理人员和基准价格评估人员开展相关工作。因此，本节针对上一节中所述的部分数据预处理功能以及基准房价评估流程，以数据流图的方式对其数据流转情况进行分析。

（一）数据匹配数据流分析

构建基准房价体系是以产权登记数据为基础和核心的，由于房地产数据来源不同，导致其数据不能与产权数据进行关联。因此，为了解决不同来源的数据之间无法统一使用的问题，需要进行数据匹配工作，其数据流图如图3.35所示。从图中可以看出，待匹配数据主要为房地产属性数据、价格数据和建筑物普查空间数据，匹配对象为产权登记数据。匹配工作首先要经历计算机自动匹配，匹配成功的数据将直接存入基准房价数据库以备使用，而未匹配成功的则需要再进行人工匹配，以保障房地产数据能够最大限度地得到使用。对于完全不能与产权登记数据匹配上的数据则进入房地产基础信息数据库，待日后进行再处理。

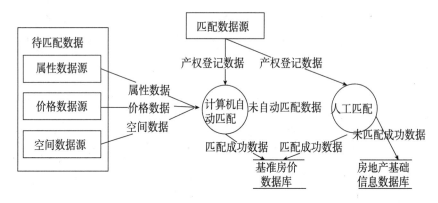

图3.35 数据匹配数据流分析图

（二）数据转换数据流分析

由于不同来源数据所遵循的标准和规则各不相同，这导致同一类型的数据在名称表达、显示精度以及计量单位等差别较大、难以进行统一运算。而数据转换就是为了解决上述问题而进行的操作，其数据流图如图3.36所示。首先，对房地产数据的关键属性信息进行规范化统一处理，使之符合相关规定，亦或是业内约定俗成的标准。其次，对属性信息规范化后的房地产数据进行必要的合并、清理和整合处理，达到剔除冗余信息、方便计算及节省存储空间的目的。最后，将转换后的数据存入数据库或直接使用。

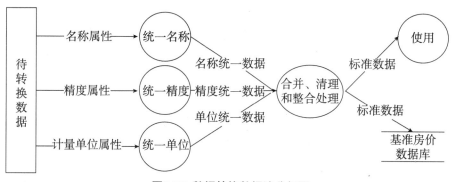

图3.36 数据转换数据流分析图

（三）数据GIS化与处理据数流分析

房地产是具有典型空间属性信息的空间实体，其价格更是受到区位因素影响巨大。对房地产进行区位因素分析，挖掘房地产空间信息对其价格的影响因素及影响程度，必须要借助GIS工具对房地产的空间信息进行显示、查询和分析。然而，搜集到的大部分原始房地产属性数据和价格数据并没有与空间信息进行关联，更无法实现通过GIS工具来使用它们。另外，收集到的空间信息由于来源不同、所关注的侧重点不同，其存储格式与分辨率等属性信息也不尽相同，因此，不能拿来直接使用。为了解决上述问题，在实际的操作中，先将房地产属性信息与建筑物普查数据相关联，使之具备GIS化的条件，进而利用GIS工具实现GIS化。再者，将不同来源的空间数据统一其存储格式、分辨率及坐标系统等，使之能够进行图层叠加、空间分析及空间量算等功能。这里，将这两种与数据空间处理相关的操作统一称为数据GIS化与处理，其数据流图如下图3.37所示。

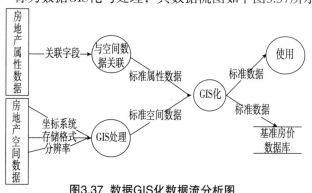

图3.37 数据GIS化数据流分析图

（四）基准房价评估数据流分析

基准房价评估是将房地产属性数据、价格数据和空间数据进行综合应用的计算过程，即应用整体估价方法对基准房价进行评估。在这个过程中，各种数据在不同的操作中进行流转，其处理结果将作为下一步处理的输入数据。为了将这个复杂的计算过程进行科学、合理的表达与实现，这里将所涉及的数据流转关系进行了总结和抽象，并以数据流图的方式呈现，以指导基准房价评估人员，应用平台代码开发人员及平台测试人员进行相关工作。

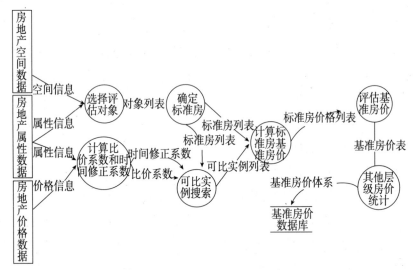

图3.38 基准房价体系评估数据流分析系图

四、数据表达

基准房价数据包括房地产属性数据、价格数据和空间数据，前两种数据的表达方式以文字和列表为主，而后者的表达方式则较为丰富和灵活，通常以图形或图片等具有直观视觉体验的方式为主。鉴于文字和列表表达方式较为常见，因此，本节将针对数据图形表达在基准房价数据准备、评估及应用中的表达方式进行详细阐述，其中包括数据二维表达和三维表达。

（一）房地产数据二维表达

房地产数据二维表达是指将房地产相关数据利用GIS技术在二维地图中显示、分析及量算的过程。一般的，只有房地产空间数据才能二维显示，但在基准房价预处理过程中，将房地产属性数据和价格数据与空间数据进行了关联，在此基础上建立了时空数据一体化模型，将二者有机地结合起来，从而实现非空间数据二维表达的目的。在基准房价数据二维表达实现工具上，主要借助ArcGIS工具，结合基准房价数据预处理与评估实际需要，实现数据二维表达功能，其主要包括房地产数据显示、空间查询与地图发布。

1. 数据显示

数据显示是数据表达所要实现的最基本的功能，其主要目的就是将各种房地产空间数据或关联了空间数据的属性数据显示出来。空间数据之所以能够被显示，主要是因为这类数据具有特殊的属性信息（图3.39）：一是空间位置信息，通过坐标值记录了空间实体的绝对位置。但是，此"绝对位置"也是相对的，在实际使用时，必须要结合一定的投影方法及在一定的坐标系统下才能真正定位到空间实体；二是形状信息，通俗的讲就是反映空间实体在地面投影之后的表现形式，最基本的表现形式为点、线和面。另外，形状信息结合一定的分辨率信息或比例尺信息，我们能够计算出空间体的距离、周长和面积等；三是拓扑关系，记录了空间实体的相对位置。例如相邻、相交、重合、包含等。拓扑关系信息主要是用来对空间数据进行叠加分析之用。有了这三方面的信息，空间数据就能够借助GIS工具在二维地图上按照人们希望的方式进行显示。例如，控制图层显示顺序、配色显示颜色、选择显示的属性字段等。

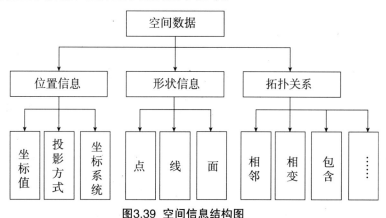

图3.39 空间信息结构图

2. 数据查询结果表达

房地产数据空间查询结果显示也是数据二维表达的重要内容。在二维地图环境下，基准房价数据借助GIS工具可以进行属性查询与空间查询。其中，属性查询是指根据自定义查询条件，从房地产属性信息查询其对应的空间信息（图3.40），查询结果可以通过列表及二维地图的方式显示出来，二者之间能够相互切换，协同表达。

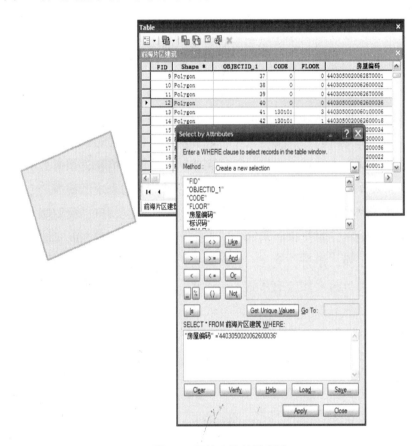

图3.40 属性查询结果表达

基准房价空间信息查询是指在二维地图环境中查询空间数据地方式。这其中主要使用的技术方法为空间叠加及空间计算，是房地产图形数据拓扑关系的一种重新组合，主要用于空间信息提取。图3.41所示为利用GIS工具中INTERSECT功能进行的空间信息提取操作及提取后的结果表达。这个例子包含两个图层，一是标准分区图层、二是宗地图层，目标是希望提取在"深圳市中心区"范围内的所有宗地并显示。在实际操作中，首先通过空间属性信息查询找到并显示深圳市中心区位置（图3.41中左图蓝色高亮部分），然后利用空间信息查询功能，叠加计算出该范围内的所有宗地，查询结果的表达方式与数据显示方式一致（图3.41中右图所示部分）。

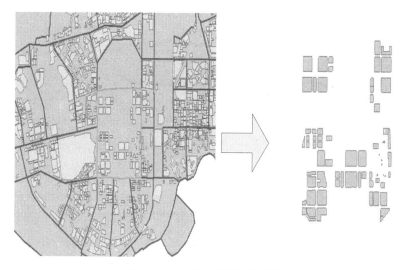

图3.41 空间信息提取结果表达

3. 地图发布

将房地产空间数据或者经过属性关联等处理后的专题图数据发布到互联网上也是房地产数据表达的重要方式之一。这种表达方式最大的好处就是使用者可以不受时间和空间的限制，利用客户端平台自由访问房地产数据。与此同时，由于地图数据是存储在服务器上的，因此，地图发布也是保护空间数据安全性的重要手段之一。

在具体操作中，使用ArcGIS Server作为地图发布的工具，实现地图数据的网络表达。ArcGIS Server是一个发布GIS应用程序的综合平台，提供创建和配置GIS服务的框架，并实现空间数据管理、空间可视化与空间分析功能。其体系架构如下图3.42所示。从这个体系架构中可以看出，ArcGIS Server处于中间层的关键位置，是Web Server和GIS Server的统称，起到承上启下的作用。首先，数据发布与表达的对象是空间数据，因此，地图发布要有空间数据库的支持。其次，ArcGIS Server是将空间数据与互联网建立起联系的工具，通过ArcGIS Server的转换，发布的地图数据能够在互联网内进行数据传输，进而在各种客户端显示器上表达出来。

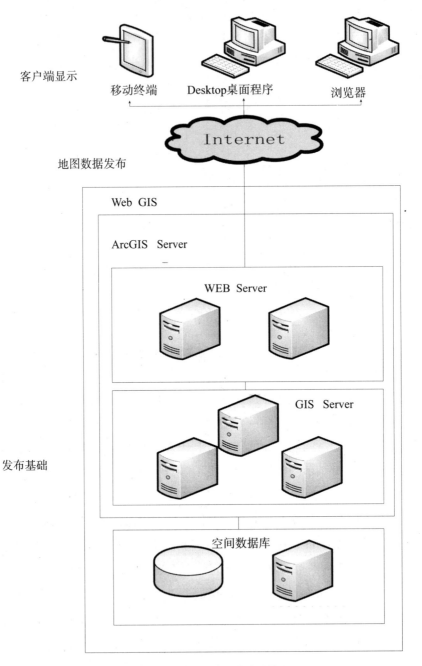

图3.42 地图发布功能结构图

（二）房地产数据三维表达

房地产数据三维表达是比二维表达更先进、更直观的数据表达方式，在三维环境下，人们不仅可以进行与二维环境一样的空间处理及数据表达操作，而且，由于三维空间数据所具有的高度信息以及逼真的显示效果，使其应用更加直观和灵活，大大提升了数据处理人员、基准房价评估人员与校核人员进行空间数据挖掘及表达的效率，主要体现在以下几个方面：

第一，三维显示效果极佳，能够使用户有种身临其境的感觉，再借助功能强大的空间量算工具，有利于模拟购房者选房的过程，从而指导评估人员分析基准房价价值的影响因素、影响大小及影响范围。

第二，在三维环境下，房地产空间信息可以从各个视觉角度审视待评估房地产，例如仰视、俯视或360°旋转显示等，这些都极大地丰富了空间数据表达形式，有利于挖掘出影响房价的因素。

第三，利用高度信息，用户能够挖掘出在二维环境下无法实现的与高度相关的房地产信息。比如，通达性分析，通过判断房地产之间的遮挡关系能够了解两点间是否可视。景观分析，以某一点为基准，利用建筑物间的遮挡情况能够了解该点的视线范围内所包含的各种正面和负面的影响房地产价值的影响因素。其中正面的因素包括山景、海景、公园等，负面的因素包括空地、垃圾场等。日照分析，其综合利用了建筑物高度与全天不同时段太阳高度的相对位置关系，实现了对房地产采光情况的信息挖掘。

图3.43 房地产信息三维表达

第五节 基准房价数据库构建

深圳市基准房价数据库构建是一项复杂的系统工程，为了保证建成后的数据库能够支撑基准房价评估与应用工作，本研究在数据库设计阶段就确定了建设原则和目标、明确了建设思路及总体技术路线，并按照此技术路线有序完成基准房价数据库的建设工作。

一、设计思路

基准房价评估工作的基础是数据，数据的完整性和准确性是决定评估工作成效的前提条件之一，正因为数据如此重要，因此有必要建立房地产数据库以支撑深圳市基准房价评估工作。深圳市基准房价数据库的建立，将有利于对各种房地产数据（例如属性数据、价格数据和空间数据等）进行统一管理和组织，提高数据使用效率，减少数据维护和更新成本。

参照软件工程对系统生命周期的定义，这里把数据库应用系统的生命周期分为数据库规划、需求收集与分析、数据库设计与应用程序设计、数据库实现、数据库测试以及运行维护六个阶段。基准房价数据库建设思路为图3.44所示。

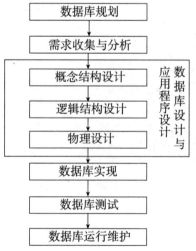

图3.44 基准房价数据库建设思路示意图

数据库规划是创建基准房价数据库的起点，主要是明确并制定建立基准房价数据库的任务与目标，估计工作量、使用的资源以及实施步骤、经费等。

需求分析是在项目确定之后，用户和设计人员对数据库所涉及的内容和功能的整理和描述。需求分析是后续设计及实现的基础，以后的数据库设计都会以此为基础。在建立基准房价数据库时，工作人员要尤为重视需求分析工作的重要性，如果这部分工作没有做好，会为以后的工作带来困难，甚至要再重新回过头来做需求分析，影响整个项目的工期，在人力、物力等方面造成浪费。因此，这一阶段的工作是整个数据库建设过程中比较困难和耗时的一步。需求分析主要是在用户调查的基础上，通过分析，逐步明确用户对数据库的需求，包括数据需求和围绕这些数据的业务处理需求，以及对数据安全性和完整性方面的要求。

数据库设计是指对于一个给定的应用环境，构造最优的数据库模式，建立数据库及其应用系统，使之能够有效地存储数据，满足各种用户的应用需求。数据库设计阶段又分为概念结构设计、逻辑结构设计和物理设计。数据库概念结构设计是在需求分析的基础上，依照需求分析中的信息要求，对用户信息加以分类、聚集和概括，建立信息模型，并依照选定的数据库管理系统软件，把它们转换为数据的逻辑结构，再依照软硬件环境，最终实现数据的合理存储。E-R图方法是建立概念模型的主要方法。数据库逻辑结构设计是在概念结构设计的基础上进行的数据模型设计，可以是层次、网状和关系模型。当前绝大多数数据库管理系统都是基于关系模型的。数据库系统的实现离不开具体的计算机，在实现数据库逻辑结构设计之后，就要确定数据库在计算机中的具体存储。数据库在物理设备上的存储结构与存取方法称为数据库的物理结构，它依赖于给定的计算机系统。为一个给定的逻辑数据模型设计一个最合适应用要求的物理结构的过程就是数据库的物理设计。

数据库实现是根据设计，由开发人员编写代码程序来完成，包括数据库的操作程序和应用程序。同时数据库人员还要组织数据入库，建立实际的数据库结构、装载测试数据试运行。

经过运行测试后，就可以加载真正的数据，使系统正式运行，进入数据库的运行维护阶段。

二、总体技术路线

根据基础数据库的建设思路，在以"地—楼—房"数据模型为核心的原则下，基准房价数据库总体技术路线可分为四个阶段（图3.45）。

第一个阶段为房地产数据收集阶段，主要目的是最大化地丰富房地产相关数据，以备基准房价评估使用。

第二个阶段为数据预处理阶段，主要为解决不同来源数据之间的协同使用问题。

第三个阶段为数据模型设计阶段，主要是构建房地产数据逻辑模型。

最后一个阶段为房地产数据物理存储阶段，实现数据在物理硬盘上的存在。

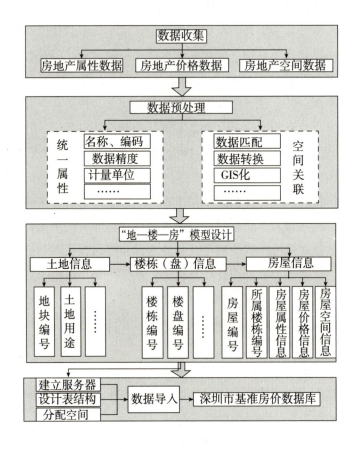

图3.45 基准房价数据库设计总体技术路线

三、总体架构

深圳市基准房价数据库是以产权登记数据库为基础、以"地—楼—房"数据模型为核心建立起来的，从逻辑上可分为三层架构，即基础层、逻辑层和物理层。在建立的过程中，整个基准房价数据库的数据来源为原有的以产权登记数据库为核心、以预售备案数据库、个案评估数据库等为辅助的数据库集，它们共同构成了基准房价数据库的基础，即数据库基础层的实现，所有房地产数据都要与产权数据库建立起关联才能统一联合使用。在此基础上，结合基准房价评估要求及评估方法，创新性地构建了既符合人们思维逻辑习惯，又与房地产构成实际情况相符的"地—楼—房"数据模型，即逻辑层实现。该模型以土地、楼栋（盘）和房屋信息为核心骨架，通过关联表逐级扩展到其他房地产属性表。这样一来，我们只要知道任何一个属性值及其所在数据表都可以直接或间接查询到其他属性表中的房地产信息。最后，在服务器物理硬盘上将基准房价数据库从逻辑设计变为物理实现。

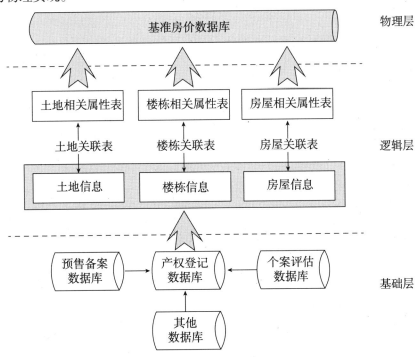

图3.46 基准房价数据库总体架构图

四、构建标准与原则

基准房价数据库是一个复杂的涉及多种数据类型、不同数据源的数据仓库，其设计过程是一个系统性工程。考虑到数据库能够与基准房价整体评估、统计和分析的有机结合，在数据库总体设计阶段，遵循了以下设计原则和策略：

1. 以产权库为基础。产权数据库记录着所有评估对象和部分基本属性信息，是基准房价评估工作的数据基础，也是将房地产属性信息与空间信息进行关联的核心。因此，基准房价数据库的设计必须要以产权库为基础，并进行进一步扩展和补充。

2. 设置主键与外键，适当建立索引。主键是实体的高度抽象，可以唯一标识一个表单，各个表单之间的联系，主要是通过主键与外键配对实现的。索引是对数据库中一列或多列的值进行排序的一种结构，但需要消耗一定量的存储空间，因此，适当建立索引是提高数据库搜索速度的关键技术之一。

3. 基本表满足表单基本性质。基准房价数据库中的表单分为基本表、关联表和衍生表等，其中基本表是基础，其他表都是基本表的直接或间接衍生品。因此，基本单的设计尤为重要，且要满足4条基本原则：

（1）原子性：表单中的字段是不可再分的；

（2）原始性：基本表中记录的数据是未经处理的原始数据；

（3）可扩展性：在基本表数据的基础上，可以衍生出其他数据表；

（4）稳定性：基本表的结构是相对稳定的，一般不会发生大的变化。

4. 适当降低范式标准。在基准房价数据库的设计过程中，本研究尽量在第三范式的约束下进行设计。虽然没有冗余（即满足第三范式）的数据库可以实现，但是，这样的数据库往往运行效率不高，影响数据库的整体使用情况。因此，考虑到基准房价评估工作需要快速地、大量地访问数据，本研究在数据库物理设计阶段，适当降低了范式标准，以空间换时间，从而减少系统访问数据库的等待时间、提高工作效率。

5. 建立数据字典。基准房价数据库是一个十分复杂和庞大的数据仓库，为了使基准房价数据库的设计、实现、运行、维护和扩充有一个共同的标准和依据，并且也为了保证数据库的共享性、安全性、完整性、一致性、可恢复性、有效性和可扩充性，有必要专门建立数据字典。数据字典是整个基准房价数据库的重要组成部分，是对数据库进行管理的有力工具。其作用体现在：管理数据库系统各种资源；实现数据标准化；文字化描述系统，方便理解；作为数据库设计的辅助工具；为数据库提供安全保障；提供数据库管理员进行各种查询，以便了解系统性能，如空间使用情况和各种统计信息。

6. 可动态更新和扩展。基准房价数据库建立完成以后，不是一成不变的，而是需要进行定期或不定期的数据更新和扩充，以保障各种数据，尤其是价格数据的实时性。

7. 数据库安全保障。在数据库设计过程中，另一项需要重点考虑的设计原则是要保障数据的安全性。因此，本研究主要从网络安全、服务器操作系统安全、密码验证、授权管理、数据库审计以及备份与恢复等方面来进行数据库的安全管理，各种安全管理的具体内容包括：

（1）网络安全主要是确保网络的安全，重点是防火墙的设置。

（2）服务器操作系统安全是指数据库运行的服务器操作系统应该是安全的，主要是进行服务器登录用户的管理。

（3）密码验证是指对基准房价数据库的访问要首先通过密码验证，用户有口令才能登录数据库。

（4）授权管理是指对于不同的用户要授予不同的数据库角色，用户能够访问哪些表，不能访问哪些表，能做哪些操作都要进行授权。

（5）数据库审计是指通过DBMS工具监测和跟踪数据库的访问和操作信息，能够知道谁在什么时候执行了什么操作，它只能跟踪对数据库的修改而不能防止。但作为一个安全性手段，能起到对非法入侵的威慑作用，可以据此追究非法入侵者的法律责任。

（6）备份与恢复是指在数据库的运行过程中，难免会出现计算机系统的软、硬件故障，这些故障会影响数据库中数据的正确性，甚至破坏数据库，使数据库中的全部或部分数据丢失。因此就需要对数据进行备份，在系统出现故障后能够及时使数据库恢复到故障前的正确状态。

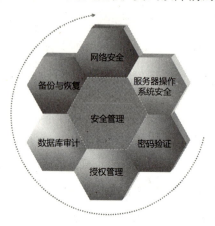

图3.47 安全管理结构图

五、数据动态更新及维护机制

基准房价评估与应用是一项持续的工作，整体评估所需的数据管理工作也要实现动态更新维护。数据动态更新维护主要是针对房地产价格数据和基础属性数据，由于数据量较多，并且对评估结果影响较大，应建立适当的动态更新维护机制和规范性的操作流程，以保障输入数据质量。

对于如何建立数据的动态更新维护机制，这里主要从以下几点着手：

1. 梳理数据收集工作，制定数据的定期、采集机制；

2. 规范数据处理过程，制定数据处理规范与标准；

3. 建立数据入库标准化流程，形成定期的数据入库规则；

4. 做好数据库的运行监控和管理，对数据库进行定期的调整和优化；

5. 建立数据质量检查机制，最大限度地确保数据工作每个环节的数据质量；

6. 做好新数据与产权数据的匹配关联，使其能够为基准房价评估工作服务；

7. 建立固定的数据管理体制，制定各数据工作岗位的职责，提高数据管理的工作力度。

第四章　基准房价评估

基准房价评估是基准房价体系构建的最核心内容，本章从基准房价评估的理论要求和实践需求出发，构建了适用于基准房价评估的整体估价模型，并将其实际应用于不同类型房地产的基准房价评估之中，为实现基准房价评估的科学性、合理性和便利性奠定了坚实基础。

第一节　整体估价模型概述

基准房价指的是各个房屋基本单元的市场公允价值，它是统计楼栋、楼盘等区域房价的基础。在现实实践中，基准房价评估的体量规模十分庞大，通常会达到百万级，因此传统的基于房地产异质性而对其属性进行调整的个案评估模式已经无法满足现实需求。实际上，从我国城市房地产的实际情况来看，大量同质房地产普遍存在且市场交易活跃，从而使得基于市场比较法的整体估价成为可能。基于此，本节在科学借鉴国际先进的批量评估技术方法的基础上，创造性地提出了整体估价的思想与理念，该方法综合考虑了国内外多种房价评估方法与模型，并紧密结合了我国城市房地产市场特点，因而具有较强的实用性和适用性，进而能够实现大规模、高精度且低成本的基准房价评估。

一、基本思想

整体估价模型以房地产估价中的预期原理、替代原理等为理论基础，以批量评估技术、数理统计技术以及地理信息系统技术为关键技术，以交易案例为核心、比价关系为关联、影响权重为纽带，以时间修正系数为调整手段，在短期内可以完成对城市内所有房屋基本单元的基准房价评估，从而最终达到整体、快速且科学评估基准房价的目标。

根据房地产估价基本原理，房地产之间存在着动态的价格关联关系。在市场稳定状态下，该价格关联关系在一定时间内保持相对稳定。每一个房地产单元的价格变动都会对其他房地产单元的价格产生影响，但其影响程度有所不同，其中以类似房地产单元（下文简称类似房地产）为最大，而其他房地产单元则基本可视为无影响。因此，可以把整个房地产市场看做一个整体，通过各房地产单元之间的价格关联关系及影响程度实施整体估价。

具体来说，对于某一待评估基准房价的区域而言，可视其为一个整体或系统，其内部各个房地产单元在基准房价方面存在内在联动机制，即在市场稳定的状态下，各房地产单元的比价关系在一定时间内保持相对稳定；在此基础上，当区域内部某些房地产单元发生交易或产生价格信息即可评估出其基准房价后，就能由比价关系推算出该区域内所有房地产单元对应于这些交易案例的预期基准房价；由于交易案例与各个待评估房地产单元之间的价格影响程度存在一定差异，因此在用多个预期基准房价来推算单个房地产单元的基准房价时，就可用影响权重来体现每个交易案例基准房价对该房地产单元基准房价的贡献大小（权重），其中，待估房地产单元所在类似房地产集合内部的交易案例的权重之和为1，其余交易案例的权重取为零；最后，综合比价关系、交易案例以及影响权重，即可评估出符合房屋和市场实际的较为科学合理的基准房价。

这里的类似房地产集合指的是类型相同、区域等级相似、价格区间相近的房地产单元的总体，其是比价关系构建的最大范围。这里的比价关系指的是类似房地产集合内各房地产单元之间价格关联关系，即反映两个房地产价格大小的比例。这里的影响权重指的是不同房地产单元之间的价格影响程度，其取值思路为影响程度越大则权重越大。

二、模型设计

（一）基本假设

整体估价模型的设计建立在以下假设基础之上：

1. 一定范围内的城市房地产单元（本研究中称之为"类似房地产集

合"）之间存在一定程度的价格关联关系，这种关联关系的产生主要是由于房地产的位置、属性、市场供求关系等多方面的相似性所造成的。

2. 类似房地产集合内各个房地产单元之间的价格关联关系可以用一定的数学关系进行表达（本研究中称之为"比价关系"），且这种比价关系在模型构建的时候是已经确定完成的。

3. 随着时间的变化和市场状态的变化，类似房地产集合内各个房地产单元之间的价格关联关系是动态变化的，且这种变化可以被量化度量和表达。

4. 在类似房地产集合内，某一时段必定有一个或多个房地产单元发生交易或产生价格信息，进而使其基准房价可以评估出来。

5. 在一个标准范围内，房地产之间的价格关联程度依据房地产之间的价格影响程度的不同而不同，当有一个或若干个房地产单元发生交易时，其基准房价对其他房地产单元基准房价的影响随着房地产间的价格影响程度的降低而减少。

（二）总体思路

整体估价模型的总体设计思路是当类似房地产集合内部有房地产单元发生交易或产生价格信息时，通过先期评估此部分房地产单元的基准房价，然后再结合已经构建的比价关系和影响权重，即可评估出类似房地产集合内全部房地产的基准房价。

具体来说，假设某类似房地产集合内的房地产规模为R，且其"实体→基准房价"序列为"$H_i \rightarrow P_i$"（$i=1, \cdots, R$）；当在某一时段内，该类似房地产集合中发生了S套房地产交易时，根据已构建的比价关系方阵 Φ 和影响权重方阵m，通过运算映射 $C_i = \{S, \Phi, m\}$，即可产生新增交易影响下该类似房地产集合的全样本基准房价域R（P）。

（三）模型基本形式

假设某类似房地产集合内有n个房地产单元，其中有m个房地产单元在某一时段发生了交易，则整体估价模型可以表示为：

$$\phi \times P_交 \times M_n = K \times M_n = P_测$$

在上式中，ϕ 为比价关系方阵，即集合内部各个房地产单元之前的基准房价比例关系，共有n行n列，其建构方式为第i行第j列代表第i个房地产单元基准房价除以第j个房地产单元基准房价的比值，且有对角线上的值为1，对称点处两个值的乘积也为1。

$P_交$为交易案例的基准房价矩阵，其建构方式为在n个房地产单元中，第i个发生交易其基准房价就放置在第i行，而其列位置在保证同一列不会出现两个及以上交易案例基准房价的前提下可随意固定，随后再对无数字处进行补零处理，以最终形成n行m列矩阵。

M_n为影响权重矩阵，即交易案例与集合内所有房地产单元之间的影响权重，其建构方式为若$P_交$中第i个交易案例的基准房价放置在第j列，则其与集合内所有房地产单元之间的影响权重相应放置在第j行，如此最终形成m行n列矩阵。

K为集合内所有房地产单元的预期基准房价矩阵，共有n行m列，其建构方式为第i行第j列代表第i个房地产单元对应于第j个交易案例基准房价的比准价格，即经比价关系换算后的预期基准房价。

$P_测$为集合内所有房地产单元的评估结果矩阵，共有n行n列，其建构方式为第i行第i列代表第i个房地产单元的基准房价，其余皆为计算冗余项。通过将乘积结果进行处理，令非对角线上的数值为零，再乘以单位列向量E_1加以变换，即可得到基准房价列向量。

将整体估价模型扩展开，即可得到其矩阵表达形式为：

$$
\begin{bmatrix}
\alpha_{11} & \alpha_{12} & \cdots & \alpha_{1n} \\
\alpha_{21} & \alpha_{22} & \cdots & \alpha_{2n} \\
\cdots & \cdots & \cdots & \cdots \\
\alpha_{n1} & \alpha_{n2} & \cdots & \alpha_{nn}
\end{bmatrix}_{n\times n}
\cdot
\begin{bmatrix}
0 & 0 & \cdots & 0 \\
P_A & \cdots & \cdots & \cdots \\
\cdots & P_B & \cdots & \cdots \\
0 & 0 & P_M & \\
0 & 0 & \cdots & 0
\end{bmatrix}_{n\times m}
\cdot
\begin{bmatrix}
\omega_{1A} & \omega_{2A} & \cdots & \omega_{nA} \\
\omega_{1B} & \omega_{2B} & \cdots & \omega_{nB} \\
\cdots & \cdots & \cdots & \cdots \\
\omega_{1M} & \omega_{2M} & \cdots & \omega_{nM}
\end{bmatrix}_{m\times n}
$$

$$
=
\begin{bmatrix}
P_{1A} & P_{1B} & \cdots & P_{1M} \\
P_{2A} & P_{2B} & \cdots & P_{2M} \\
\cdots & \cdots & \cdots & \cdots \\
P_{nA} & P_{nB} & \cdots & P_{nM}
\end{bmatrix}_{n\times m}
\cdot
\begin{bmatrix}
\omega_{1A} & \omega_{2A} & \cdots & \omega_{nA} \\
\omega_{1B} & \omega_{2B} & \cdots & \omega_{nB} \\
\cdots & \cdots & \cdots & \cdots \\
\omega_{1M} & \omega_{2M} & \cdots & \omega_{nM}
\end{bmatrix}_{m\times n}
\qquad 式1
$$

$$
=
\begin{bmatrix}
P_1 & * & * \\
* & \cdots & * \\
* & * & P_n
\end{bmatrix}_{n\times n}
\xrightarrow{\text{令非对角线上元素取值为零}}
\begin{bmatrix}
P_1 & 0 & 0 \\
0 & \cdots & 0 \\
0 & 0 & P_n
\end{bmatrix}_{n\times n}
\cdot E_1
\begin{bmatrix}
P_1 \\
\cdots \\
P_n
\end{bmatrix}
$$

根据式1，集合内部任意一套房地产的基准房价计算公式为：

$$p_{\text{估}}^{*} = \left[p_1 \cdot \alpha_1, p_2 \cdot \alpha_2, ..., p_M \cdot \alpha_M \right] \cdot \begin{bmatrix} \omega_{iA} \\ \omega_{iB} \\ ... \\ \omega_{iM} \end{bmatrix}$$

上式中，$\alpha_1, \alpha_2, ..., \alpha_M$ 分别为待评估房地产与发生交易的M套房地产之间的比价系数，该系数值取自先验比价关系向量Φ。

式1体现出了整体估价模型运行的关键要素，分别是类似房地产集合划分、比价关系构建、交易案例基准房价确立和影响权重测定，其中，类似房地产集合的划分是整体估价实施的重要前提，比价关系构建是整体评估实施的关键核心，而影响权重的计算则是整体评估实施的必要手段。

在基准房价评估实践中，由于受数据基础尚不是十分齐备等因素的影响，式1中的部分参数如影响权重等在短期内难以精确界定，因此应根据现实状况对式1进行调整，通过采取设置过渡环节以及提高其他参数的精度等措施，来减少不确定因素对模型可运行性的影响。

从长远来看，随着数据基础的不断完善，式1中的各项参数的精度也会逐步提高，最终能够达成运用式1来精确评估基准房价的目标。

（四）模型解析

前述第三章已经完成了数据工程建设工作，这为完成类似房地产集合划分、比价关系构建以及交易案例基准房价确立三项工作奠定了良好基础，而在影响权重确定方面，由于在现有数据基础状况下要确定交易案例与其他房地产之间的细微差别十分困难，因此为提高整体估价模型的适用性，可通过设置"标准房"的方式来提高可操作性，即：首先通过类似房地产集合划分工作来将组内房地产的差异控制在最小范围；然后再在集合内选取属性水平最为居中的房地产作为参照系（本研究中称之为标准房），由于交易案例与标准房之间的差异之和为最小，因此可在此基础上对交易案例进行筛选，遴选出与标准房最相似的那些交易案例来构建模型中的交易案例基准房价矩阵，此时可视这些交易案例与标准房之间的价格影响权重为同一值,即取这些交易案例基准房价的平均值为标准房的基准房价;最后考虑到标准房与其他待评估房地产单元之间的差异之和也为最小(即比价系数之和最小),因此可直接通过标准房基准房价及其与其他待测房地产之间的比价关系,完成集合内所有房地产的基准房价评估工作。

基于上述考虑,整体估价模型的运行形式可从式1转换成式2:

$$\begin{bmatrix} a_{1t} \\ a_{2t} \\ \vdots \\ a_{nt} \end{bmatrix}_{n\times1} \cdot \begin{bmatrix} P_A & P_B & \cdots & P_M \end{bmatrix}_{1\times m} \cdot \begin{bmatrix} 1/m \\ 1/m \\ \cdots \\ 1/m \end{bmatrix}_{m\times1} = \begin{bmatrix} a_{t1} \\ a_{t2} \\ \vdots \\ a_{tm} \end{bmatrix}_{n\times1} \cdot \begin{bmatrix} P_t \end{bmatrix}_{1\times1} = \begin{bmatrix} P_1 \\ P_2 \\ \cdots \\ P_n \end{bmatrix}_{n\times1} \qquad 式2$$

在式2中,$[a_{nt}]$为比价关系矩阵,即集合内所有房地产单元基准房价与标准房基准房价之间的比例关系;$[P_M]$为交易案例的基准房价矩阵,即根据交易案例价格信息而评估出来的基准房价;$[1/m]$为交易案例与标准房之间的价格影响权重,由于经遴选后的各交易案例与标准房之间的差异基本处于同一水平,因此这里的影响权重可统一取平均值;$[P_t]$为标准房基准房价;$[P_n]$为最终评估结果,即集合内所有房地产单元的基准房价。

三、模型实施

式2所示的整体估价模型提供了基准房价评估的基本思路,具体包括类似房地产集合划分、标准房选定、比价关系构建、标准房基准房价评估、待测房地产基准房价评估以及结果检验等步骤。

(一)类似房地产集合划分

类似房地产集合是由一个个具有价格关联的房地产单元所组成,且其相互之间的价格关联关系在特定时段内基本维持不变。

在具体划分类似房地产集合时,应先对全市房地产进行多级市场细分,再在细分市场内依据集聚程度、建筑类型匹配度、建筑特点匹配度等来确定房地产单元的集合归属。

当类似房地产集合划分完毕后,则可视单个集合内所有房地产单元的档次与等级基本相同、价格基本相近,且相互之间存在基本一致的供求关系。

（二）标准房选定

在每个类似房地产集合内，根据事先设定的标准各自选取若干个标准房。

以住宅为例，类似房地产集合一般是由多个居住小区组成，而居住小区又是由多个楼栋组成，因此可以楼栋为基本单位来选取标准房。这里的标准房应能够最大可能地反映出其所在楼栋内所有房地产单元的平均水平，也就是在基础属性、空间属性以及价格属性等方面应处在所有房地产单元的中间位置，而将此选取标准客观化即为标准房的比价关系之和最小。

在类似房地产集合内所有楼栋均已选定标准房后，即可选择居住小区内某楼栋的标准房作为该居住小区的标准房，同样道理，在各居住小区的标准房中，亦可任意选择一个作为该类似房地产集合的标准房。

（三）比价关系构建

比价关系指的是在类似房地产集合内，某个房地产单元与标准房之间的价格比例，若其值小于1意味着该房地产单元的评估价值小于标准房的价值，反之若其值大于1则说明该房地产单元的评估价值大于标准房的价值。

下面以某个普通商品住宅类似房地产集合为例来说明如何构建比价关系。假设该类似房地产集合如图4.1所示，其由多个居住小区组成，每个居住小区由多个楼宇组成，而每个楼宇则又包括多个房地产单元，且每个楼宇、每个居住小区以及该类似房地产集合的标准房均已确定，据此即可构建出该类似房地产集合的比价关系如图4.2所示，其具体过程如下：

首先通过各房地产单元与楼宇标准房之间的价格比例来建立楼宇内部各房地产单元间的比价关系，计算公式为 $PX_{mn} = \alpha_{mn} \cdot PX_{ij}$，其中：$PX_{mn}$ 表示某楼宇内房地产单元 X_{mn} 的价格；PX_{ij} 表示该楼宇标准房的价格；α_{mn} 表示 X_{mn} 相对于 X_{ij} 的价格比例。

其次通过各楼宇标准房之间的价格比例来建立居住小区内标准房的比价关系，计算公式为 $PA_{ij} = \beta_{AB} \cdot PB_{ij}$，其中：$PA_{ij}$ 表示楼宇A的标准房的价格；PB_{ij} 表示楼宇B的标准房 B_{ij} 的价格；β_{AB} 表示 A_{ij} 相对于 B_{ij} 的价格比例。

第三是通过各居住小区标准房之间的价格比例来构建类似房地产集合内标准房之间的比价关系，计算公式为 $PC_{ij} = \beta_{CD} \cdot PD_{ij}$，其中：$PC_{ij}$ 表示居住小区C的标准房 C_{ij} 的价格；PD_{ij} 表示居住小区D的标准房 D_{ij} 的价格；β_{CD} 表示 C_{ij} 相对于 D_{ij} 的价格比例。

至此通过价格比例换算即可得出类似房地产集合内部所有房地产单元之前的比价关系

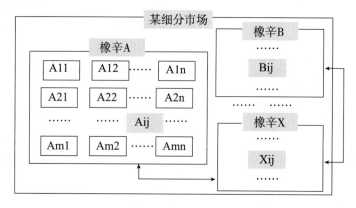

图4.1 类似房地产集合示意图

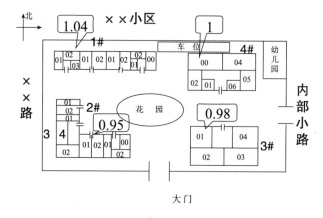

图4.2 居住小区内部比价关系示意图

上述步骤阐述了如何对住宅房地产进行类似房地产集合划分、标准房选定以及比价关系构建，实际上对于其他类型房地产也可类似处理。如对于商业房地产，可视街道为最小范围，依次建立起街道内部标准商铺与其他商铺单元之间、临近街道标准商铺之间以及类似房地产集合内各街道标准商铺之间的三级比价关系（图4.3）；对于其他类型房地产同样可根据类似原理，先划分类似房地产集合，进而依次完成标准房选定和比价关系构建。

（四）标准房基准房价评估

前述数据获取过程已经为类似房地产集合提供了实际发生交易的可比实例，以此为基础即可评估出某个或某些标准房的市场评估价格。

具体评估过程为，利用GIS空间搜索工具在可比实例内搜寻类似于标准房的成交案例，进而对其进行交易时间修正和其他因素修正，然后再求取标准房基准房价。

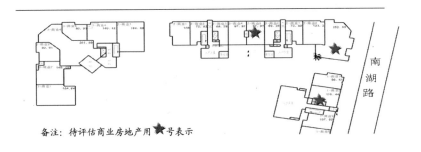

备注：待评估商业房地产用 ★ 号表示

图4.3 商铺类房地产价格关联关系示意图

（五）待测房地产基准房价评估

基于前面所建立的比价关系和标准房基准房价，即可批量计算出类似房地产集合内所有房地产单元的基准房价。

具体来说，待测房地产基准房价计算公式为：房地产单元基准房价＝楼宇的标准房基准房价×该房地产单元与标准房的价格比例。

（六）结果检验

基准房价评估结果的统计检验包括一致性检验和准确性检验两个方

面，其目标是保证基准房价批量评估的结果符合预定目标。

在进行统计检验时，检验数据的来源可靠与否以及其覆盖面足够与否，是检验是否能够达到目标的主要考量因素。当统计检验完成后，基准房价评估工作也宣告完毕。

综上所述，基准房价评估所采用的整体估价模型是以"标准房+比价关系"为基础的评估模式，即通过在类似房地产集合内选定标准房并分层次建立标准房与集合内部房地产的比价关系，形成覆盖整个城市房地产的价格关系网络，进而通过评估标准房基准房价来完成对城市各类房地产的基准房价评估工作（图4.4）。

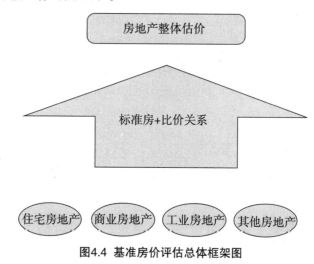

图4.4 基准房价评估总体框架图

需要指出的是，相对住宅房地产和商业房地产而言，目前工业房地产及其他房地产的交易案例数量非常少，且其比价关系的构建因相关基础数据的不完备而难以准确完成。因此，在本研究中整体估价模型主要是应用于住宅类房地产和商业类房地产，而对于工业房地产和其他房地产则分别采用成本法和长期趋势法来批量评估其基准房价。

从长远来看，随着工业房地产及其他房地产相关数据特别是交易案例数据和基础属性数据的不断积累，上述整体估价模型将最终能够适用于这两类房地产的基准房价评估工作之中，进而达成高效、科学、优质的基准房价评估目标。

第二节 住宅房地产基准房价评估

依据整体估价模型的基本思想，住宅房地产基准房价评估首先是对住宅房地产进行类别划分，将在物业内涵、供求关系、市场表现以及影响因素等方面各异的房地产区分开来，然后再有针对性地采用一定方法与手段，划分类似房地产集合，构建比价关系体系，进而选用适当的评估方法求取各类住宅基准房价。

一、技术路线

住宅种类繁杂，而不同种类住宅在物业内涵、供求关系、市场表现、影响因素等方面又存在很大差异，因此在评估基准房价时需要有所区分。按照用途差异，可将住宅划分为成套住宅、集体宿舍和村民私宅三大类型，其中成套住宅又可进一步细分为普通住宅、低密度住宅和单身公寓，各类住宅的差异详见表4.1所示。

表4.1 住宅类型差异性比较

类型		开发形式	供求关系	市场表现	影响因素
成套住宅	普通住宅	由若干卧室、起居室、厨房、卫生间、室内走道或客厅等组成的供一户使用的房屋。	普通家庭	交易市场与租赁市场活跃，市场透明、有序	区位条件自身品质
	低密度住宅	带有独立庭院的独立式或并联式的低层住宅，一般为一至三层，容积率在1.1以下。	高收入人群	交易市场较活跃，市场较透明	稀缺资源
	单身公寓	一房一厅的小户型住宅，通常没有厨房	单身人士	交易市场较活跃，租赁市场活跃，市场透明	商业氛围交通条件
集体宿舍		均质的居住空间，配以公用的洗浴室、卫生间等	单位职工或学员	市场不活跃，少有买卖、出租	土地价值开发成本
村民私宅		原村民在自有宅基地上建造的私房	原住民	租赁市场较活跃，市场不透明	土地价值开发成本

　　不同类型住宅的上述差异决定了在开展类似房地产集合划分、比价关系构建以及基准房价评估等工作时，需采用不同策略并各有侧重。

　　普通住宅与单身公寓交易市场比较成熟，容易采集到较为真实的成交数据，且一般可采用特征因素来衡量其品质或价格，因此在结合实地调查的基础上，可以构建较为完善的小区（以及楼栋）比价关系并定期收集交易案例，进而采用市场比较法来评估标准房基准房价，最后再结合已经构建的比价关系来评估出所有普通住宅的基准房价。

　　低密度住宅对稀缺属性过于敏感，单独采用批量评估很难准确把握，因此需要借助个案评估手段，但同时也可以通过采集基础属性来构建近似的小区比价关系以辅助完成其基准房价评估工作。

　　集体宿舍多为公司、企业所有且鲜有出售，而村民私宅的租赁市场虽较活跃但又不够透明，因此这两种住宅的市场数据都较难采集，但若考虑到这两种住宅的价值均主要是由土地价值与开发成本决定，且受市场波动的影响也较小，因而可采用成本法来评估其标准房基准房价。

　　综上所述，可拟定住宅房地产基准房价评估的总体技术路线如图4.5所示，下文将就普通住宅、低密度住宅以及集体宿舍与村民私宅分别阐述其基准房价评估流程。

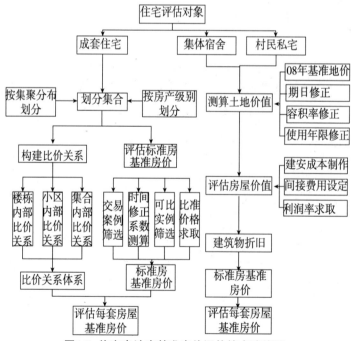

图4.5 住宅房地产基准房价评估技术路线图

二、普通住宅基准房价评估

普通住宅在城市房地产中所占的份额为最大，且其价格水平最受政府、市民及其他社会主体所关注，因此普通住宅基准房价评估是基准房价评估工作的最主要内容之一。本部分内容在简要介绍普通住宅内涵的基础上，以深圳市为例重点阐述了整体估价模型在普通住宅基准房价评估中是如何运用的，主要包括类似房地产集合划分、比价关系构建、标准房基准房价评估以及基准房价评估等。

（一）普通住宅内涵界定

《住宅设计规范》（2003）中指出"住宅应按套型设计，每套住宅至少应包含卧室、起居室（厅）、厨房和卫生间等基本空间，要求将这些功能空间设计在户门之内，不得共用或合用"，这即是指普通住宅。

普通住宅有别于单身公寓，普通住宅是由若干卧室、起居室、厨房、卫生间、室内走道或客厅等组成的供一户使用的房屋，而单身公寓通常没有独立的厨房、卫生间等。普通住宅也有别于低密度住宅，普通住宅是由相同或类似的积层叠加构成形体，若干个相同或类似居住单元组合平面，容积率较高，住宅楼层通常为4层或4层以上的多层、小高层、高层，因此有时候也被叫作集合住宅，而低密度住宅往往是带有独立庭院的独立式或并联式的低层住宅，一般为一至三层，容积率通常较低。

普通住宅是当前我国城市主要的住宅形式，能够从一个侧面体现城市居民的居住水平和生活质量。在我国城市化进程中，城市土地日趋紧张，加上城市对于人口、资源的集聚效应，城市高密度往往不可避免，很难采用西方以低密度住宅为主流的居住模式，而普通住宅则成为解决城市人口居住问题的一种集约化策略，成为我国城市住宅的主流形态。深圳作为最早的住房改革城市之一，其普通住宅市场发展迅速，截止到2012年10月，已登记普通住宅约有3万栋、160多万套，成为深圳市住宅房地产市场的主体部分，也是住宅交易最活跃的市场。

（二）类似房地产集合划分

前已述及，整体估价模型的理论基础之一是房地产价格形成的替代原理。根据经济学原理，在同一供求范围内，相同的商品，具有相同的价值。任何经济主体(个人、家庭、企业等)在市场上的行为，是要以最小的代价取得最大的效益。所以，理性的买者在购买商品时，都会"货比三家"，从而在价格相同时选择效用最大的商品，而效用相同时选择价格最低的商品。房地产也符合这一规律，但是房地产又具有独一无二特性，每宗房地产都有自己的独特之处，基本上没有两宗完全相同的房地产，只有在效用或价格上相当或相近的房地产。因此，代替原理使房地产之间可比成为一种可能，从而可以构建房地产之间的比价关系，可以采用已经交易的房地产来选作待评估房地产的可比实例，而房地产的独特性又揭示并不是任意房地产都具有可比性、都可以选用来评估房地产价值，因此需要为"可比"设定一定的界域，而这就是类似房地产集合。

所谓类似房地产集合（以下简称集合），是一系列在实物、权益、区位状况下相同或相似的房地产总体，更具体地说，是在用途、规模、建筑结构、档次、权利性质等方面相同或者相似，在同一供求范围内的房地产。它是比价关系构建与标准房评估适用的最大范围。相同集合内部的房地产具有可比性，可以构建比价关系，可以选作可比实例；不同集合之间的房地产不具有可比性，不能构建比价关系，也不可选作可比实例。

普通住宅一般是以小区或楼盘为开发单元，同一小区内的住宅单元在实物、权益、区位状况等方面都具有高度相似性，其价格也是相似或相近的，因此可以认为相同小区内的住宅单元都是类似房地产，划分集合是以小区为基本单元进行的，不必在小区内部进一步区分。集合划分主要考虑影响房地产价值的因素，这些因素不外乎区位、实物以及权益因素。区位是影响房地产价值的关键性因素，区位相同使交通条件、景观、配套等特征相近成为可能；而实物和权益因素反映了小区品质，相同品质的小区在价格上大体相当，相互可以作为类似房地产。

因此，普通住宅的集合划分从这两方面着手：首先，从区位角度划分同质区域，然后在同质区域内部，以小区为单元，从实物、权益角度划分小区品质，相同品质的住宅小区形成类似房地产的集合。

1.同质区域划分

同质区域，即通常所说的评估分区，主要考虑区位因素对房地产价值的影响。相比于零售商业、商务办公类房地产集聚分布特征明显，普通住宅分布较为广泛，而且很不均匀，有集中的住宅区，也有零散于城市各个角落的孤立住宅，因此划分同质区域需要遵循一定的原则，具体包括：

（1）区域相连原则。相连区域决定了房地产其他特征的相似，比如位置、交通、配套、景观、商业繁华程度等，区域还造就了相邻小区可能处在相同的供求关系之中，从而形成了区域相近的住宅小区价格相近，具有可比性。

（2）供求相同原则。相连区域不一定就在同一供求关系之中，如对深圳市来说，其景田片区与香蜜湖片区的位置临近，但香蜜湖是高档住宅区，而景田片区为普通住宅区。

（3）价格相近原则。这一原则是检验同质区域划分是否合理的根本指标，也是划分同质区域的目的所在。同质区域应该尽量保持其内部住宅小区处于合理的价格区间。

（4）数量合理原则。数量合理是指同质区域内住宅小区的数量应当合理，不能太少。太少可能造成区域内部各个时段的交易数据过少，难以找到可比实例。一般保持区域内有60—80个住宅小区为宜，若数量不足，可以适当扩大区域。

同质区域划分按照区域范围由大到小逐步展开，其具体划分步骤如下：

（1）划分大区级同质区域

对深圳市而言，大区级同质区域在原特区内主要依据城市规划功能分区和道路，参照街道办事处界线进行划分；在原特区外则主要参照镇域界线，结合城市规划功能分区和道路进行划分。深圳市各行政区划分情况如下：

1）原特区内。原特区内在各行政区范围内，大区级同质区域主要依据街道办事处、城市道路、城市功能分区等因素进行划分。各区划分情况为：罗湖区6个；福田区6个；南山区11个；盐田区3个。

图4.6 福田大区级同质区域划分

2）宝安区。宝安区下辖2个街道办事处，8个镇，全区共划分为12个大区，在原有街道办和镇的基础上，将宝安中心区单独划出作为一个大区。

3）龙岗区。龙岗区下辖10个镇，大区划分在镇域界线的基础上，结合考虑了城市功能分区，将龙岗区共划分14个大区，除10个镇以外，单独划出的3个大区分别为龙岗中心区、坂雪岗工业区、龙岗大工业区东片。

大区级同质区域划分主要考虑部分住宅房地产，异质性较强，市场并不活跃，片区同质区域内较难找寻可比的房地产类型，可以在大区级同质区域内寻找。人区级同质区域具有一定的区域相似性，但划分范围过大，一般情况下并不采用，只是作为片区级同质区域的划分依据及特殊类住宅评估使用。

（2）划分片区级同质区域

对深圳市而言，片区级同质区域是在大区级同质区域的基础上，参考《深圳市规划标准分区》划分区片，按照供需相同、区域相连、价值相近的原则，结合现有行政辖区（街道办事处和镇的行政界线等）、规划道路网及自然界线（河流、山脉等）划分住宅房地产的同质区域。片区级同质区域是普通住宅基准价格评估的核心，是寻找可比楼栋的基础，无论是市场法中时间修正系数评估、可比实例挑选，还是成本法中土地重新购建价格评估、建筑物重新购建价格评估，都是以片区级同质区域为依托完成的。片区划分是否详细、准确与否，直接决定了评估精度。

片区可以分为普通片区与特殊片区。普通片区的划分充分考虑了城市规划分区、规划道路、已编制或委托的控规（法定图则）边界线和自然界线等因素。普通片区的划分规模一般在2—4平方公里。特别片区的划分主要依据规划确定的控制范围线及自然界线。特别片区的划分规模跨越范围较大，这是由地段情况不同所决定的。

根据以上划分依据和原则，片区级同质区域分布、编码及数量见表4.2与图4.7。

表4.2　深圳市片区级同质区域划分结构与数量统计

行政区	大组团	普通片区	普通片区	特别片区
罗湖区	LH	LH01	6	0
		LH02	4	0
		LH03	4	1
		LH04	2	0
		LH05	2	1
		LH06	1	3
合计		6	19	5
福田区	FT	FT01	6	0
		FT02	9	2
		FT03	5	4
		FT04	3	0
		FT05	5	0
		FT06	2	1
合计		6	30	7
南山区	NS	NS01	2	0
		NS02	4	0
		NS03	1	0
		NS04	2	0
		NS05	3	0
		NS06	5	0
		NS07	7	0
		NS08	4	2
		NS09	2	1
		NS10	4	0
		NS11	6	1

行政区	大组团	普通片区	普通片区	特别片区
合计		11	40	4
盐田区	YT	YT01	1	1
		YT02	4	1
		YT03	3	1
合计		3	8	3
宝安区	BA1	BA101	3	1
		BA102	4	0
		BA103	21	5
		BA104	10	0
	BA2	BA201	13	2
		BA202	14	4
		BA203	17	4
	BA3	BA301	8	4
		BA302	7	3
		BA303	0	4
	BA4	BA401	22	7
		BA402	25	1
合计		12	144	35
龙岗区	LG1	LG101	8	3
		LG102	12	4
		LG103	11	4
		LG104	10	3
	LG2	LG201	8	1
		LG202	9	3
		LG203	5	5
		LG204	0	6
	LG3	LG301	5	2
		LG302	5	1
		LG303	3	4
	LG4	LG401	10	2
		LG402	5	2
		LG403	5	2

合 计		14	103	42
总合计		52	344	96

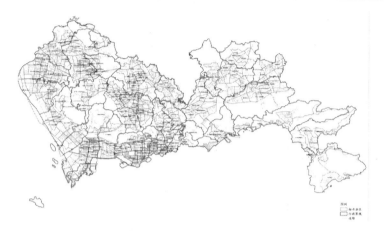

图4.7 深圳市普通住宅片区级同质区域分布图

2. 小区品质划分

上面我们已经划分了普通住宅的同质区域，同质区域代表了区域内部房地产的区位相似性，但是，这并不是说它们就已经是类似房地产了。首先，同质区域意味着房地产在较为宏观的区位条件具有相似度，但从更微观的程度来说，它们的区位条件仍然可能存在某些不同；其次，在邻里与房地产自身角度考虑，房地产的异质性依然较强，如年代久远的小区与新近楼盘差异很大，高品质与低品质楼盘价差也很大，显然不能将它们视作类似房地产。因此，在划分同质区域基础上，需要进一步划分小区品质。

小区品质很难根据单一属性来区分，它是小区一系列特征属性综合形成的结果。鉴于其根本目的是寻找类似房地产，建立可比基础，小区品质划分必须体现房地产价值方面的根本差异，具体来说，是房地产在供求关系、特征因素、档次方面造成的差异。差异大的，应该首先区分开来；差异小的，可以进一步划分细类，或者作为构建比价关系的因素。这里从小区（或楼盘）角度出发，列举出了主要影响房地产价格的因素，通过对这些因素进行定量化评判可得出每个小区的综合分值，再对分值进行分级处理又可得出每个小区的级别，而相同级别的小区即为类似房地产。

表4.3 小区品质划分选取因素

	特征因素	指标	数据	数据来源
区位因素	交通条件	公交便捷度	公交站点分布 公交线路	实地调查 地理信息系统
		地铁便捷度	地铁站点分布 地铁线路	实地调查 地理信息系统
	周边景观	景观优劣性	景观分布 景观分级分类	实地调查 地理信息系统
	生活配套设施	生活设施完备度	买菜 购物 医疗 金融 通信 体育健身 文化活动 休闲娱乐	实地调查 地理信息系统
	教育配套设施	教育设施完备度	中学/小学/幼儿园分布	实地调查 地理信息系统
		学位优劣程度	学位分布 中学/小学/幼儿园分级	实地调查 地理信息系统
	环境质量	环境质量优劣		
实物因素	小区规模	小区占地面积	小区所在宗地面积	产权数据 地籍数据
	建筑年代	小区建成年代	小区建成年代	产权数据
	物业管理	小区物管公司资质	小区所属物管 物管资质	建筑普查 实地调查
	建筑容积率	容积率大小	容积率	产权数据 /建筑普查
	有无电梯	有无电梯	有无电梯	实地调查
	主力户型	主力户型大小	主力户型建筑面积	产权数据

1）交通条件

交通条件反映了小区公交完善程度，表现为出行时间的长短，出行成本高低，出行方便程度、可采用的不同交通方式等，目前，深圳市内居民常用的出行方式有公共汽车、自驾车、地铁等。在此主要采用公交便捷度与地铁便捷度来衡量。

表4.4 公交便捷程度等级划分表

等级	公交条件
好	步行范围500米内有公交车站，途经小区的公交线路达到10条以上，公交可达市级商业中心。

等级	公交条件
较好	步行范围500米内有公交车站，途经小区的公交线路达到6条以上，公交可达市级或区级商业中心。
一般	步行范围500米内有公交车站，途经小区的公交线路达到2条以上，公交可达区级商业中心。
较差	步行范围500米内有公交车站。
差	步行范围500米内没有公交站。

表4.5　地铁便捷程度等级划分表

等级	公交条件
好	步行范围500米内有地铁站点，有2条及2条以上地铁线路经过。
较好	步行范围500米内有地铁站点，有1条地铁线路经过。
一般	步行范围800米内有地铁站点。
较差	步行范围800米内没有地铁站点。

（2）周边景观

靠山面海一直是中国居民理想的生活方式。居民更喜欢具有良好景观效果的住宅，如建造地点是在湖边、高尔夫球场附近等，愿意为这样的住房支付更高的价格。景观舒适性也不是同质的，因类型不同而不同（如水景观、山景观、海滨景观），也可能因品质不同而不同（如全景、局部景观或乏味的局部景观）。在此将景观分为海景、山景、河流/湖泊景、高尔夫球场景、一般公园景、无景观六种类型，其中海景景观视为最好，依次递减。

表4.6　周边景观等级划分表

等级	景观资源
好	具有海景景观资源。
较好	具有全市知名的优质湖泊景观、山景、高尔夫球场景观、大型自然或人文公园景观资源。

续表

等级	景观资源
一般	具有较大型的河流/湖泊景观、山景、自然或人文公园景观资源。
较差	具有小型的自然、人文公园景观资源。
差	无景观资源。

（3）周围环境质量

环境质量包括大气、水文、声觉、视觉、卫生以及人文环境。城市功能规划的分化以及区位差异导致了环境质量的差异。靠近工业厂区的空气、水条件受到一定程度的污染，靠近高架桥、商业闹市区会受到噪音的影响。

表4.7　周围环境质量等级划分表

等级	基本条件
好	绿化率≥60%，周围没有高压线路、基站、发射塔、垃圾发电厂、垃圾焚烧厂、公共厕所、噪音等污染源。
较好	绿化率≥30%，周围没有高压线路、基站、发射塔、垃圾发电厂、垃圾焚烧厂、公共厕所等污染源，存在轻微汽车噪音。
一般	绿化率<30%，周围有噪音、高压线路、基站、公共厕所等之一、无垃圾发电厂、垃圾焚烧厂等污染源。
较差	绿化率<30%，周围有噪音、高压线路、基站等之一、毗邻垃圾站、公厕，无垃圾发电厂、垃圾焚烧厂等污染源。
差	无绿化，周围有噪音、高压线路、基站、垃圾站、公厕、垃圾发电厂、垃圾焚烧厂等污染源。

（4）生活配套设施

周边配套设施反映了小区的生活方便程度，具体包括菜场/农贸市场，大型超市/商场，医院、卫生站等医疗卫生机构，银行、ATM等金融设施，体育健身设施，休闲娱乐场所，文化活动场馆等。小区周边包含的配套设施越多，其完备程度越高。

表4.8　各类型配套设施分类表

类型	说明
买菜	菜市场、农贸市场、生活超市。
购物	大型超市、百货商场。
医疗	综合医院、专科医院、卫生站、社区医院。
金融	银行、ATM。
通信	邮政、电信、移动。
体育健身	体育场馆、健身中心。
文化活动	博物馆、图书馆、纪念馆、展览馆、影剧院、音乐馆、文化活动中心。
休闲娱乐	休闲中心、娱乐中心。

表4.9　周边配套设施完备程度等级划分表

等级	区位条件
好	500米范围内包含6项及以上上述配套设施。
较好	800米范围内包含6项及以上上述配套设施。
一般	800米范围内包含4项及以上上述配套设施。
较差	800米范围内包含2项及以上上述配套设施。
差	800米范围内包含2项以下上述配套设施。

（5）教育配套设施

教育配套设施主要有中小学、幼儿园以及托儿所。教育配套设施对周边住房价格有重要影响，特别是有孩子的家庭，父母为了让子女拥有更好的教育资源，愿意支付高额的价格去购买著名学府的学位房。深圳市实行义务教育免试就近入学，教育资源按区片划分，因此重点学校的学位房受到人们的追捧，价格居高不下，高出同等品质小区不少。在此主要采用教育配套设施完备度与优劣性来衡量。

表4.10　教育配套设施完备度等级划分表

等级	教育配套设施
好	小区周边500米内有托儿所、幼儿园、小学、中学等教育配套设施。
较好	小区周边1000米内有托儿所、幼儿园、小学、中学等教育配套设施。
一般	小区周边1000米内有托儿所、幼儿园、小学教育配套设施。
较差	小区周边1000米内有托儿所、幼儿园教育配套设施。
差	不符合上述情况。

表4.11　教育配套设施优劣性等级划分表

等级	条件
好	小区带有2个或以上的深圳市知名重点中学、小学、幼儿园学位。
较好	小区带有1个知名、重点中学、小学或者幼儿园学位。
一般	小区带有省一级中学、小学或者幼儿园学位。
较差	小区带有市一级中学、小学或者幼儿园学位。
差	不符合上述情况。

（6）建筑规模

小区规模一般指整个小区基地面积，取值标准可分为五个等级，规模越大，房地产价值越高。

表4.12　项目规模等级划分表

级别	一级	二级	三级	四级	五级
基地面积/万平方米	5以上（含）	2（含）—5	1（含）—2	0.5（含）—1	0.5以下

（7）小区内部环境

内部环境是指小区内部的绿化率、景观资源、健身设施、运动场所、会所等。

表4.13　内部环境等级划分表

等级	内部环境
好	绿化率高、景观资源丰富，具有草坪、水景、健身设施完备、具有运动场所及会所。
较好	绿化率较高，具有一定的景观资源，健身运动设备齐全。
一般	绿化率不足，具有少量景观资源，无相应配套设施。
较差	绿化率不足，无景观资源，无相应配套设施。
差	内部环境恶劣，无景观资源，无绿化，无相应配套设施。

（8）建筑年代

建筑年代是衡量楼盘新旧程度的一项指标，建筑年代越久远其价值相对较低，而建筑年代越近则价值越高。表4.14按照时间顺序，将建筑年代划分为五个级别。

表4.14　建筑年代等级划分表

等级	建筑年代
一级	竣工时间为2010年以后的小区
二级	竣工时间为2006-2009年的小区
三级	竣工时间为1998-2005年的小区
四级	竣工时间为1990-1997年的小区
五级	竣工时间为1990年以前的小区

（9）物业管理

物业管理是衡量一个小区建筑品质的重要指标之一，包括社区保洁、安保管理、服务质量、人员素质等，可分为五个等级。

表4.15　物业管理等级划分表

等级	物业管理
好	具有一级管理资质的物业管理公司
较好	具有二级资质的物业管理公司
一般	具有三级资质的物业管理公司
较差	有物业服务，但无资质
差	无物业服务

（10）建筑容积率

建筑容积率是指一个小区内的总建筑面积与用地面积的比率，容积率与住宅的舒适程度密切相关。根据容积率的取值大致可分为五个等级，如表4.16所示。

表4.16　建筑容积率等级划分表

级别	一级	二级	三级	四级	五级
建筑容积率	2.5（含）—3.0	3.0（含）—3.5	3.5（含）—4.0	4.0（含）—5.0	5.（含）以上

（11）主力户型

主力户型是指一个小区内占据主要地位的户型，如两室一厅、三室一厅等。根据主力户型的面积大小，可将小区划分为五个等级，如表4.17所示。

表4.17　主力户型等级划分表

级别	一级	二级	三级	四级	五级
建筑面积（平方米）	120及以上	90（含）—120	60（含）—90	40（含）—60	40以下

（三）标准房选取

标准房是指在一幢楼栋内拥有最多共通属性或最多数目的典型房地产，它代表了本楼栋的房地产价格水平，但并不一定就是房地产平均价格。

标准房的设定十分重要，它将直接影响整体估价模型运行的合理性和准确性。在设定标准房过程中，应综合考虑楼层、朝向、户型、产权等方面因素：

1. 标准房是整幢楼栋内拥有最多房屋特征的房地产，且不含附加值成分。所谓附加值，是指不包括在主物业楼面面积内、素质稍差的额外楼面面积的价值，例如阁楼、露台、花园及停车库等；

2. 高层、小高层或多层有电梯的标准房一般选择在中间楼层，多层无电梯选择在二层。

3. 标准房的户型、朝向是综合考虑的，不是传统意义上的户型（如三房、两房、一房等）、朝向（朝北、朝南等），而是考虑房屋所在楼栋的某一方位。一般地，同一方位上的房地产只有在楼层（可能还有景观、采光）上有差异，户型、朝向都是固定的，方位囊括了户型、朝向等多方面特征造成的房地产价格差异。因此，采用方位来选定标准房，标准房的方位确定后，户型、朝向等因素也间接得以确定。标准房的方位一般选取整幢楼栋内处于中间价位的方位。

4. 标准房其他条件均处于楼栋的一般水平。这里的一般水平指的是，标准房的装修水平设定为普通装修，水电气网等配套设施都是健全的，建成后房屋结构没有经过改造等。

5. 为了以后可比案例选取与房屋修正的方便，楼盘内同类型楼栋标准房设定尽量保持统一，楼层、方位等特征趋同，以减少楼栋标准房之间的价格修正。在设定上已经存在偏差的，应该做适当调整。

（四）比价关系构建

比价关系是指在各类似房地产集合内，通过实地调研、估价师经验以及相应的技术手段将每套房地产通过一定的数量关系联系起来，从而得到确定一定范围内的房地产价格比例关系体系。比价关系适用的最大范围为类似房地产集合。在每个集合内部，所有房地产共用一套比价关系，每套房屋之间均可以通过比价关系建立联系；而集合之间的房地产没有比价关系，因此也就不能建立联系。

1. 比价关系构建流程

比价关系构建流程主要包括以下步骤：

（1）基础信息调查阶段

主要依据比价关系制作技术路线，制定调查实施方案，设计专题调查表，对每个住宅进行全面了解，包括区位、周边景观、道路交通、遮挡情况等，结合遥感影像数据、建筑物普查数据以及地籍测绘小区平面图、户型图，分析比较各单元特征属性多寡与优劣，建立小区—楼栋—房屋的基础信息资料库。

（2）比价关系制作阶段

基于市场法的基本原理，采用直接市场法、特征价格法等多种技术手段，建立批量制作比价关系规范化流程，设置比价关系标准化模型与质量控制方案，初步建立从楼栋到小区的比价关系。

（3）比价关系维护阶段

在日常维护工作中，利用实时搜集到的大量市场案例，对比价关系进行偏离度检验，若检验结果超过给定阈值，由估价人员调查分析偏离原因，更新调整涉及单元的比价关系，给出调整报告并存档。

普通住宅比价关系构建流程具体如图4.8所示。

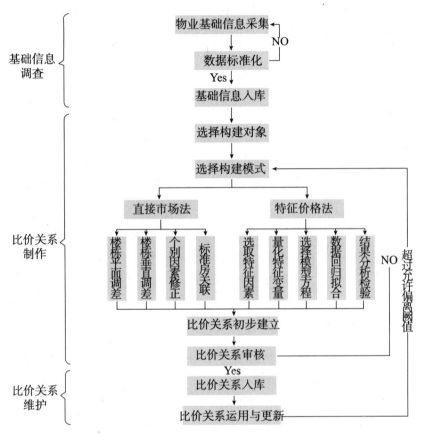

图4.8 普通住宅比价关系构建流程

2. 比价关系制作

房地产价格受众多特征因素影响，如楼栋内部主要有楼层、朝向、户型、采光、装修等因素，小区内主要有楼栋位置、安静程度、景观类型等因素，小区间还受区位条件、交易便捷度、楼盘品质等因素影响，不同特征属性造成了房地产价格不同形式的差异。可以采用一般数学模型来表达这种房地产价格与特征属性的关系：

$$P = F(x_1, x_2, x_3, \ldots, x_n)$$

更为通常地，可采用线性函数形式来表达：

$$P = \beta_0 + \sum_{k=1}^{m} \beta_k x_k + \varepsilon$$

其中，P表示房地产价格，x_k表示各特征因素，β_k表示各特征属性影响价格的程度，$\beta_k x_k$表示各特征影响价格的方式。不同类型的房地产，特征影响价格的程度与方式都有所差异，如年代久远的房屋楼层价差小，年代较新的价差高；高层价格逐层增大，多层中间高两端低。因此需要分楼栋建立房屋之间的比价模型。

具体操作时，可从四个方面分别建立修正系数，然后综合得出房屋间比价关系，表4.18是各方面所考虑的影响因素。

表4.18 比价关系构建选取因素

平面价差因素	垂直价差因素	楼栋价差因素	特殊因素
景观	楼宇总层数	户型结构	结构特殊
朝向	所在楼层	楼宇类型	赠送面积
户型	景观	周边环境	合拼单元
噪音废气		景观	
采光通风		所处位置	
面积			

（1）平面价差修正

平面价差修正是指在楼栋内部，相同楼层下由于景观、朝向、户型、噪音废气、采光通风等因素差异造成的房地产价格的不同，下表是平面差修正因素重要性排序以及修正幅度：

表4.19 平面差修正因素重要性排序

特征因素	重点考虑因素	修正幅度	重要性
景观	是否有内、外部景观，视线遮挡情况如何	≤5	非常重要
朝向	是否朝南或东南，并考虑不同地区差异	≤6	重要
户型	户型适用性及实用率情况	≤3	一般
噪音废气	是否靠马路、大排档等	≤6	非常重要
采光通风	房屋开间及进深情况，开窗面积大小，是否被遮挡	≤5	重要
面积	是否稀缺或市场非主流户型，考虑产品溢价能力	≤1	一般

1）景观

依据景观类型差异，可以将景观分为海景、山景、高尔夫球场景、湖泊（或河流）景、公园景、市景、小区景以及无景观，并按此顺序从前到后重要性依次降低，当存在两种或以上的景观，考虑更为重要景观因素。由于外部景观对价格差异影响巨大，很难限定具体修正幅度，主要依据估价师实地调查及数据分析综合判断得出。

表4.20　景观修正参考表

景观类型	修正幅度	重要性
海景	估价师综合判断	非常重要
山景		
高尔夫球场景		
湖泊河流景		
公园景	一般3—5%	重要
市景	一般1—3%	一般
小区景	一般1—3%	一般

2）朝向

在具有景观特征情况下，优先考虑景观因素，特别是重要景观存在，可以忽略朝向对价格的影响。在无景观或景观并不重要时，适当考虑朝向。根据深圳市的区位特征，我们确定了朝向系数由大到小的基本规律为东南、南/东、东北/西南、北/西、西北。具体如下表所示：

表4.21　朝向修正参考表

朝向	东南	南	西南	西	西北	北	东北	东
无景观	+2%	+1%	0	−1%	−2%	−1%	0	+1%
有遮挡	+1%	0	−1%	−2%	−2.5%	−2%	−1%	+1%
有景观	+3%	+2%	+1%	0	−1%	0	+1%	+2%

3）噪音废气

表4.22　噪音废气修正参考表

影响因素	正对	侧对
高架桥、轨道交通线、航道等主要噪音	−10%	−8%

续表

影响因素	正对	侧对
主干道	−5%	−3%
次级主干道	−3%	−2%
菜场大排档等生活噪音	−5%	−3%
化工、废气池等工业厂区	−10%	−8%

（2）垂直价差修正

垂直价差修正主要考虑楼层、楼宇总层数、景观、遮挡情况等因素。对于高层楼栋，价格随楼层变化规律比较明显，通常是随楼层上升逐步增大；对某些小区密度较大，底层建筑物或树木密集分布情况下，可能出现价格急剧变化。因此，高层的垂直调差一般可分为整体调差、分段调差和每层调差。其中，整体调差是指楼栋相邻价格的两层楼层价格差基本相同，呈现线性递减，或者递增的趋势，是比较简单的调差方式；分段调差是指楼栋的楼层价差有两个或者两个以上的取值，如在较低楼层有较低的楼层价差，在较高楼层有较高的楼层价差；每层调差是指楼栋因楼层产生的价格增长，或者降低并非线性变化，而是呈现出较为复杂的形式，需要采用不同的数值来确定每两层之间的价格关系。一般而言，高层住宅的垂直调差修正值见表4.23。

表4.23 楼层修正参考表

总楼层数	楼层差（%）
18–30层以上	0.3
12–17层	0.6
8–11层	0.8
顶层复式	3—10

高层垂直调差需要遵循如下原则：

1）如果周围遮挡严重，或者景观资源一般，楼层差最低0.2%；

2）小区整个均价较高的情况下，垂直差需要缩小，以免累积层差过大；

3）建筑物室外楼层高度不一致，其垂直差变化规律可能会不一致，在具体操作时要分别考虑。

对于多层无电梯的成套住宅，《住宅设计规范》（GB50096-1999）规定，"七层及以上住宅必须设置电梯"，但在以往的住宅建设中，深圳市已有8层住宅不设电梯的情况，因此这一部分包括4—8层无电梯的成套住宅。由于这部分住宅比较复杂，楼层价格规律并不是非常明显，很难探索出统一的规律，多以实际市场的数据分析来确定。由于考虑到攀登楼体、日照采光、受干扰及底层商铺等因素的影响，一般而言，多层无电梯的平均价格（即标准房所在楼层）出现在2层及6层；较低层次（1—2层）视野比较差，日照采光不足，潮湿，容易受小区、街道噪音干扰，价格水平低于平均价格，但部分楼栋底层有私家花园赠送而提高价格，甚至高于2层价格；较高层次（7—8层）由于无电梯，居民空手攀登到6层、7层已经非常辛苦，因此价格低于平均价格，部分楼栋顶层有阁楼或者露台赠送，价格也可以适当提高；中间层次（3—5层）条件比较适中，价格最高，详细见表4.24。

表4.24　多层无电梯楼层价差表

价差率（%）\楼层	总楼层数				
	4	5	6	7	8
一层	−4	−4	−4	−5	−5
二层	0	0	0	0	0
三层	3	3	3	3	3
四层	1	3	3	3	3
五层		−2	2	2	2
六层			−3	0	0
七层				−5	−2
八层					−7

3. 举例说明

（1）高层住宅比价关系构建案例

以深圳市华侨城锦绣花园二期为例，小区共有A—E五栋高层住宅，住宅楼层为2—32层，均带电梯，建筑类型与市场价值差异不大，以B栋为例，其基础属性见表4.25。

表4.25 华侨城锦绣花园二期B栋基础属性表

单元	B栋A	B栋B	B栋C	B栋D	B栋E	B栋F
采光通风	优	优	优	优	优	优
朝向	东南	东南	南	南	西南	西南
户型	优	优	优	优	优	优
景观	公园景	公园景	海景、公园景	海景、公园景	市景	市景
噪音废气	无	无	较严重	较严重	严重	一般

1）设置平面差

综合考虑景观、朝向、户型等因素后，B栋A的平面差综合修正系数为100%，B栋C、D的平面差综合修正系数最高，为104.9%，B栋E、F的平面差综合修正系数最低，为98%。

表4.26 华侨城锦绣花园二期B栋平面修正表

单元	B栋A	B栋B	B栋C	B栋D	B栋E	B栋F
采光通风	0%	0%	0%	0%	0%	0%
朝向	−1%	0%	+5%	+5%	−1%	−2%
户型	0%	0%	0%	0%	0%	0%
景观	+1%	+1%	+3%	+3%	+1%	+1%
噪音废气	0%	0%	−3%	−3%	−2%	−1%
综合修正系数	0%	+1%	+4.9%	+4.9%	−2%	−2%

2）设置垂直差

由于该楼栋为高层带电梯住宅，楼层之间差异不大，楼层差取0.2%；

3）特殊因素修正

B栋南侧为加油站，对中低层单位影响较大，2—20层D、E单元扣减5%，11—20层D、E单位扣减3%，21层以上D、E单位扣减2%。

最后通过综合平面差、垂直差与特殊因素修正，得出华强城锦绣花园二期B栋房屋之间的比价关系，由于A—E栋市场价值差异较小，属性特征类似，故各栋楼栋间修正系数为1，从而得出整个楼盘的比价关系。

（2）多层住宅比价关系构建案例

以竹盛花园12号楼为例,住宅楼层1—8层,不带电梯,基础属性见表4.27。

表4.27　竹盛花园12号楼基础信息表

单元	01单元	02单元	03单元	04单元	05单元	06单元
采光通风	优	良	优	良	优	优
朝向	东	东	南	东	南	南
户型	良	良	良	良	良	良
景观	公园景	公园景	公园景	公园景	公园景	公园景
噪音废气	较严重	较严重	无	较严重	严重	无

1)设置平面差

表4.28　竹盛花园12号楼平面修正表

单元	01单元	02单元	03单元	04单元	05单元	06单元
采光通风	0%	−3%	0%	−3%	0%	0%
朝向	−3%	−3%	0%	−3%	0%	0%
户型	0%	0%	0%	0%	0%	0%
景观	0%	0%	0%	0%	0%	0%
噪音废气	−3%	−3%	0%	−3%	−3%	0%
综合修正系数	−5.9%	−8.7%	0%	−8.7%	−3%	0%

2)设置垂直差

表4.29　竹盛花园12号楼垂直修正表

楼层	楼层差修正系数	01	02	03	04	05	06
8	−7%	−2.5%	−15.12%	−7%	−15.12%	−9.79%	−7%
7	−2%	−7.79%	−10.56%	−2%	−10.56%	−4.94%	−2%
6	0%	−5.91%	−8.73%	0%	−8.73%	−3.00%	0%

楼层	楼层差修正系数	01	02	03	04	05	06
5	2%	−4.03%	−6.90%	+2%	−6.90%	−1.06%	+2%
4	3%	−3.09%	−5.99%	+3%	−5.99%	−0.09%	+3%
3	4%	−3.09%	−5.99%	+3%	−5.99%	−0.09%	+3%
2	0%	−5.91%	−8.73%	0%	−8.73%	−3.00%	0%
1	−5%	−10.61%	−13.29%	−5%	−13.29%	−7.85%	−5%

3）特殊因素修正

由于小区垃圾站位于12号楼一单元底层，气味较重，对12号楼1单元1—5层造成影响，整体下调5%。

（五）标准房基准房价评估

由于前面在每幢楼栋乃至小区内都建立了每个住宅单元之间的比价关系，因此也就确立了标准房与其他房地产单元之间的比价关系。通过评估每个楼栋的标准房基准房价，进而结合已经构建的比价关系，即可完成对该楼栋其他住宅单元的基准房价评估工作。

普通住宅的标准房基准房价通过市场比较法评估得到，在评估案例库中，按照用途相同，结构相似，地段相连，价值相近的原则动态搜索标准房地产的可比实例，对可比实例进行因素修正，进而求取标准房基准房价。标准房基准房价评估的关键性步骤主要包括交易案例筛选、时间修正系数评估、可比实例选取、比准价格求取以及标准房基准房价评估等，下面依次进行阐述。

1. 交易案例筛选

交易案例是标准房基准房价评估的数据基础，在很大程度上影响着评估结果的质量与精度。如果缺乏好的交易案例，无论运用再精准的评估模型也无法得到准确可靠的评估结果；而若交易案例过少，则采用市场比较法评估标准房基准房价更无从谈起。因此在基准房价评估实践中，应采集尽可能真实、可靠、足量的市场交易案例，而要达到这一目标，可从以下几个方面着手以保证交易案例的质量。

（1）采集途径

目前，在普通住宅交易过程中，为逃避税收，房屋交易双方签订虚假"阴阳"合同以隐瞒真实交易价格的现象普遍存在，这导致政府部门所掌握的交易登记价格严重偏离市场水平。真实交易价格很难通过法定方式获取，它们通常掌握在房地产中介机构手中。因此，要想获取普通住宅真实交易价格，必须借助于房地产中介机构。

（2）数据完备性

交易案例不仅仅是房地产的交易价格，还包括交易房地产基本状况、交易情况信息以及交易双方基本情况等。在交易过程中将完备的交易信息都实时采集起来是不现实的，其原因既在于交易双方基本情况很难真实掌握，同时也在于中介人员素质差异，数据填写的规范与质量很难把握。因此，应开展动态的交易属性实时采集，并将其关联到交易房屋的固有属性数据库之中，这样既减少了采集成本，同时也保证了数据质量。

表4.30　交易属性来源表

数据库关联属性	实时采集属性
楼盘/楼栋名称	交易房屋
房号	所在楼层
所在楼层	赠送面积
建筑面积	装修情况
朝向	交易价格
景观	付款方式
采光通风	交易时间
套型结构	
房屋用途	

在进行上述数据库关联之后，还需要对原房屋属性与采集属性进行整合与标准化处理，即对于缺失信息需要进行实时补充，而对于面积、用途以及产权状态与产权登记系统不相符，则需要进行核实。

（3）价格可靠性

由于交易数据量比较大，全部采用评估人员人工审核交易数据是不现实的。因此，应采用自动筛选与人工筛选相结合的方式，其具体思路为：

1）自动筛选。首先，认定已有个案评估结果是基本准确的，直接将其价格修正到每个交易案例实际交易时点，与交易价格进行比对，若交易价格在个案评估价格上下15%之内，则认为该交易价格是真实可靠的；若不在，交易价格可能存在问题，或者个案评估结果可能存在问题，此时需要弄清楚问题产生的原因。

2）比例统计。按楼栋统计交易案例总量以及自动筛选出来可能存在问题的交易案例总量，计算每幢楼栋中被筛除的交易案例占楼栋总案例数的比重，若小于一定比例（比如30%），说明个案评估结果或者时间修正系数没有问题，问题出现在这些少量被筛出的交易案例；若不然，说明该楼栋相当一部分交易案例都被筛出了，这就需要人工筛选来判断。

3）人工筛选。评估人员依据自身经验，结合挂牌数据等其他相关价格数据，在地理信息平台上作业，对剩余被筛选出的每条交易案例进行判定，确定是否为真实可靠的交易案例。

2. 时间修正系数评估

时间修正系数的建立以评估分区为基本单元，评估分区分为大区和片区两个层次，首先对于符合案例数要求的片区级评估分区可独立建立时间修正系数体系；不符合案例数要求的片区级评估分区可采用大区级评估分区的时间修正系数体系，依此类推，不符合案例数要求的大区级评估分区可采用行政区级评估分区的时间修正系数体系。

在片区级评估分区内建立时间修正系数，需要将其所有案例的价格修正到片区标准房的价格，而在大区级评估分区内建立时间修正系数则需要将其所有案例的价格修正到大区标准房的价格，此外行政区的案例同理也应修正为标准房的价格。通过这些修正，可实现案例同质化，进而可以进行时间修正系数的测定，其总体流程如图4.9所示。

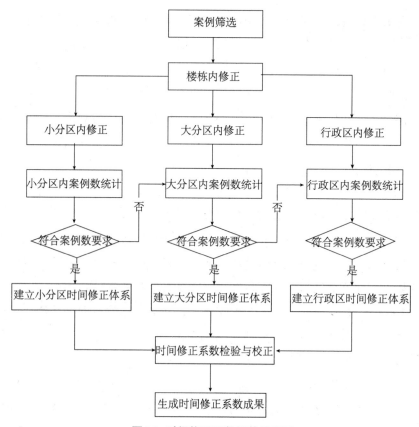

图4.9 时间修正系数评估流程图

在建立时间修正体系前，首先要对案例进行筛选，将价格等信息异常的数据先剔除出去，然后再统一价格单位与数据取值规则，并从其他相关表中关联所需要的数据项。

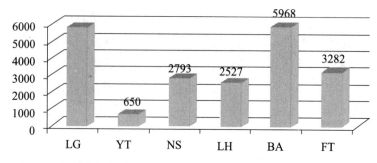

图4.10 深圳市各行政区案例数统计（2011年1月至2012年9月）

案例筛选完成后，利用楼栋内修正系数对案例的价格进行修正，将所有案例修正为所在楼栋标准房的价格，然后再根据片区楼栋间修正系数、大区楼栋间修正系数和行政区楼栋间修正系数将案例价格进一步修正为所在片区标准房的价格、所在大区标准房的价格和所在行政区标准房的价格。

评估分区的案例要符合一定的要求才可以建立独立的时间修正系数体系，根据对片区、大区和行政区的案例数统计分析结果，将以下条件作为可以建立独立时间修正系数体系的条件，即案例交易所在的月份能够覆盖8个月及以上，并且每个月的案例必须为2个及以上。基于上述条件，能够建立独立时间修正系数体系的片区级评估分区占有案例片区级评估分区总量的55%左右。案例数量及覆盖月份符合建立独立时间修正系数的大区级评估分区占所有大区级评估分区的90%以上。行政区内的案例数均符合建立独立时间修正系数体系的要求。

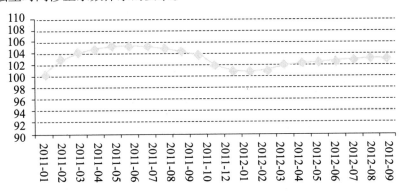

图4.11 深圳市时间修正系数曲线图

案例数统计分析完成后，对于符合要求的片区、大区和行政区，编写程序自动计算其时间修正系数。对于少数有缺失的月份，如果是片区则用所在大区的时间修正系数曲线进行修正，如果是大区则用所在行政区的时间修正系数曲线进行修正。

测定完成各级分区的时间修正系数后，需要对其进行检验，对于因案例价格过高或案例数过少造成时间修正系数波动过大的则需要进行校正，校正幅度依照所在行政的时间修正系数来综合确定。

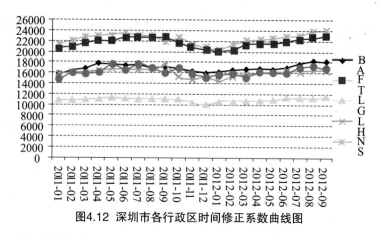

图4.12 深圳市各行政区时间修正系数曲线图

3. 可比实例选取

可比实例选取是运用市场比较法来评估标准房基准房价的难点与关键，通常来说，应选择与待评估标准房最为相近的实际交易案例作为可比案例。这样就存在一个问题，怎么判断待评估标准房与交易案例的相似程度，应该如何选取最为相似的交易案例作为待评估标准房的可比实例。房地产价格受众多特征属性影响，这就需要对相似度进行合理的定义，并确定一定的可比案例筛选标准。可比实例筛选依然遵循之前设定的筛选模式，具体方式如下：

（1）遵循从楼栋到小区再到集合有层次的可比实例搜索方向。通常情况下，与待评估标准房处于相同楼栋的交易案例具有最人的相似性。因此，首先在相同楼栋搜索可比实例，相同小区次之，而交易不活跃的小区由于交易案例很少，可以扩大到集合内搜索可比实例。

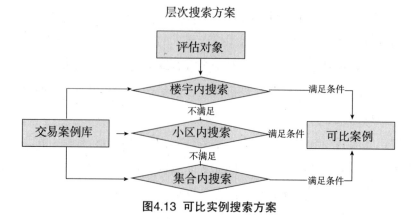

图4.13 可比实例搜索方案

（2）非小区内的可比实例搜索按照特征属性相似的原则。一般来说，可选用作为判断相似性的特征因素主要包括：楼栋建筑类型，分为低层（1—4层）、多层（5—8层）、小高层（9—14层）和高层（15层以上）四种类型，可比案例要与待评估标准房的楼宇建筑类型一致；楼栋建筑年代，1991年及以后竣工的待评估标准房选用竣工日期在其上下三年的交易案例，1991年之前由于交易案例较少且价格也相似，待评估标准房也选择在1991年之前竣工的交易案例；房屋性质，选择相同房屋性质的交易案例。

（3）非小区内可比实例搜索采用地理信息技术。区位是房地产的一大特征，对房地产价格的影响起着关键性作用。根据一般居民的生活半径在800-1000米之间，可以建立三级搜索（图4.14），其中：第一级为待评估标准房周边半径在500米内的小区，其具有最大的优先级；第二级是待评估标准房周边半径在500米至1000米内的楼栋；第三级是待评估标准房所在的集合内的其他楼栋。通过上述三个层级，搜索待评估标准房的可比实例，直到找到需要的可比实例为止。

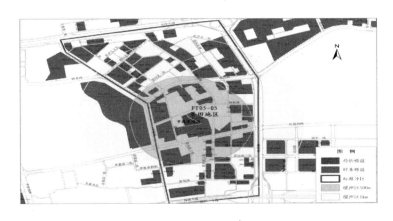

图4.14 非小区内可比实例搜索

（4）可比实例与待评估标准房应该具有最大的相似性。可比实例与待评估标准房的相似度可以通过前述1—3条的原则来定性界定，但还需进一步采用比价关系来进行定量比较。与待评估标准房之间修正量绝对值之和越小的交易案例，说明其与待评估标准房越相似，因此应优先选取修正量最小的交易案例作为可比实例。

（5）可比实例选取还应该满足市场比较法的基本原则。交易案例与待评估标准房之间的单项修正（小区内修正、小区间修正以及交易时间修正）不能超过20%，总修正不能超过30%，否则不能选作可比实例（图4.15）。每个待评估标准房一般选取8—10个可比实例，当可选的交易案例超过需要的范围时，优先选择总修正量更小的交易案例作为可比实例。

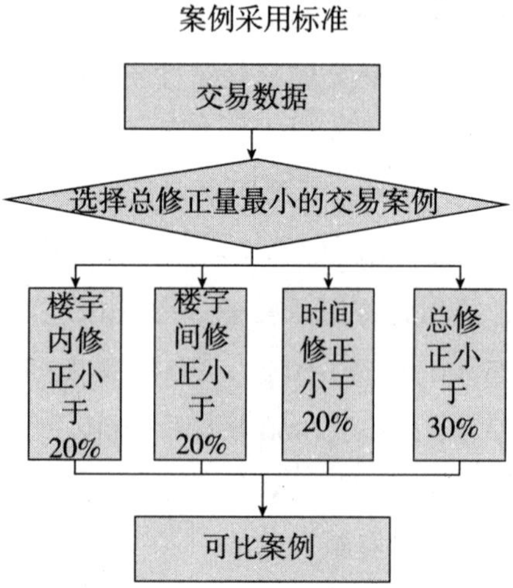

案例采用标准

图4.15 可比实例采用标准

4. 比准价格求取

选取可比实例之后，需要对其进行因素修正，即统一修正到评估时点的待评估标准房上，以求取待评估标准房的比准价格，具体的修正公式为：

$$V_i = \frac{P_i \times O_{ref}}{O_i \times I_i \times T_i}$$

其中，V_i表示第i个可比实例的比准价格；P_i表示第i个可比实例的实际交易价格；O_i表示第i个可比实例所处楼盘的楼盘间系数；O_{ref}表示待评估标准房所处楼盘的楼盘间系数；I_i表示第i个可比实例的楼盘内部系数；T_i表示第i个可比实例所处片区的时间修正系数。

5. 标准房基准房价评估

由于可比实例一般选择8—10个，所以待评估标准房也就有8—10个比准价格。在可比实例选取时，只是考虑交易案例与待评估标准房在区位、建筑物特性、交易时间等物理和时间属性上相似程度，而没有考虑交易案例价格对价值的偏离，因此有可能会出现比准价格不合理的情况。基于此，在利用比准价格求取标准房基准房价之前，需对比准价格进行适当处理，其具体方法包括正态离群筛选和中位数偏差筛选。

（1）正态离群筛选

一般来说，待评估标准房的比准价格应近似服从正态分布，即众多比准价格围绕待评估标准房的实际价值上下波动，少部分异常值偏离实际价值水平，而我们需要对这些异常值（或离群值）进行判断和处理。在可比案例数较小、检出离群值的个数不超过1且未知标准差情况下，格拉布斯（Grubbs）离群检验法具有判定离群值的功效最优性，因此可采用格拉布斯检验法对比准价格进行离群检验，以排除修正后价格异常的可比案例。

由于并不清楚离群值究竟是出现在高端还是低端，因此应采用双侧检验，检出水平确定为0.1。对于检出的离群值，由于很难判定其离群的实际原因，因此应一律剔除。下面是格拉布斯检验法的具体步骤：

1）计算统计量G_n和G'_n的值

$$G_n = (x_n - x')/s$$

$$G'_n = (x' - x_1)/s$$

其中，x'和s分别表示样本均值和样本标准差。

2）确定检出水平α，查出临界值$G_{1-\alpha/2}(n)$。

3）当$G_n > G'_n$且$G_n > G_{1-\alpha/2}(n)$时判定$x(n)$为离群值，当$G'_n > G_n$且$G'_n > G_{1-\alpha/2}(n)$时判定$x(1)$为离群值，否则判为未发现离群值。

（2）中位数偏差筛选

楼盘内可比实例具有较高的质量，一般很少存在异常值，即使有异常值其数量也比较少，一般为1—2个，因此基本可以通过正态离群筛选加以剔除。对于子市场内选取的可比实例，由于其往往来源于几个小区，因此可能存在因可比实例选取不当，而使某些实例的价格水平趋同但实质上是异常值，此时正态离群筛选就显得力不从心。基于此，应采用中位数偏离筛选法来进行异常值剔除工作。

中位数是样本数据排序后的中值，不会受极端值的影响。中位数偏差筛选的具体步骤是：首先找到每个待评估标准房的比准价格中位数，然后再将待评估标准房的每个比准价格与该中位数进行比较，筛选出与中位数上下偏差超过15%的可比实例，其即为异常实例。

通过上述手段筛除可比实例异常值后，针对剩余的待评估标准房比准价格求取平均值，即为待评估标准房的基准房价，其计算公式为：

$$V = (V_1 + V_2 + \cdots + V_n)/n$$

（六）每套房屋的基准房价评估

在评估出每幢楼栋的标准房基准房价之后，通过楼栋内部比价关系即可评估出每套房屋的基准房价，其计算公式为：

每套房屋的基准房价= 标准房基准房价 × 每套房屋与标准房的比价关系

三、低密度住宅基准价格评估

本部分内容以深圳市为例，详细阐述了如何运用整体估价模型来评估低密度住宅的基准房价。

（一）低密度住宅内涵界定

低密度住宅是指容积率在1.1以下的低层及多层居住区，国内外专业术语称之为低层低密度与低层高密度。目前，各地的低层住宅一般分为两类：一类是以独栋别墅、联体别墅及低层联排式住宅为主体的低层低密度住宅，其容积率一般控制在0.5以内；另一类是以低层联排式住宅及四层上下户叠拼联排住宅为主体的低层高密度住宅，容积率在0.6—1.1之间。低密度住宅主要包含两方面特征，一是容积率应低于1.1；二是建筑模式应为非集合式住宅，即准别墅或别墅类，具体表现为六层以下的，独门独户的住宅样式，包括TownHouse、独立别墅、花园洋房等。

低密度住宅依据其结构形式主要可分为五类，分别是独立式住宅、双拼式住宅、联排式住宅、叠加式住宅、花园洋房。

独立式住宅属于独户居住的单幢住宅，独门独院。居住环境安静，室外生活方便，居住舒适。建筑四面临空，平面组合灵活，房间容易得到良好的采光和通风。

双拼式住宅由两户住宅并靠拼联组成。每户形成三面临空的独用庭院，既有独院式住宅的优点，又比独院式住宅节省用地。

联排式住宅由多个独户居住的单元拼联组成，住宅前后有独用的庭院。联排式住宅的组合方式较灵活。

叠加式住宅是在综合情景洋房公寓与联排别墅特点的基础上产生的，由多层的复式住宅上下叠加在一起组合而成，下层有花园，上层有屋顶花园，一般为四层带阁楼建筑。与独立式住宅相比私密性较差，与联排式住宅相比，建筑造型丰富，户型布局更合理。

花园洋房一般指6层以下多层板式建筑，容积率为1.0左右，以四层为主，五层其次，有较强的外国建筑风格特征，景观较好，绿化率较高，普遍存在远郊区一带，一般首层带花园，顶层带露台。花园洋房介于别墅和普通公寓之间，它既具有部分别墅（独栋和联排Townhouse）的优点，又不完全脱离城市的繁华和便利。

（二）类似房地产集合划分

由于低密度住宅对周边环境要求较高，且不同别墅针对的客户群体不同，需求定位差异明显，因此别墅在区位分布上具有明显的积聚效应，形成了一个个低密度住宅群。分布在不同区域的低密度住宅，影响其价值的因素差异较大，因此可根据低密度住宅群的价格水平及其影响因素对其进行集合划分。

就深圳市而言，根据集合范围大小由上至下可将低密度住宅划分为两个层次：

第一层次依据行政分区将低密度住宅分为罗湖、福田、南山、盐田、宝安及龙岗六个集合。

第二层次是低密度住宅集合划分的核心所在。在一个行政区内，根据低密度住宅自身集聚效应形成了一个个的集聚群，部分不在集聚群中较为零散的低密度住宅根据就近原则合并为一个个闭合区域。针对这些集聚群及闭合区域，分别从区位、交通便利程度、周边配套完善程度及景观资源四个方面对其进行分析。经过综合分析得到每个集聚或闭合区域的大致等级或档次，将相同等级的集聚群（区域）归为一类，就形成了某行政区下的一个集合。

下面以深圳市罗湖区为例来具体阐述如何进行集合划分。

图4.16 罗湖区低密度住宅分布图

罗湖区低密度住宅分布如图4.16所示。从地理位置分布来看，主要形成了两个低密度住宅群，分别分布在银湖地区及莲塘地区，另外还有三个低密度住宅小区零散分布在黄贝、桂园等地。这样，银湖低密度住宅群、莲塘低密度住宅群以及零散分布的三个低密度住宅小区（怡景花园、威登别墅、锦星花园）就形成了5个群（区域），分别对这5个群（区域）进行影响因素分值分析，经过综合分析得到各个群（区域）的等级（表4.31）。

表4.31 罗湖区低密度住宅集合划分等级

群（区域）	区位	交通便利程度	周边配套完善程度	景观资源	等级
银湖低密度住宅群	远离中心区	路程较远	一般	山水资源优良环境安静	一级
莲塘低密度住宅群	离中心区较远	较便利	较齐全	具有山水资源景观一般	三级
怡景花园小区	临近中心区	便利	齐全	无山水资源景观一般	二级
威登别墅小区	离中心区不远	较便利	较齐全	无山水资源无景观资源	四级
锦星花园小区	临近中心区	便利	齐全	无景观资源	四级

从上表可以看出，罗湖区低密度住宅群（区域）共分为四个等级，其中威登别墅小区和锦星花园小区为第四等级，可以将这两个区域进行合并，作为一个集合。因此，罗湖区低密度住宅最终划分为四个集合，分别为银湖集合、莲塘集合、怡景花园集合、威登-锦星集合。

（三）比价关系构建

低密度住宅比价关系主要包含两个层次，第一层次是小区内部比价关系；第二层次是集合内小区间比价关系。同一个集合内的所有房地产都适用于一套比价关系体系，通过分别构建小区内、小区间的比价关系将同一集合内的低密度住宅联系起来，下面将分别从小区内与小区间两个层次来构建比价关系。

1. 小区内部比价关系构建

小区内部比价关系的构建通过评估人员实地考察并辅助结合相应的统计模型综合得出。

同一小区内部影响低密度住宅价值的主要因素包括低密度住宅的结构形式、所处楼盘的位置、景观、朝向、面积等，具体如下所述：

（1）结构形式：独立式住宅由于其四面临空，具有更好的采光和通风效果，并最大限度地保证了私密性，因此建筑结构优于双拼式及联排式住宅。

（2）所处小区位置：一般而言，小区深处远离出入口的住宅由于最大限度地保证了居住者的私密性，因而价值相对较高。

（3）景观：同一小区内部由于房屋所处的位置、朝向等原因致使景观有所差异，景观越优越，价值越高。景观资源包括海景、山景、湖景、公园景等，其中海景资源最优。例如，同一楼盘内具有海景资源的房屋较不具有景观的房屋价值更高。

（4）朝向：指房屋或门窗坐落的方向。在中国，一般认为朝南最好，朝向越好，房地产价值相应越高。

（5）面积：一般而言，面积越大，房产价值越高。

下面以洋晴湾花园别墅区为例，就小区内部比价关系模型评估进行详细阐述。

图4.17 洋晴湾花园别墅小区示意图

洋晴湾花园别墅共有97栋，结构形式包括双拼和叠墅两类。整个小区选取42栋作为别墅区的标准房，通过选取影响因素构建综合比价关系体系，从而得到该小区内部房产相对于标准房的比价关系。

（1）样本数据

案例样本数据共97个，在此仅列举部分样本数据（表4.32）。

表4.32 洋畴湾花园样本数据（部分）

编号	名称	结构形式	单元	面积	朝向	景观	位置	价格
9000003869	洋畴湾花园10栋	双拼	B	72.82	0	1	0	55018.28
9000003868	洋畴湾花园11栋	双拼	B	81.76	0	1	0	51719.12
9000003868	洋畴湾花园11栋	双拼	复式A	445.6	0	1	0	51719.12
9000003867	洋畴湾花园12栋	双拼	B	81.76	0	1	0	50839.99
9000003867	洋畴湾花园12栋	双拼	复式A	445.6	0	1	0	50839.99
9000003866	洋畴湾花园13栋	双拼	复式A	445.6	0	1	0	40719.35
9000003866	洋畴湾花园13栋	双拼	B	81.76	0	1	0	40719.35
9000003865	洋畴湾花园14栋	双拼	复式A	445.6	0	1	1	40719.35
9000003865	洋畴湾花园14栋	双拼	B	81.76	0	1	1	40719.35
9000003864	洋畴湾花园15栋	双拼	复式A	445.35	0	1	1	56803.71
9000003864	洋畴湾花园15栋	双拼	B	81.76	0	1	1	56803.71
9000003863	洋畴湾花园16栋	双拼	B	81.76	0	1	1	33971.61

（2）模型设置

我们采用半对数模型(其中：R表示每平米价格、β_0表示截距项、x_i表示影响因素、β_i表示影响因素的系数、ε表示残差)来检验相关因素对别墅价格的影响。其理由在于，半对数模型参数的数学意义表示当相关变量X变动一个单位，因变量价格R相应变动的百分比。

$$LnR=\beta_0+\Sigma\beta_iX_i+\varepsilon$$

（3）变量设置

表4.33　选取特征变量

变量分类	特征变量	分类/量化方法	变量类型
因变量	价格	二级转移价格	连续变量
特征变量	类型	双拼取1，叠墅取0	哑元变量
	景观	有海景取1，无海景取0	哑元变量
	位置	靠近出入口取1，否则取0	连续变量
	面积	实际面积大小	连续变量
	朝向	东西/南北/西北-东南	哑元变量

（4）分层回归分析

由于影响因素的显著性未知，因此只能凭经验首先确定一个应该显著的因素进入回归模型，然后再分步引入其他变量，通过观察调整后R2 (可决系数)的变化以及相应P值的大小来判断引入变量的质量。

通过首先引入"景观"作为自变量，再依次引入其他变量，可得到回归结果如表4.34和表4.35所示。

表4.34　模型汇总

模型	R	R方	调整R方	标准估计的误差	Durbin–Watson
1	0.789a	0.622	0.619	0.11194	
2	0.852b	0.727	0.722	0.09567	
3	0.861c	0.742	0.735	0.09334	
4	0.883d	0.779	0.771	0.08677	
5	0.883e	0.779	0.769	0.08718	
6	0.886f	0.785	0.773	0.08644	0.963

a. 预测变量: (常量)，景观。
b. 预测变量: (常量)，景观，类型。
c. 预测变量: (常量)，景观，类型，面积。
d. 预测变量: (常量)，景观，类型，面积，南北。
e. 预测变量: (常量)，景观，类型，面积，南北，西北。
f. 预测变量: (常量)，景观，类型，面积，南北，西北，位置。
g. 因变量: Ln价格

表4.35　模型回归系数a

模型		非标准化系数		标准系数	t	Sig.	共线性统计量	
		B	标准 误差	试用版			容差	VIF
1	(常量)	10.487	0.012		843.182	0.000		
	景观	0.321	0.024	0.789	13.400	0.000	1.000	1.000
2	(常量)	10.423	0.015		714.419	0.000		
	景观	0.248	0.023	0.610	10.613	0.000	0.766	1.306
	类型	0.137	0.021	0.369	6.421	0.000	0.766	1.306
3	(常量)	10.463	0.021		493.832	0.000		
	景观	0.250	0.023	0.614	10.948	0.000	0.765	1.307
	类型	0.1504	0.022	0.416	7.046	0.000	0.690	1.450
	面积	0.000	0.000	−0.134	−2.541	0.012	0.864	1.157
4	(常量)	10.462	0.020		531.112	0.0		
	景观	0.252	0.021	0.619	11.861	0.0	0.765	1.308
	类型	0.116	0.022	0.313	5.191	0.0	0.575	1.741
	面积	0.000	0.000	−0.130	−2.657	0.009	0.864	1.158
	南北	0.090	0.021	0.217	4.221	0.0	0.786	1.272
5	(常量)	10.460	0.030		348.285	0.0		
	景观	0.251	0.021	0.619	11.798	0.000	0.764	1.309
	类型	0.117	0.027	0.315	4.282	0.000	0.388	2.574
	面积	0.000	0.000	−0.130	−2.622	0.010	0.854	1.172
	南北	0.091	0.022	0.218	4.103	0.000	0.745	1.342
	西北	0.001	0.025	0.004	0.059	0.953	0.456	2.194
6	(常量)	10.508	0.041		254.018	0.000		
	景观	0.246	0.021	0.607	11.546	0.000	0.749	1.335
	类型	0.092	0.031	0.248	2.983	0.004	0.299	3.347
	面积	0.000	0.000	−0.135	−2.731	0.007	0.851	1.175
	南北	0.085	0.022	0.204	3.823	0	0.727	1.376
	西北	−0.010	0.026	−0.026	−0.374	0.709	0.426	2.350
	位置	−0.037	0.022	−0.100	−1.674	0.097	0.583	1.715

a. 因变量: Ln价格

从表4.34可以看出，第一个模型的自变量是"景观"，然后依次进入自变量类型、面积、南北、西北、位置。其中，模型的调整R方随着变量的进入逐步增大，最后为0.773，表示该模型的拟合度较好。

从表4.35可以看出，景观、类型、面积、南北、位置的P值均小于0.1，可认为通过假设检验，系数显著。但是，面积变量的系数太小，失去了实际意义，需要剔除。此外，西北变量P值太大，而且系数符号与预计的相反，因此剔除。由此，可得出回归模型为：

Ln价格 = 0.246(景观) + 0.092(类型) + 0.085(南北) − 0.037(位置)

从以上回归结果还可看出，该模型的D–W值为0.963，而由于数据是截面数据因此可以忽略此问题。

此外，通过VIF值可看出，多重共线性程度可以接受。最后，从以下的残差散点图和P–P图看，可排除异方差的情况。

散点图
因变量：Ln价格

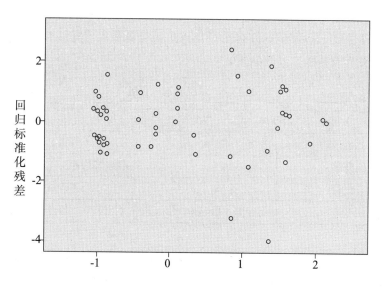

图4.18 残差散点图

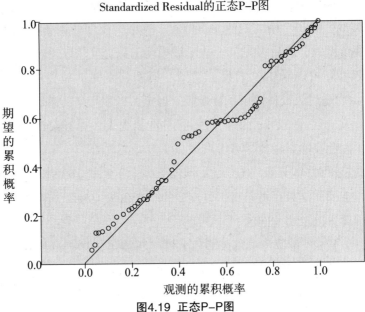

图4.19 正态P–P图

（5）建立修正系数

根据上述回归模型，并综合评估人员现场调研及经验，可最终得出该小区的房价因素修正系数如表4.36所示。

表4.36 特征因素修正表

项目	情况1	情况2
景观(哑元变量)	有海景 +28%	无海景不修正
类型(哑元变量)	双拼+10%	叠墅不修正
朝向(哑元变量)	南北向+9%	其他不修正
位置(哑元变量)	靠近出入口–4%	不靠近则不修正

2. 小区间比价关系构建

同一集合内不同小区之间影响低密度住宅价值的因素主要包括建筑密度、规划形态、景观资源、设计与配套功能、物管安保等，具体如下所述：

（1）建筑密度：建筑密度反映了一定用地范围内的空地率和建筑密集程度。低密度住宅建筑密度相对较低，范围大致在0.6—1.1之间，一般建筑密度越小，住宅价值越高。

（2）商业配套：低密度住宅内部一般都具有商业配套，商业配套的规模、类型也因不同的居住客户而不同，一般来说，商业配套越成熟、规模越大，楼盘内住宅价值越高。例如，波托菲诺楼盘内商业配套就相对成熟，进驻的商家包含各类大型超市、咖啡馆、餐馆、酒吧及美容连锁品牌店，生活非常便捷。

（3）景观资源：景观资源是影响低密度住宅的重要因素之一，其优劣直接影响住宅的价值，不同的楼盘所拥有的景观资源不同，也造成了楼盘与楼盘之间的价值差异。例如，波托菲诺毗邻7万平方米燕栖湖，片区拥有极为优美的自然环境。

（4）物管安保：物业服务是评判高层豪宅的重要标准。对智能化物管及安保的配备要求，根据物业形式、体量、品类不同会有一定的差异，越高级别的住宅，对安防的需求越强，价值自然也越高。

评估人员通过现场实地查勘，并综合考虑以上几方面因素，即可确定楼盘间比价关系。

（四）每套房屋的基准房价评估

与普通住宅基准房价评估相类似，在低密度住宅基准房价评估过程中，也可在每个小区（或楼盘）内设定一个标准房，通过评估标准房的基准房价，再结合已经构建的比价关系，即可完成对该小区（或楼盘）内其他房屋的基准房价评估工作，其具体计算公式为：

每套房屋的基准房价=标准房基准房价×每套房屋与标准房的比价关系

其中：在标准房选取方面，由于同属住宅房地产，低密度住宅的标准房选取流程与普通住宅相类似，因此这里不再赘述。

在标准房与其他房地产的比价关系方面，由于前述比价关系构建工作已为低密度住宅在小区或楼盘层面构建了比价关系，因此也就确立了标准房与其他低密度住宅的比价关系。

在标准房基准房价评估方面，低密度住宅一般采用个案评估的方式，由多位估价师共同完成，每个估价师负责一个或者多个低密度住宅小区的评估工作。估价师对于所负责的低密度住宅小区，每月均需要进行实地查勘，了解近期小区的交易情况与价格变动趋势，采集真实的成交案例，然后在每个评估时点对小区的标准房基准房价进行评估。

四、集体宿舍与村民私宅基准价格评估

（一）内涵界定

集体宿舍是住宅的一种形式，主要是医院、学校、工厂企业为自身职工或者学员修建用于集中住宿的建筑物。集体宿舍的特点比较明显：由水平和垂直交通连接基本单元，每个单元都是均质的居住空间，配以公用的洗浴室、卫生间等。通常修建在开发区、工厂区附近，配套员工食堂、公共浴室、小型超市等生活配套设施，其使用者大多是单身员工、农民工、临聘人员等。集体宿舍通常是企业中造价最低的建筑宿舍，大多采用砖混结构，楼层通常为5—7层的多层建筑，每层由公共走廊连接每个居住单元，洗浴室、卫生间集中布置，建筑外观比较简单。

村民自建住宅是原村民在自有宅基地上建造的私房。通常，该类住宅居住条件简陋，环境较差，配套设施少，房地产价格受市场波动较小，主要受建造房屋的成本的影响。

（二）技术路线

相对于普通住宅或低密度住宅而言，集体宿舍与村民私宅的基准房价评估工作较为简单，即整体估价模型中的某些步骤可以适当简化。

在类似房地产集合划分方面，由于采用成本法评估房屋价值，每套房屋实际的土地价值与建造成本只要与最初设定的统一标准比较、校正即可，而不需要房屋之间相互比较，因此集合划分是不必要的，即可以认定每幢楼栋就是一个类似房地产集合，而比价关系也仅需要在楼栋内部建立。

在比价关系构建方面，这里的楼栋比价关系主要体现为各个房屋与标准房之间的价格差值，其构建可以采用一般性规律，即：高层楼栋从低到高逐层增加一定数值；多层楼栋以中间楼层为最高，2层与6层居中，1层与7层最低。此外，相同楼层的房屋在户型、朝向、景观等方面差异不大，因此可以认定处于相同价格水平，在构建比价关系不予考虑。

如上所述，集体宿舍与村民私宅在划分集合与构建比价关系时比较简单，下面就其标准房基准房价评估方法做重点说明。

集体宿舍与村民私宅的标准房基准房价评估通常采用成本法，其理由如下：

1. 通常情况下，这两类住宅的三级交易市场不活跃，很少发生公开交易，难以采集真实、可靠的市场成交案例，不适于采用市场比较法评估。

2. 大部分集体宿舍与村民自建住宅不存在租赁行为，部分有出租行为的也很难采集租金收入，一般也不采用收益法评估。

3. 这两类住宅的居住条件简陋，环境较差，配套设施少，房地产价格受市场波动较小，主要是受建造房屋的成本影响，采用成本法评估较为准确。

4. 就深圳市而言，由于其存在大量的集体宿舍与村民自建住宅，而它们并不是市场交易的主体，每年只有极少数交易记录，现目前不适于采用大量的人力物力投入，而成本法评估比较简单，且现有的产权登记系统已经基本满足评估工作的需要，因此采用成本法评估。

成本法是通过求取待评估对象在评估时点的重新购建价格（重新取得或重新开发建设成本）和折旧而来评估房地产价值的方法。成本法的基本思路是将房地产价值划分为房产价值和土地价值以及折旧三部分，通过单独评估出各单项数值，最终综合得到房地产价值。

由上可知，集体宿舍与村民私宅的标准房基准房价评估公式为：

标准房基准房价 = 重新购建价格 – 折旧 = 土地重新购置价格 + 建筑物重新购建价格 – 建筑物折旧 = （地价+房屋建设成本）×（1+利润率）/（1–销售费率–税率）– 建筑物折旧

当选定标准房并评估出其基准房价后，结合前述比价关系，即可得出所有房地产的基准房价，其计算公式为：

每套房屋的基准房价 = 标准房基准房价+房屋与标准房之间的价格差值

（三）评估过程

在集体宿舍与村民私宅基准价格评估过程中，由于各个房屋与标准房之间的价格差值已经预先设定，因此每套房屋的基准房价评估主要就体现为标准房基准房价评估，下面对其进行详细介绍。

1. 基准地价系数修正法评估土地价值

基准地价系数修正法是在政府确定并公布了基准地价的地区，利用有关调整系数对待评估宗地所处土地级别或地价区段的基准地价进行调整，得到待评估宗地价格的方法。基准地价系数修正法的结果准确性主要取决于基准地价的准确性和各种调整系数的科学性。

基准地价系数修正法的具体流程包括：

（1）采集基准地价表。就深圳市而言，其地价评估采用2008年基准地价标准。2008年基准地价以网格地块为单元，网格尺度200米，分土地不同用途为商业、办公、住宅、工业等土地利用类型，具体的网格分布如下图所示。

图4.20 2008年深圳市基准地价网格分布图

（2）基准地价期日修正。由于评估时点与基准地价基准日通常并不相同，因此需要对基准地价作适当调整，修正到评估时点的地价水平，其计算公式为：

评估时点地价指数 = 基准地价基准日地价指数 × 地价修正系数

（3）容积率修正。容积率修正系数根据基准地价公布提供的容积率修正系数表查取。表4.37是深圳市住宅与工业用地的容积率修正系数表。

在基准房价评估实践中，由于产权登记系统没有直接登记每个宗地的容积率，因此宗地容积率需根据产权登记系统中宗地上各用途类型建筑物的建筑面积总和与宗地占地面积计算得到；对于部分宗地上建筑面积或占地面积缺失的情况，可采用周边相似用途的宗地容积率代替。

表4.37 容积率修正系数表

住宅用地		工业用地	
容积率(R)	修正系数	容积率(R)	修正系数
R≤2.0	1.3	R≤1.2	1.2
2.0<R≤5.5	1.5-0.1R	1.2<R≤1.5	2.4-R
R>5.5	0.95	R>1.5	0.9

（4）土地使用年期修正。各类用途土地使用年期以法定最高使用年期为准，即商业按40年计，办公按50年计，工业按50年计，住宅按70年计。当产权登记的宗地使用年限与基准年限不同时，需进行年期修正。使用年期修正数值依据分用途使用年期修正系数表确定。

2. 重置成本法评估房产价值

重置成本法是以在评估时点建造与待评估房产相似的、具有相同功效的全新房产所需重置成本为基础，根据待评估房产的折旧状况进行修正，求取房产价值的方法。一般来说，重置成本主要包括房屋建安造价以及管理费用、销售费用、投资利息、销售税费等间接费用。

房屋建安造价包括建筑工程、给排水工程、强电工程、弱电工程、消防工程、通风空调工程以及燃气工程费用。表4.38是根据《2006深圳市建设工程技术经济指标》编制而成并按照2010年11月造价指数进行了调整的建安工程综合经济指标。

表4.38 建造成本取值范围表

序号	项目	住宅（层）		办公（层）		综合层（公共建筑）		教学楼	厂房
1	土建	≤6	1065（中）960-1180	≤6	1000（中）880-1120	≤6	1100（中）960-1240	1165（中）1020-1310	965（中）860-1070
		7-14	1220（中）1070-1370	7-14	1365（中）1220-1510	7-14	1200（中）1040-1360		
		15-14	1405（中）1250-1560	15-14	1500（中）1360-1640	15-14	1500（中）1320-1680		
		25-34	1705（中）1530-1880	25-34	1775（中）1590-1960	25-34	1750（中）1590-1910		
2	给排水	多层45（中）40-50；低密；高层56（中）51-61		多层30.2（中）25.5-35；高层39.2（中）34.5-44		多层27.8（中）25-30.5；高层61.8（中）57.5-66		——	10.5（中）8-13.5
3	强电	多层110；低密110；高层140		多层160,；高层200		多层160；高层200		120	150

序号	项目	住宅（层）	办公（层）	综合层（公共建筑）	教学楼	厂房
4	弱电	74	74	74	74	43
5	消防	多层21.5（中）19-24；低密21.5；高层56.5（中）50-63	多层135（中）120-150；高层155（中）135-175	——	——	——
6	燃气	25（中）20-30	—（商务公寓30）	——	——	——
7	地下室车库	按地下停车库建筑面积单价2050（中）计算，1600-2500（设备、土方另计），低密单价2500。				
		以上汇总结果（覆盖全部建筑面积）。				
8	电梯工程	130（中）120-140（≥8层）	162.5（中）140-185	162.5（中）140-185	——	60（中）45-75
9	空调工程	视情形	277.5（中）230-325	视情形	视情形	视情形
10	室外配套	低密140（中）；其他120（中）100-140	140	140	140	84（中）75-93
11	其他工程	估价人员视情形确定				
12	玻璃幕墙	一般取明框标准，按建筑面积的1/3分摊，其他视情形。				
13	室内装饰	有规定的按规定				
		住宅公共分摊50；（政策性住房全部装修185—325,中值255,其他视情形或根据项目要求）。				
		低密、办公，商业公共分摊150—200，中值175（其他视情形或根据项目要求）。				
		（以上视具体情形单独计算）——分摊单价汇总结果（分摊后，才覆盖全部面积）。				
		（1+2）*深圳市工程造价指数*全部建筑面积=项目建筑成本现值。				
		其中，电梯、空调、幕墙已修正到2006年的价格水平，最终（1项+2项）进行估价时点的指数修正。其他视情形确定的项目应考虑时点修正到2006年的价格水平。				

注：各项费用一般取中值，取其他值时须说明。

管理费用、销售费用、投资利息、销售税费和开发利润等间接费用一般按照建安成本的一定比率进行折算，具体如表4.39、表4.40所示。

表4.39　成本法费率参数指标一览表

序号	费用名称	计算基数	费率、参数
1	专业费用	建安成本	6%
2	管理费用	建安成本	3%
3	不可预见费用	建安成本	3%
4	利息	造价 地价	银行最新标准或对应估价时点的相当年期贷款利率
5	销售费用	销售收入	3%
6	利润	地价 建安成本	18%~25%;中值21.5%
7	折旧率	重置成本	按年限直线折旧，折旧率=使用年限÷经济寿命
8	开发期 估算标准	合同规定X年	按合同开发期X年；否则按下述标准确定
		2年	项目总建筑面积≤5万平方米
		3年	5万平方米<总建筑面积≤20万平方米
		4年	总建筑面积>20万平方米
		注：开发期=土地取得+前期及基础+施工+竣工验收+报批	

表4.40　利润率一览表

用途	住宅	办公	商业/酒店/别墅	工业/停车场
范围	18%~25%	20%~25%	25%~30%	12%~16%
	中值21.5%	中值22.5%	中值27.5%	中值14%
备注	计算基数为全部预付资本（地价、造价）			
	市场平稳时期，取波动范围的中位值			

3. 建筑物折旧

建筑物折旧是指由于时间推移而造成的建筑物价值损失，其数额为建筑物在评估时点时的市场价值与其重新购建价格的差额，用公式表示即为：建筑物折旧＝建筑物重新购建价格－建筑物市场价值。

一般来说，建筑物折旧可以通过建筑物的经济寿命、有效年龄或剩余经济寿命来求取。

经济寿命可根据建筑物的结构、建筑质量、用途和维修养护情况，结合市场状况、周围环境、经营收益状况等进行综合判断得出。建筑物在其寿命期间如果经过了翻修、改造等，经济寿命都有可能得到延长，但在实际评估中应不予考虑。不同建筑结构的建筑物的经济寿命如表4.41所示。

表4.41　建筑物分类经济寿命表

建筑结构	生产用房	受腐蚀的生产用房	非生产用房
钢结构	70年	50年	80年
钢筋混凝土结构	50年	35年	60年
砖混结构	40年	一等30年；二等20年	50年
砖木结构	30年	20年	40年
简易结构	10年	10年	10年

有效经过年数是从建筑物竣工之日开始到评估时点截止所经过的年数，建筑物的建设期不计入有效经过年数。

剩余经济寿命是其总经济寿命减去有效年龄之后的余值，考虑所有的建筑物在正常保养条件下，会通过不断修复保证其正常使用，故剩余经济寿命应该设定下限，如对于工业房地产来说，当剩余经济寿命小于经济寿命的20%时，应按20%计；对于其他房地产而言，当剩余经济寿命小于经济寿命的30%时，应按30%计。

第三节　商业房地产基准房价评估

商业房地产基准房价评估是整体估价模型在收益性房地产中的运用，而模型中的比价关系则具体体现为租金比例关系。本部分内容在系统阐述商业房地产基准房价评估总体技术路线的基础上，依次对商铺和商务办公两类商业房地产的基准房价评估流程进行了介绍。

一、技术路线

商业房地产基准房价评估是基于整体估价模型，首先采用市场法评估标准房和其他待评估商业房地产的租金，然后再在同一类似房地产集合内评估统一的有效毛收入乘数，最后依据直接资本化法原理，运用收益法评估出所有商业房地产的基准房价（图4.22），其一般计算公式为：

$$EGI=PGI-空置损失-租金损失+其他有效收入$$

$$V=EGI \times EGIM$$

在上式中，V为房地产价值、PGI为潜在毛收入、EGI为有效毛收入、EGIM为有效毛收入乘数。

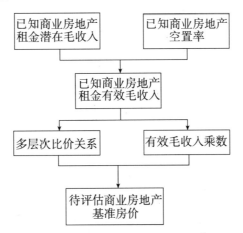

图4.22 商业房地产基准房价评估核心方法示意图

依据图4.22，商业房地产基准房价评估可以分为类似房地产集合划分、租金比例关系构建、标准房租金评估、收益乘数确认、每套房屋基准房价评估五大步骤，其技术路线具体见图4.23。

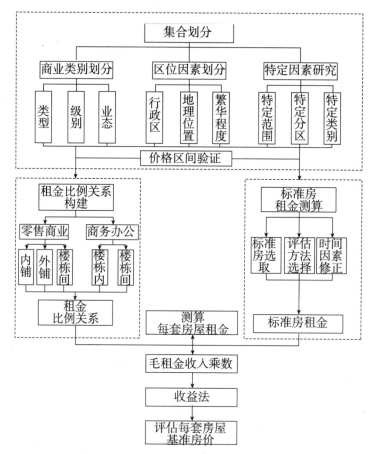

图4.23 商业房地产基准房价评估技术路线图

从总体上来看，在商业房地产基准房价评估中，整体估价模型中的比价关系体现为租金比例关系，且在评估每套房屋基准房价时还会涉及到收益乘数等，其相对于住宅房地产来说更为复杂，因此这里对模型实施的每个步骤进行更为深入的阐述。

（一）类似房地产集合划分

商业房地产集合划分是参照前述基本原则，针对具有完全产权状态下的商业房地产对象，通过类别划分、区位因素划分以及特定因素研究等步骤，并经价格区间及集合内房地产数量验证，来最终确定类似房地产集合，其划分流程具体见图4.24。

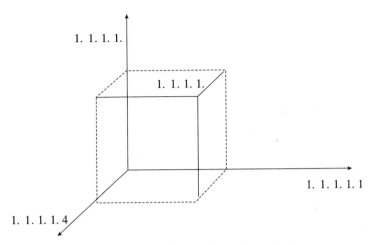

図4.24 商业房地产集合划分流程示意图

1.商业房地产类别划分

鉴于商业房地产种类纷繁复杂的特点，对商业房地产基准房价进行批量评估的前提是应尽可能地将商业房地产类别尽量细化。具体操作中，应依据类别相同、档次相当原则，保证商业房地产的最小分类单元具有一定的同质性和可参照性，进而使得类似房地产集合内的商业房地产可比、影响其价格的因素趋于一致。

表4.42　商业房地产分类表

第一层 （大类 用途）	第二层 （用途类型）	第三层 （开发形式）	第四层 （建筑类型/级别档次/经营业态）
商业	零售商业	购物中心	市级、行政区级、片区级
		百货商场	市级、行政区级、片区级
		超级市场	市级、行政区级、片区级
		商业街	市级、区级、特色商业街
		批发市场	家居、服装、电子、建材、电器、图书等
		裙楼商铺	家居、服装、电子、建材、电器、图书等
		交通设施商铺	家居、服装、电子、建材、电器、图书等
	商务办公	纯写字楼	顶级、甲级、乙级、丙级
		综合楼	顶级、甲级、乙级、丙级
		商住楼	顶级、甲级、乙级、丙级
		商务综合体	顶级、甲级、乙级、丙级

第一层 （大类 用途）	第二层 （用途类型）	第三层 （开发形式）	第四层 （建筑类型/级别档次/经营业态）
商业	酒店住宿	大型酒店	一级、二级、三级
		经济型酒店	
		招待所	
	休闲娱乐		歌舞厅、夜总会，休闲中心、会所，健身娱乐中心，茶馆、棋牌室
	餐饮服务	餐厅 （含中、西餐）	一级、二级、三级
		旅游饭店	
		快餐、咖啡厅	

2. 区位因素划分

商业房地产的区位因素划分主要是从区域因素以及商服繁华因素两大方面着手。在实际操作中，应在综合考虑地理位置因素的基础上，充分考虑商服繁华实际情况及价格影响因素，并结合现有的片区、街道等地理区位，灵活划分街区商业房地产集合，确保该区域内商业房地产的同质性、可比性，进而保证该区域是比价关系适用的最大范围。

表4.43 商业房地产区位因素划分表

影响因素	评价指标	指标详解
地理位置因素	交通便捷度	公交通达度
		地铁通达度
商服繁华因素	现状规划	规划现状是否为商业
	产业集聚度	是否形成产业集聚
	区域繁华度	大型商业分布数量
		商圈辐射分值计算

3. 特定因素研究

一般来说，很多零散分布的住宅裙楼也具有商业功能，因此也是城市商业房地产的重要组成部分，但这部分评估对象若仅从上述区位因素进行分析，显得不够全面。此外，考虑到城市商业房地产的复杂性，针对不同的类别以及不同的区域，若仅从上述区位因素进行划分也略显单薄。为此，在完成区位因素划分之后，还需在全市范围之内针对特定类别、特定范围的商业房地产开展相应的市场调查研究，在明确特殊区域整体价格水平和特殊因素情况之后再进行集合的划分。

4. 价格区间验证

通过商业类别划分、区位因素划分以及特定因素研究三个步骤，可对全市商业房地产进行类似房地产集合的初步划分。接下来，结合集合内部各评估对象价格区间分布情况，对集合是否准确进行验证。当同一集合内的评估对象价格区间类似或相近时，则说明集合划分准确；当同一集合内的评估对象价格区间相差较大，则说明集合划分欠妥，需要进行再次调整。

5. 集合内房地产合理数量验证

在实施价格区间验证后，基本可以保证集合内部各商业房地产的价格相近和性质相似。但在集合划分过程中，还需要进一步明确集合内部房地产数量，以保证一定时间段内存在满足模型运行要求的最小交易案例（销售案例或租赁案例）规模。

（二）租金比例关系构建

租赁比例关系是指在类似房地产集合内，依据市场比较法的基本原理所建立的标准房与其他房地产之间的租金关联关系，其构建过程主要包括影响因素选择、标准房选取以及租金比例关系建立三项内容。

1. 影响因素选择

从总体上来看，国内外目前尚无较为系统的针对商业房地产价值影响因素选择的研究或实践成果。本研究在总结归纳已有相关成果的基础上，创新性地构建了符合我国城市商业房地产特点的价值影响因素体系，从而为全面开展城市商业房地产基准价格评估工作奠定了良好的理论基础。

（1）理论体系创新

纵观现有的影响因素研究理论，或只突出共性研究而忽略个性分析，或只突出实体研究而忽略竞争者分析，或只突出区位研究而忽略协同分析，因此其相对于现阶段的商业房地产价值影响因素选择需求而言都显示出一定的滞后性，不能满足日益复杂的市场环境需求。本研究结合国内外相关研究现状，将影响因素研究理论加以汇总并创新，在完善现有影响因素理论体系方面进行了大胆尝试。

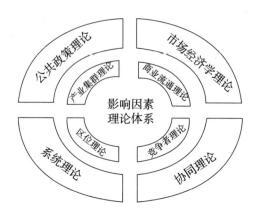

图4.25 影响因素理论体系图

（2）影响因素研究

在城市商业房地产的租金影响因素确认过程中，应综合考虑个体对象影响因素和集合内影响因素，此外针对不同类别的商业房地产，还应选用不同的因素。具体来说，城市商业房地产的租金影响因素可以从房地产实物因素、权益因素、区位因素等方面进行细化研究（表4.44）。

表4.44 商业房地产影响因素体系表

一级	二级	三级
房地产实物因素	土地实物因素	土地面积
		土地形状
		地形地势
		地基（工程地质）
		土壤
		土地开发程度
	建筑物实物因素	建筑规模
		外观
		建筑结构
		设施设备
		装饰装修
		层高和室内净高
		空间布局
		日照、采光、通风、保温、隔热、隔声、防水
		维护情况和完损状况

一级	二级	三级
房地产权益因素	房地产权利以及其行使权限	
	房地产使用管制	
	相邻关系的限制	
房地产区位因素	位置	方位
		与相关场所距离
		临街状况
		朝向
		楼层
	交通条件	附近500米是否有地铁
		附近500米是公交车线路数量
	外部配套设施	
	周围环境和景观	大气环境
		水文环境
		声觉环境
		视觉环境
		卫生环境
		人文环境

（3）影响因素体系构建

在明确不同种类商业房地产的租金影响因素之后，即可创新性地构建租金影响因素体系，其包括标准房影响因素和标准房-待评估房地产差异影响因素两部分内容。同样，不同类别的商业房地产，其影响因素体系也不尽相同。商业房地产影响因素体系示意图具体见图4.26所示。

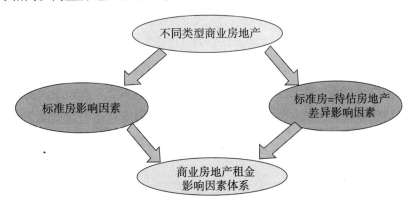

图4.26 影响因素体系

2. 标准房选取

鉴于商业房地产类别多样、情况复杂等特点，标准房选取应为最能反映集合内商业特征及最具代表性的房屋，其物理实体必须真实存在。

从总体上来看，不同类别商业房地产的标准房选取出发点基本相同，主要由以下几部分组成：

（1）楼层：对于临街商铺而言，其楼层都为一层，因此标准房楼层也相应地为一层；对于内铺而言，其标准房一般也选择一层；对于办公类房地产而言，则应当选取位于中间楼层且无附加值的办公单元作为标准房。

（2）面积：标准房一般选择该集合内各房地产的平均水平面积。

（3）形状：标准房一般选择形状规则的商铺。

（4）位置：临街商铺位置应选择单面临街，且所临街道为集合内楼栋所临的主要街道；办公类房地产的标准房也应选择相对一般的位置。

（5）面开：标准房一般选择单面开。

在明确上述共性选择因素后，再针对不同类别的商业房地产，体现出其标准房选取的差异性，其中：办公类商业房地产应更偏重于景观及朝向等因素，商业街商铺应更偏重于是否在主力路段以及面宽等因素，而裙楼商铺则要尽量体现整个集合内最多的共有属性。

3. 租金比例关系建立

在商业房地产基准房价评估中，"标准房+租金比例关系"是实施整体估价的核心。租金比例关系建立后，通过标准房租金即可评估出某一集合内所有商业房地产的租金。

（1）制定租金比例关系建立流程

针对商业房地产复杂多样、千差万别的特点，依据商业房地产基准房价工作的实际需要，并结合传统估价技术方法，通过规范租金比例关系构建流程，进行租金比例关系求取，其具体流程见图4.27所示。

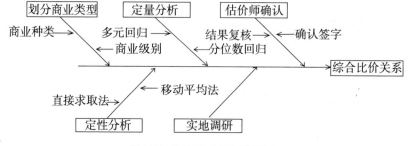

图4.27 比价关系求取流程图

依据图4.27，可将租金比例关系建立流程划分为以下五个步骤：

1）划分商业类别。商业房地产种类纷繁复杂，不同种类商业房地产的影响因子及其影响比例各不相同。因此在评估实践中，应针对不同类别的商业房地产构建不同的比价关系。

2）实施定性分析。选择某一集合如某一楼幢或街道内商铺租金数据进行对比，挑选出待评影响因素不同但其他实体因素、权益因素以及区位因素均相同的商铺，定性分析其影响因素所造成的租金差异规律，并形成初步结果。

3）实施定量分析。在上述定性分析基础之上，采用以下两种分析方法进行定量分析：多元线性回归，即根据样本数据统计分析结果，采用拟合度较好的模型进行多元线性回归分析；分位数回归，即对于交易活跃的重点评估对象，在实际评估中采用分位数回归方法确认出对租金影响较大因素，进而在此基础之上再进行多元线性回归。

4）实地调研。在调研表格中设计租金价格调查项，通过实际调研确认租金比例关系，调研内容具体见表4.45所示。

表4.45　商铺评估信息表

表A-1.商业类房地产商铺评估信息表		
参考标准房编号		
商铺价格影响因素 （注：按影响程度由高到低）	影响因素代码值	说明
1		
2		
3		
4		
5		
6		
7		
8		
……		
综合修正系数		
估价师签字确认		

5）估价师确认。通过以上四个步骤得到的租金比例关系，经由估价师现场调研确认，并结合实际情况进行调整，最后签字确认，从而确保租金比例关系真实可靠。

（2）构建租金比例关系

影响商业房地产的因素复杂多样，且实体、权益、区位等各种因素对于不同种类的商业房地产的影响程度也不均匀，因此不同类别、不同区域、不同级别的商业房地产不能使用相同的租金比例关系。

比如对于商铺而言，其内铺、街铺（外铺）差异较大，且其影响因素种类及影响范围均不相同，因此应分别构建外铺之间租金比例关系和内铺之间租金比例关系，然后再通过内、外铺标准房建立标准房之间的租金比例关系，从而使同一集合内商业房地产实现动态关联，并最终形成该集合的租金比例关系体系（图4.28）。

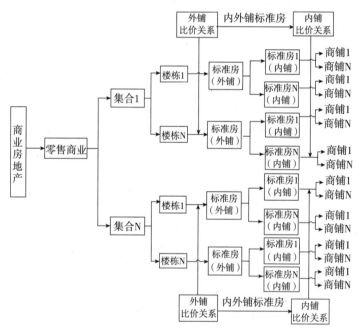

图4.28 租金比例关系体系示意图

（三）标准房租金评估

标准房租金评估主要包括三个步骤，分别是选取可比案例、对可比案例进行租金影响因素修正以及标准房租金评估，其具体流程如图4.29所示。

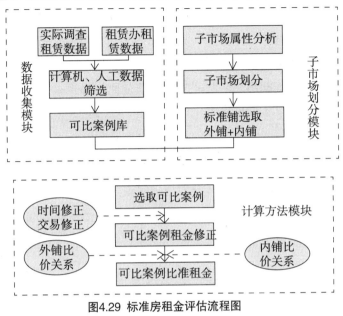

图4.29 标准房租金评估流程图

1. 选取可比案例

以实际调查得到的租赁数据和租赁管理部门监测的部分租赁数据为基础，通过正态离群值筛选和估价师手工筛选，形成商业房地产租金评估可比案例库，为标准房可比案例的选取提供参考。

从理论上来说，楼幢内标准房可比案例的选取应从所在楼幢内挑选，而集合内标准房的可比案例则可以从整个集合内搜索。但在现实实践中，由于城市各区域商业房地产的市场活跃程度有所不同，可能会出现楼幢内无可比案例或者即使有可比案例但其数目无法满足限定标准的情况，此时应扩大到整个集合来搜索可比案例。

2. 可比案例租金影响因素修正

前述已经挑选出的可比案例还要进行时间修正及交易状况修正后，才能用于评估标准房租金。

时间修正指的是由于可比案例交易时间一般与标准房租金评估时日并不相同，而这种时间差异有时会体现为租金水平的较大差异，因此需对可比案例进行时间修正，将其租金水平修正到评估时日。

交易状况修正指的是可比案例的交易状况有时不一定与标准房完全相

同，如可比案例为内部交易但标准房为公开市场交易等即是如此，此时应从交易状况着手，将可比案例交易状况修正到与标准房相同或相近的状态。

3. 标准房租金评估

在评估标准房租金时，对于所有已经修正到评估时点且交易状况相近的可比案例，首先利用之前已经建立的租金比例关系来评估出各个可比案例的比准租金水平（即每个可比案例调整到标准房状况下的租金水平），然后再进行异常数据离群处理以得到正常比准租金集合，最后再通过计算正常比准租金水平的算术平均值即可得出该楼幢标准房的租金。

这里的异常数据离群处理指的是对修正到标准房状况的各个可比案例租金水平进行统计分析，超过三倍标准差的租金数据作为离群值剔除。

标准房租金的计算公式为：

$$标准房租金 = \frac{1}{n}\sum_{i=1}^{n}\left(v_i \times \frac{100}{时间修正系数} \times \frac{100}{交易状况修正系数} \times 租金比例关系\right)$$

在上式中，n为正常可比案例个数，V_i表示第i个正常可比案例的交易租金水平。

（四）收益乘数评估

本研究采用直接资本化法来完成商业房地产基准房价评估工作，即在合理预测待评估对象未来第一年收益的基础上，将该收益乘以合适的收益乘数以求取其基准房价，本部分内容将对收益乘数的评估进行详细说明。

1. 方法介绍

收益种类不同，收益乘数评估方法亦不相同。不同种类商业房地产其空置率有较大差异，因此在商业房地产基准房价评估中，可通过采用有效毛收入乘数法来充分消除空置率所带来的损失。

有效毛收入乘数是类似房地产的价格除以其年有效毛收入所得的倍数，而按照《房地产估价规范（GB/T50291-1999）》的相关规定，收益乘数的评估具体有三种方法，分别是市场提取法、投资收益率排序插入法和复合投资收益率法。

2. 实际采用方法

在本研究中，借鉴香港地区批量评估工作的先进经验，将有效毛收入乘数定义为单位价格与单位月租金（有效毛收入）的比值。

鉴于商业房地产基准房价评估工作特点，在收入乘数确认过程中，采用分步式求取方法尽量体现每一楼栋或街道的收入乘数，但对于成交量较小的区域，则通过实际调研确认类似房地产集合内有效毛收入乘数。

具体来说，收益乘数的评估过程可以划分为两个步骤，分别是计量计算和实地调研，其中：计量计算指的是参考前述租金比例关系求取方式，针对数据量较大的类似房地产集合，采用特征价格模型和简单算术计算进行有效毛收入乘数求取；实地调研指的是估价师在计量计算基础之上，结合数据评估结果，进行现场实地调研确认有效毛收入乘数数据是否准确，而在数据量不足的地方，实地调研则是估价师确认有效收入乘数的基本工作方法。收益乘数的评估流程具体见图4.30。

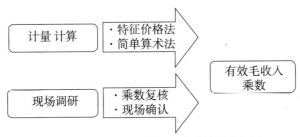

图4.30 有效毛收入乘数求取流程图

（五）商业房地产基准房价评估

通过类似房地产集合划分、租金比例关系构建、标准房租金评估等步骤可以确认出同一集合内所有待评估对象的租金，而由收益乘数则可以确认出该集合内所有待评估商业房地产的基准房价。商业房地产基准房价评估的流程为：

1. 利用标准房租金及建立的租金比例关系评估每套商业房地产的租金，其计算公式为：

商业房地产租金=标准房租金×商业房地产的租金比例关系

2. 同一集合内的房地产受相同供求关系影响，因此其收入乘数应一致。根据已评估出的每套商业房地产租金和相应集合内的有效毛收入乘数，利用收益法即可评估出每套商业房地产的基准房价，其计算公式为：

商业房地产基准房价＝商业房地产租金×所在集合的有效毛收入乘数

二、商铺基准房价评估

商铺是商业类房地产的主要表现形式，商铺基准房价评估研究对于商业房地产而言具有典型性及代表性，因此本部分内容以深圳市为例，着重阐述了商铺基准房价评估的技术思路，主要从商铺集合划分、影响因素分析、标准房选取、租金比例关系构建、租金评估及商铺基准房价评估六个方面展开。

（一）商铺的定义

商铺指位于多层或高层建筑主体的地面部分（可能包括地下1，2层及地上1，2层，或其中部分楼层）的商用铺位，包括商业街商铺、裙楼商铺和交通设施商铺等。经营业态主要包括服装店、超市、便利店、特色餐饮、银行、美容美发店、旅行社、干洗店、彩色扩印店、娱乐项目等。交通设施商铺涵盖了火车站、飞机场、地铁商铺等类型，由于地铁商铺占交通设施商铺中的绝大多数，因此后续有关交通设施商铺将重点探讨地铁商铺的评估方法。

（二）商铺集合划分

商铺集合分别依据商铺类别、区位因素及特定因素三个方面来划分，并最终通过商铺价格区间来验证划分的集合是否合理，从而确定最终的集合，同一个集合内的商铺适用一套租金比例关系体系。

1. 商铺类别划分

为保证集合内房地产的可替代性，根据集合划分中类别相同的原则，需对商铺进行类别细分。根据开发形式可将商铺大致分为商业街商铺、裙楼商铺及交通设施商铺，其中，裙楼商铺可分为住宅裙楼商铺和办公裙楼商铺。住宅裙楼商铺及办公裙楼商铺同质性较强，不再进行类别细分。而商业街商铺，由于其所处商圈级别、业态等因素不同，进一步细分为中央商业街（市级）、地区商业街（区级）和特色商业街，如表4.46所示。

表4.46　商铺分类表

大类	中类	子类
商铺	商业街商铺	中央商业街（市级）
		地区商业街（区级）
		特色商业街
	裙楼商铺	住宅裙楼商铺
		办公裙楼商铺
	交通设施商铺	地铁商铺

下面具体阐述各类商业街的内涵及特征：

（1）中央商业街（市级）

中央商业街一词是大都市商业发展到一定程度的产物，中央商业街要具备四方面特征：一是商业特别发达；二是有较高的社会知名度；三是中央商业街的功能辐射整个城市而不是仅在某一地区；最后，中央商业街应位于城市的黄金地段

（2）地区商业街（区级）

地区性商业街分布在各个居民住宅区、主干线公路边、医院、娱乐场所、机关、团体、企事业所在地的商业繁华街道。地区商业街的主要特征有两个方面：一方面，地区商业街的总体规模小，以零售业为主功能比较单一；另一方面，地区商业街是一种社区化消费场所，辐射范围不超过所在区域。

（3）特色商业街

特色商业街是在商品结构、经营方式、管理模式等方面具有一定专业特色的商业街。其分为两种类型：一种以专业店铺经营为特色（业态），以经营某一大类商品为主，商品结构和服务体现规格品种齐全、专业性的特点，如文化街、电子一条街等；另一种具有特定经营定位，经营的商品可以不是一类，但经营的商品和提供的服务可以满足特定目标消费群体的需要，如老年用品、女人用品、学生用品等。

2.商铺集合划分

在对商铺进行类别划分后，依据区位相似的原则，对处于同一片区，

或处于同一供求范围内的各类型商铺进行区位因素分析，并结合价格水平划分出大致的集合区域。

（1）商业街商铺集合划分

在行政区域划分基础上，各细类商业街商铺由于其地理区位的集聚性形成了一条条商业街，根据前文所述的区位因素对每条商业街进行打分，依据区位相似的原则，将处于同一片区内、分数趋近的商业街进行归类，形成特定类别商业街的集合。

依据集合划分中档次相当原则，不同级别商业街应分别进行划分，因此分别对中央商业街、地区商业街和特色商业街划分集合。深圳市的具体划分情况如下：

第一，中央商业街集合划分：对深圳市而言，全市范围内中央商业街数量较少，主要分布在罗湖区及福田区，其影响区域覆盖全市范围，一般每个行政区只有一条中央商业街，典型例子为罗湖东门步行街及福田华强北路。以东门步行街为例，是全市服装商业的中心，其影响区域为全市所有范围。罗湖区内仅有此一条中央商业街，因此该商业街可作为一个集合单独划分。

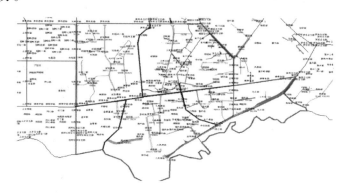

图4.31 东门步行街集合

第二，地区商业街集合划分：地区商业街较中央商业街分布较为广泛，一个行政区内有多条地区商业街。地区商业街辐射范围为其所属商圈或片区，针对不同经营业态地区商业街可以形成很多街区。通过对同一行政区内同一经营业态街区进行区位因素及价格水平分析，确定各街区的级别并进行归类，最终划分地区商业街集合。以深圳市福田区餐饮业态的地区商业街为例，依据区位因素对这些街区进行打分，划分等级，如下表所示。

表4.47　地区商业街集合划分

类别	行政区	经营业态	街区	区位	等级
地区商业街	福田区	餐饮	福田食街	深南中路福田路口	2
			皇岗食街	福田南路皇岗口岸前	2
			莲花食街	红荔西路彩田路莲花山安置区	4
			岗厦食街	福田区岗厦村	4
			彩田路食街	彩田路与福华三路	2
			振华路食街	振华路、振中路、振兴路	1
			八卦路食街	八卦岭八卦一路	2
			景田路食街	景田区	3

从上表可以看出，振华路食街区位最好，等级最高，自身形成一个集合；福田食街、皇岗食街、彩田路食街和八卦路食街均为第二等级，可划分为一个集合；景田路食街为第三等级，单独成为一个集合；莲花食街和岗厦食街均为第四等级，合为一个集合。因此，可以将福田区餐饮行业的地区商业街划分为四个集合。

第三，特色商业街集合划分：对于某些特色商业街而言，其在全市范围仅有少数几条，因此其辐射范围基本为全市范围。对于这种类型商业街，将各行政区内的相同特色商业街划为一个集合，若同一行政区内仅有一条该特色商业街，则单独划分为集合。

（2）裙楼商铺集合划分

依据类别相当的原则，分别对住宅裙楼商铺和办公裙楼商铺进行集合划分。深圳市的具体划分如下：

第一，住宅裙楼商铺集合划分。住宅裙楼商铺集合的划分包含两部分：首先，依据区位相似的原则，在行政区划分基础上，依据城市规划的功能分区，结合现有行政辖区（街道办事处和镇的行政界线等）、规划道路网及自然界线划分出了440个住宅裙楼商铺的标准分区。根据各标准分区的区位因素及价格水平对其进行分析打分，划分各标准分区所在的等级；其次，将等级相同的标准分区进行归类合并，形成住在裙楼商铺集合。通过合并，最终形成住宅裙楼商铺集合分布图，如下图所示。

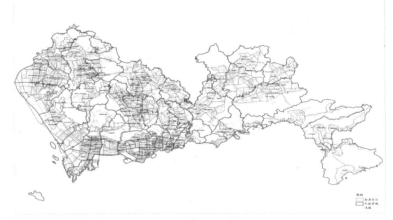

图4.32 住宅裙楼商铺集合划分

第二，办公裙楼商铺集合划分。办公房地产不同于住宅房地产，它们在城市中往往是不连续分布的，表现为多个集聚区域，因此办公裙楼商铺较住宅裙楼商铺集聚性较高，一般在城市核心区或商业繁华程度较高的区域。因此，办公裙楼商铺的集合划分是在商务办公房地产划分基础上，依据区位相似的原则开展。以福田区为例，依据商务办公房地产的集聚性可划分为十个办公裙楼商铺区域，分别对各个办公裙楼商铺区域进行打分，形成了五个档次，如图4.33所示。

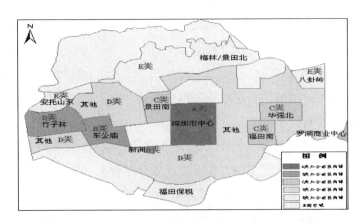

图4.33 深圳市福田区办公裙楼商铺分区图

依据档次相当的原则，对同一档次的办公裙楼商铺区域进行归类，便形成了办公裙楼商铺的集合，共划分为五类集合，结果如下：

A类集合中的商铺为城市商务办公核心区域的裙楼商铺，该区域高度集中城市经济、科技和文化力量，是城市的象征。福田中心区办公裙楼商铺属于A类集合；B类集合中的商铺为区级商务办公区域的裙楼商铺，该区域由特定的专门化功能办公建筑组成。车公庙、竹子林片区办公裙楼商铺属于B类集合；C类集合中的商铺为次一级办公区域裙楼商铺，区域内分布办公、商业等多种物业用途。华强北、景田南办公裙楼商铺为C类集合；D类集合中零散分布有少量办公建筑的裙楼商铺，为非办公区域功能规划，如新洲半办公裙楼商铺为D类集合；E类集合中的商铺区域地理位置偏僻，办公建筑多与厂房、住宅混合使用。八卦岭、梅林、景田北办公裙楼商铺属于E类集合。

（3）地铁商铺集合划分

地铁商铺不同于住宅房地产，在地理区位上的分布往往是不连续的，其主要是以依附于地铁站点的形式而存在。即使是相临的地铁站点，也可能由于商圈、规划、客流量、经营状况等因素导致其价值也存在差异，因此在划分集合时应结合地铁商铺全方位的属性特点进行综合考虑。因此，地铁商铺集合的划分分别依据类别相同原则、区位相似原则及档次相当原则从地铁商铺的分类、行政区划以及地铁商业级别几个方面进行：

第一层是按行政区划分，包括福田、罗湖、南山、盐田、龙岗以及宝安；

第二层是根据地铁商业级别划分类型。如前文所述，地铁商铺的聚集方式与一般商铺不同，因此其价值受许多因素的综合影响，该层次的划分不能仅使用一般商圈的划分方法。本研究中地铁商业级别的划分采用了综合评定的方法，主要通过实地调研的数据，结合产权登记数据和租赁办的数据，运用模糊综合评判原理，依据全市所有地铁站点所在的商圈、客流量、租金水平、营业额等多个指标进行综合评价，对每个地铁站点评定了相应的级别，并把相近的级别合并作为一类，从而获得地铁商业集合的划分结果。

下面以深圳市福田区为例阐述深圳地铁商铺集合的划分。由于商业集聚性对地铁商铺的影响较大，根据是否形成地铁商业街可将其进行细分为两类，一类是地铁商业街商铺，另一类是地铁过道商铺。分别对这两类商铺进行因素分析，确定各自的集合，其结果如表4.48所示。

表4.48　深圳市地铁商铺集合的划分——以福田区为例

集合的划分			地铁站点举例
类别	行政区	地铁商业级别	地铁站点
地铁商业街	福田区	一级	车公庙站
		二级	华强北站
		三级	华强路站
		四级	科学馆站
地铁过道商铺		一级	华新站、购物公园站
		二级	香蜜湖站、竹子林站
		三级	通新岭站、红岭站

从表中可以看出，福田区地铁商铺共划分为七类集合，其中地铁商业街有四类，地铁过道商铺有三类。其中，车公庙站为地铁商业街类型的一级集合，华强北站为二级集合，华强路站为三级集合，科学馆站为四级集合；华新站、购物公园站为地铁过道商铺一级集合，香蜜湖站、竹子林站为二级集合，通新岭站、红岭站为三级集合。

3. 价格区间验证

在前文所划分出的集合的基础上，依据价格区间一致的原则，需结合商铺市场价格区间对其进行验证，对划分的同一个集合内商铺价格区间差异较大的进行进一步细分，保证同一个集合内的商铺处于同一个价格区间。价格区间验证是集合划分的重要步骤，通过该验证可以使集合划分更合理、客观，保证集合的高度同质性及可比性。

另外，依据集合划分中数量合理的原则，集合内的商铺应保证一定的数量，确保一定时间段内满足整体估价模型运行需求的最小交易案例（销售案例或租赁案例）的规模，从而实现整体评估。

（三）影响因素分析

在商铺评估中，影响商铺的外部宏观政治、经济因素基本相同，故暂不考虑。结合基准房价评估的基础数据资源现状，根据《GB/T50291-1999房地产估价规范》，建立影响因素体系如表4.49所示。

表4.49 裙楼商铺租金影响因素一览表

序号	影响因素	标准房	住宅裙楼		办公裙楼		商业街	地铁
			外铺	内铺	外铺	内铺	外铺	外铺
1	人流量	√			√	√		
2	附近500米是否有地铁	√						
3	附近500米公交车线路数量	√						
4	附近500米是否有特殊物业	√						
5	装修情况	√						
6	楼龄	√						
7	临街数量	√	√		√		√	
8	临街类型							
9	是否主力路段	√					√	√
10	面积	√	√	√	√	√	√	
12	开面数		√		√		√	
13	面宽		√		√			
14	进深		√	√				
15	商铺形状		√	√		√	√	
16	是否主流业态		√	√			√	
17	所在楼层			√		√		
18	是否临近入口			√		√		√
19	是否临近电梯口			√		√	√	√
20	繁华程度							√

1. 内铺外铺影响因素不同

对于相同楼栋内商铺其外铺与内铺的影响因素不同，外铺对于街道的依赖性更高，尤其是临街类型及临街数量是外铺特别重要的影响因素；对于内铺而言，其是否临近出入口或者电梯口则是重要影响因素。

2. 不同类型商铺影响因素不同

不同类型商铺影响因素也不尽相同，办公裙楼商铺的人流量一般而言比住宅裙楼商铺人流量高，而商业街商铺则对于是否在主力路段及面宽影响因素比较敏感，地铁商铺人流量巨大但不是所有的人流都是有效人流。因此，不同类型商铺的影响因素不同。

（四）标准房选取

标准房应为同一楼栋中拥有最多共同属性或数目最多的典型房地产。考虑到同一楼栋临街商铺与内铺的差异性较大，因此在商铺评估中，外铺、内铺分别选取各自的标准房。商业街商铺与外铺性质相近，在评估中单独选取商业街标准房，与其他待评估商铺进行关联。为规范选取，我们对标准房的属性作了一些规定：

1. 商铺楼层。对于临街商铺而言，楼层都为一层，标准房楼层为一层。楼层对于内铺的租金水平影响较大，一般来说，一层的商铺租金水平较高，其他楼层与一楼相比租金差异明显；层数越高，租金水平越低。内铺的标准房应该选择一层商铺。

2. 商铺面积。标准房的面积一般选择该楼栋或子市场内商铺的平均水平。

3. 商铺形状。不规则的商铺一般位于边角地带，租金一般较低，租金不具有代表性。因此，标准商铺应为形状规则的商铺。

4. 商铺位置。临街商铺位置应选择单面临街，且所临街道为该楼栋或子市场内所临的主要街道。对于内铺而言，临近主出入口、电梯口，主次通道两侧以及转角地带均是特殊位置，不具有代表性。在考虑选择内铺标准房时，均选择一般位置。

5. 商铺面开。由于一栋楼内，单面开商铺所占比例最大，因此标准房为单面开商铺。

（五）租金比例关系构建

在集合内部选取标准房后，通过构建租金比例关系，评估所有待评估商铺租金。商铺租金数据的可获得性在各个集合内部有所差异，在租赁活跃的集合，租金数据充足，可针对外铺、内铺各建立一套租金比例关系体系，以保证整体的修正比例最低；对于租赁活跃的楼栋，可在楼栋内部建立租金比例关系，保证评估的精细度；对于集合内租赁不够活跃，无法支撑楼栋内构建租金比例关系，则只在集合内选择标准房，先构建外铺的租金比例关系，再基于租金数据评估和估价师经验，确定内铺与外铺的租金关联关系以及楼层等其他因素的租金调整系数，从而建立整个集合的租金关联关系。下面将分不同类型商铺重点说明租金比例关系构建过程。

1. 商业街租金比例

由于商业街商铺本身是外铺，只不过其同质性及聚类性更强，因此，在具体评估中将商业街作为特殊的外铺进行单独考虑。

（1）商业街租金比例关系构建流程

在商业街标准房选取之后，下一步是建立同一条商业街内的"标准房–其他商业房地产" 租金比例关系，用于可比案例的状况修正及通过标准房求取其他商业房地产租金。针对商业街的特点，通过单因素分析、多因素评估、估价师现场调研，最终形成综合租金比例关系以用于整体评估。

首先，对于商业街重要的影响因素如商服繁华程度、临街类型、临街数量、所在楼层、面积、装修情况等，通过对其每个因素逐个评估，构建租金比例关系框架；

其次，针对商业街复杂多样的特点，通过收集不同渠道租金及实体属性数据进行多因素评估，为估价师最终确认租金比例关系提供数据支撑；

最后，之前由单因素分析、计量计算得到的租金比例关系为估价师提供确认租金比例关系的初步资料，估价师经过现场调研最终审核并确认租金比例关系。

（2）商业街租金比例关系构建

以深圳市东门步行街为例，对于租金比例关系的求取进行详细说明。选取方海商苑商场标★号的商铺作为商业街标准房，通过选取影响因素构建综合租金比例关系体系，从而得到该条街所有商业房地产相对于标准房的租金比例关系，进而求得该条街所有商业房地产的租金。

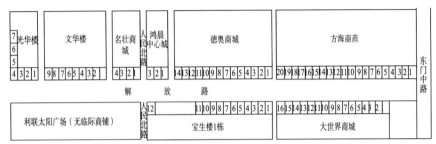

图4.34 东门步行街商铺分布表

第一，评估方法选取。特征价格法假设不同质量的商品是不同性能、特征的集合，而商品的价格与其性能特征有直接联系。利用多元回归分析方法将影响房产租金的各种属性的隐含租金从总租金中分离出来，得到各属性的单位租金，从而明确各影响因素对于总租金的影响程度。基于已选定的某一商业街内所有临街商铺作为评估对象，通过收集大量影响因素属性并赋值，满足量化需求，具备运用模型条件。经过大量数据计算与检验，我们发现对数线性形式最为符合经济学意义及现有数据特点。现以深圳市东门商业街为例，阐述通过价格特征法评估比价关系的过程。

第二，样本数据情况。东门商业街包括方海商苑、鸿展中心、名仕商场、金世界商场、宝华楼等商业楼栋，由于样本量较大，在此仅列举方海商苑的原始数据。

表4.50 东门商业街商铺数据（方海商苑）

商铺	临街数量	临街类型	进深	面宽	面积	电梯口	商场口	形状	租金
PEAK	1	0		10	54	0	0	1	525
都市丽人	1	0		7	72	0	0	1	550
特步	1	0	10	10	108	0	0	1	500
美美华仔手表	1	0	2.5	2	6	1	0	1	825
柏丽皮具	1	0		6	24	0	0	1	605
通天猫（童装）	1	0		4	20	0	0	1	
37° LOVE	1	0	6.5	7	48	0	0	1	585
美意宝	1	0	6	3	18	0	0	1	565

商铺	临街数量	临街类型	进深	面宽	面积	电梯口	商场口	形状	租金
衬衫总站	1	0	5	2	10	0	1	1	606
方海商城入口	1	0				0	0	1	
职业门	1	0	5	2	10	0	1	1	613
福路首饰	1	0	5	7	36	0	0	1	594
CHIBAO驰宝	1	0	4	6	24	0	0	1	607
JOFANI佐梵尼	1	0		7	60	0	0	1	580
东乐（鞋子）	1	0			25	0	0	1	600
EX-ONE&RIKKE JEANS	1	0	9	7	72	0	0	3	585
WWW-girl(皮具)	1	0			4	1	0	1	870
凯斯高（鞋子）	1	0	4	2	9	0	0	3	560
手表总站	1	0			5.4	0	0	3	750
柏奇皮具	2	0			22	0	0	3	700
…	…	…	…	…	…	…	…	…	…

第三，模型设置。我们采用半对数模型(其中：R表示每平米价格、β_0表示截距项、x_i表示影响因素、β_i表示影响因素的系数、ε表示残差)来检验相关因素对商铺租金的影响。其理由在于，半对数模型参数的数学意义表示当相关变量X变动一个单位，因变量价格R相应变动的百分比。具体模型为：

$$LnR = \beta_0 + \sum \beta_i X_i + \varepsilon$$

第四，变量设置。

表4.51 特征变量类型及量化

变量分类	特征变量	分类/量化方法	变量类型
因变量	租金	有效毛租金	连续变量
商铺变量	临街数量	1条/2条/3条	哑元变量
	临街类型	非主力路段取0，主力路段取1	哑元变量
	进深	实际进深值	连续变量
	面宽	实际面宽值	连续变量
	面积	实际面积大小	连续变量
	是否临近商场入口	否取0，是取1	哑元变量
	是否临近电梯口	否取0，是取1	哑元变量
	形状	规则取0，不规则取1	哑元变量

第五，分层回归分析。由于影响因素的显著性未知，我们只能凭经验首先确定一个应该显著的因素进入回归模型，然后再分步引入其他变量，通过观察调整后R^2(可决系数)的变化以及相应P值的大小来判断引入变量的质量。我们首先引入"临街数量"作为自变量，再依次引入其他变量，回归结果如下所示：

表4.52 模型汇总

模型	R	R方	调整R方	标准估计的误差	Durbin–Watson
1	0.608a	0.369	0.360	0.17793	
2	0.680b	0.462	0.446	0.16556	
3	0.812c	0.659	0.643	0.13295	
4	0.843d	0.710	0.691	0.12351	
5	0.846e	0.716	0.693	0.12324	
6	0.878f	0.771	0.749	0.11141	
7	0.908g	0.824	0.803	0.09863	
8	0.909h	0.827	0.803	0.09859	1.353

模型	R	R方	调整R方	标准估计的误差	Durbin-Watson

a. 预测变量: (常量), 临街数量。
b. 预测变量: (常量), 临街数量, 临街类型。
c. 预测变量: (常量), 临街数量, 临街类型, 进深。
d. 预测变量: (常量), 临街数量, 临街类型, 进深, 面宽。
e. 预测变量: (常量), 临街数量, 临街类型, 进深, 面宽, 面积。
f. 预测变量: (常量), 临街数量, 临街类型, 进深, 面宽, 面积, 电梯口。
g. 预测变量: (常量), 临街数量, 临街类型, 进深, 面宽, 面积, 电梯口, 商场口。
h. 预测变量: (常量), 临街数量, 临街类型, 进深, 面宽, 面积, 电梯口, 商场口, 形状。
i. 因变量: Ln租金。

从上图可以看出，第一个模型的自变量是临街数(临街数变量本是分为1,2,3三种类型，但样本中第3类数据缺失，因此在回归中只设置了一个虚拟变量)，然后依次进入自变量临街类型、进深、面宽、面积、电梯口、商场口、形状。其中，模型的调整R方随着变量的进入逐步增大，最后为0.803，表示该模型的拟合度较好。

表4.53 回归结果系数

模型		非标准化系数		标准系数	t	Sig.	共线性统计量	
		B	标准误差	试用版			容差	VIF
1	(常量)	6.401	.022		285.563	.000		
	临街数量	.514	.083	.608	6.216	.000	1.000	1.000
2	(常量)	6.382	.022		295.334	.000		
	临街数量	.485	.077	.574	6.267	.000	.988	1.012
	临街类型	.239	.071	.307	3.351	.001	.988	1.012
3	(常量)	6.507	.027		241.887	.000		
	临街数量	.388	.064	.458	6.038	.000	.926	1.080
	临街类型	.166	.058	.214	2.848	.006	.947	1.056
	进深	-.013	.002	-.470	-6.067	.000	.890	1.124
4	(常量)	6.399	.041		156.207	.000		
	临街数量	.234	.075	.277	3.113	.003	.581	1.720
	临街类型	.101	.058	.130	1.752	.085	.838	1.193
	进深	-.012	.002	-.435	-5.991	.000	.872	1.147
	面宽	.021	.006	.317	3.340	.001	.511	1.956

模型		非标准化系数		标准系数	t	Sig.	共线性统计量	
		B	标准误差	试用版			容差	VIF
5	(常量)	6.362	0.052		121.449	0.000		
	临街数量	0.216	0.077	0.256	2.816	0.007	0.556	1.798
	临街类型	0.101	0.058	0.130	1.752	0.085	0.838	1.193
	进深	−0.007	0.005	−0.250	−1.392	0.169	0.142	7.036
	面宽	0.026	0.008	0.387	3.420	0.001	0.359	2.789
	面积	−0.001	0.001	−0.194	−1.128	0.264	0.156	6.422
6	(常量)	6.344	0.048		133.366	0.000		
	临街数量	0.169	0.070	0.200	2.399	0.020	0.539	1.854
	临街类型	0.085	0.052	0.110	1.637	0.107	0.833	1.201
	进深	−0.004	0.004	−0.157	−.956	0.343	0.139	7.192
	面宽	0.021	0.007	0.312	3.003	0.004	0.346	2.888
	面积	−0.001	0.000	−0.214	−1.382	0.172	0.156	6.429
	电梯口	0.163	0.042	0.291	3.856	0.000	0.659	1.518
7	(常量)	6.324	0.042		149.147	0.000		
	临街数量	0.192	0.063	0.227	3.062	0.003	0.535	1.868
	临街类型	0.061	0.047	0.079	1.318	0.193	0.820	1.219
	进深	−0.002	0.004	−0.069	−.473	0.638	0.136	7.338
	面宽	0.016	0.006	0.245	2.619	0.011	0.336	2.976
	面积	−0.001	0.000	−0.238	−1.729	0.089	0.155	6.440
	电梯口	0.134	0.038	0.238	3.504	0.001	0.637	1.571
	商场口	0.140	0.033	0.274	4.223	0.000	0.698	1.433
8	(常量)	6.329	0.043		148.043	0.000		
	临街数量	0.189	0.063	0.224	3.025	0.004	0.535	1.870
	临街类型	0.063	0.047	0.081	1.355	0.180	0.819	1.221
	进深	−0.002	0.004	−0.056	−.379	0.706	0.135	7.398
	面宽	0.016	0.006	0.247	2.644	0.010	0.336	2.977
	面积	−0.001	0.000	−0.245	−1.782	0.080	0.155	6.458
	电梯口	0.127	0.039	0.226	3.285	0.002	0.619	1.616
	商场口	0.139	0.033	0.272	4.193	0.000	0.697	1.435
	形状	−0.030	0.030	−0.058	−1.023	0.311	0.910	1.099

a. 因变量: Ln租金

从上表可以看出，临街数量、面宽、面积、电梯口、商场口的P值分别为0.004、0.01、0.08、0.002、0.0001。均可认为通过假设检验，系数显著。此外，临街类型与形状变量的P值并不太大，而且对模型具有较为重要的意义，因此也需要保留。而进深变量P值为0.74，且与面积变量存在多重共线性，因此剔除。由此，可得出回归模型为：

Ln租金=0.189(临街数量)+0.063(临街类型)−0.001(面积)+0.016(面宽)+0.127(电梯口)+0.139(商场口)−0.03(形状)+6.329

从以上回归结果可看到，模型的D−W值为1.353，由于数据是截面数据可以忽略此问题。

通过VIF值可看出，进深与面积存在共线性，但进深变量已被剔除，因此最终模型可以被接受。

最后，从以下的残差散点图和P−P图看，可排除异方差情况。

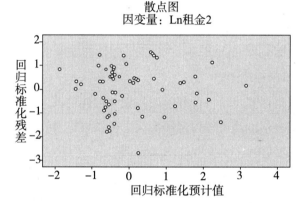

图4.35 残差散点图

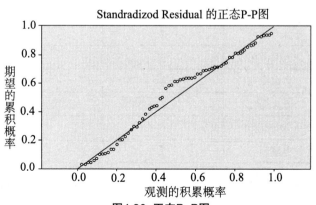

图4.36 正态P−P图

第六，建立租金比例关系。

Ln租金=0.189(临街数量)+0.063(临街类型)-0.001(面积)+0.016(面宽)+0.127(电梯口)+0.139(商场口)-0.03(形状)+6.329

根据上式，可得出深圳市东门商业街各因素租金比例关系见表4.54。

表4.54 东门商业街租金比例关系

项 目	情况1	情况2
临街数(哑元变量)	临1条街不用修正	临2条街 +21%(3条街样本缺失)
临街类型(哑元变量)	非主干道不用修正	主干道 +7%
电梯口(哑元变量)	非临近电梯口不用修正	临电梯口+14%
商场口(哑元变量)	非临近商场口不用修正	临商场口+15%
形状(哑元变量)	规则型不用修正	不规则-3%
面积(连续变量)	-0.1%(每增加1平方米)	—
面宽(连续变量)	+1.6%(每增加1米)	—

注：修正系数的计算方法为，如果为连续变量，则修正系数直接取对应的参数。如果为0-1虚拟变量(哑元变量)则按照标准式：$e^{\beta}-1$ 计算。

（3）估价师现场调研

通过单因素计算及计量计算得出的租金比例关系，为估价师现场调研提供初步数据。估价师可按照现场情况进行调整，最终确认综合租金比例关系见表4.55。

表4.55 东门步行街方海商苑段综合比价关系

街道名称	楼栋名称	商铺编码	综合比价关系
东门步行街	方海商苑	1	0.9475
	方海商苑	2	0.9850
	方海商苑	3	0.9100
	方海商苑	4	0.9925
	方海商苑	5	0.8950
	方海商苑	6	0.9200
	方海商苑	7	0.9700
	方海商苑	8	1.0075
	方海商苑	9（标准房）	1.0000

街道名称	楼栋名称	商铺编码	综合比价关系
东门步行街	方海商苑	10	1.0825
	方海商苑	11	1.1538
	方海商苑	12	0.9125
	方海商苑	13	0.9150
	方海商苑	14	0.9875
	方海商苑	15	0.8625
	方海商苑	16	0.9950
	方海商苑	17	1.0750
	方海商苑	18	0.9650
	方海商苑	19	1.0100
	方海商苑	20	1.0800

2. 裙楼商铺租金比例关系

住宅裙楼商铺和办公裙楼商铺的租金比例关系建立流程基本相同，只不过是采用的影响因素不同。下面主要以住宅裙楼商铺为例来介绍裙楼商铺租金比例关系的建立。

由于商铺租金数据量较少，因此通过搜集同一个集合内的各个楼栋的租金数据来构建集合内部临街商铺的租金比例关系，并通过调查及统计分析评估同一个集合内外铺及不同楼层商铺之间的调整系数。从而构建起整个集合内住宅裙楼商铺间的租金比例关系体系。

当某个楼栋搜集到的租金数据量充足时，为最大限度的保证租金比例关系的精确，可以在一个楼栋内部建立一套租金比例关系。以缔梦园三期裙楼为例，详细介绍临街商铺租金比例关系建立全过程。

（1）租金比例关系评估

样本数据见表4.56。

表4.56　缔梦园三期裙楼商铺（临街商铺）

铺号	临街数量	临街类型	开面数	面宽	特殊物业距离	面积	形状	租金
2	1	0	1	6	20	54	1	250
05A	1	0	1	3	20	15	1	320
06A	1	0	1	3	15	15	1	330
8	1	0	1	3	15	15	1	350
09A	1	0	1	3	10	15	1	270
10A1	1	0	2	6	10	25	1	340
11	1	1	2	6	15	25	1	350
12	1	1	1	3	15	20	1	310
13	1	1	1	3	15	20	1	270
15	1	1	1	3	15	20	1	300
16	1	1	1	6	20	50	3	300
18	2	1	1	6	20	40	3	300
18B	2	0	1	3	20	15	1	330
3	2	0	2	8	25	60	3	340
65	1	0	1	3	15	15	1	270
63	1	0	1	3	15	15	1	340
62	1	0	1	3	15	15	1	350
61	1	0	1	3	15	15	1	310
60	1	0	1	3	10	15	1	270
59	1	0	1	3	15	15	1	300
…	…	…	…	…	…	…	…	…

这里采用半对数模型来检验相关因素对商铺租金的影响，进而建立各因素调整系数如下：

Ln租金=0.183(临街数)+0.102(临街类型)−0.003(面积)−0.114(形状)+5.678

依据上式，可得出住宅裙楼临街商铺的租金比例关系见表4.57。

表4.57 住宅裙楼临街商铺单因素比价关系

项目	情况1	情况2
临街数(哑元变量)	临1条街不用修正	临2条街 +20%
临街类型(哑元变量)	非主干道不用修正	主干道 +11%
形状(哑元变量)	规则型不用修正	异型 −10.8%
面积(连续变量)	−0.3%(每增加1平方米)	—

（2）评估师确认租金比例关系

经评估得到缔梦园三期裙楼临街商铺的租金比例关系后，评估师均进行了现场调查确认，并进行相应的调整。最终确定的一层商铺的租金比例关系如图4.37所示。

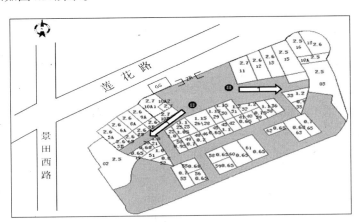

图4.37 缔梦园三期裙楼一层商铺比价关系示意图

3.地铁商铺租金比例关系

地铁商铺综合租金比例关系的建立，以地铁商铺集合的划分为依据。以深圳市福田区为例，各类商业街地铁站建立一套租金比例关系，例如车公庙的丰盛町地铁商业街，华强路站的潮流前线地铁商业街分别为一个集合建立一套租金比例关系；各类地铁过道商铺集合也分别建立一套租金比例关系，例如华新站购物公园站属于一类集合，两个地铁站点建立一套租金比例关系体系，通过"标准房+租金比例关系"的方式从而可以批量评估出该集合内所有地铁过道商铺的租金。相对而言，地铁商业街比地铁过道商铺的情况更加复杂，主要表现为地铁商业街的租金影响因素数量众多，因此下面继续以丰盛町地铁商业街为例详细阐述租金比例关系的求取。鉴于地铁商铺影响因素变量较多的特点，采用逐步回归法进行回归分析，最终回归结果得出丰盛町地铁商业街的租金比例关系：

Ln租金=4.306+0.076(面宽)+0.165(非常繁华)+0.099(比较繁华)−0.105（不繁华）+0.113（开面数）−0.127（不利因素）+0.147(非常近)+0.098(比较近)−0.096（比较远）

表4.58　丰盛町商业街租金比例关系

变量	情况1	情况2	情况3	情况4
面宽（连续变量）	+8%(每增加1米)	—	—	—
临地铁出入口（哑元变量）	远离地铁出入口修正−9%	临地铁出入口距离一般不用修正	临地铁出入口距离比较近+10%	临地铁出入口距离非常近+16%
繁华程度（哑元变量）	A1，D2区（不繁华）−10%	A2区（一般繁华）不用修正	B1,C1区域（比较繁华）+10%	B2,C2区域（非常繁华）+18%
开面数（哑元变量）	一面开不用修正	两面开修正+12%	—	—
不利因素（哑元变量）	无不利因素（如死角、临近卫生间等）不修正	有不利因素修正−15%	—	—

注：比价关系的计算方法为，如果为连续变量，则比价关系直接取对应的参数。如果为0-1虚拟变量(哑元变量)则按照标准式：$e^\beta-1$计算。

以A2区的36号商铺为标准房（图中以★表示）举例，繁华程度属于一般繁华、一面临通道、面宽3.2米、临近地铁出入口的距离程度为一般，租金的影响因素修正比例详见表4.59。最后，由估价师进行实地调研对租金比例关系进行评估复核，可以得出丰盛町地铁商业街的综合租金比例关系体系，以A2区为例，租金比例关系的建立结果详见图4.38。

表4.59　影响地铁商铺租金的各因素租金比例关系

序号	影响因素	修正系数			
1	繁华程度	不繁华	一般繁华	比较繁华	非常繁华
		−10%	0	+8%	+16%

序号	影响因素	修正系数			
2	开面数	两面开修正12%			
3	临通道面宽	每增加1米修正8%			
4	是否临近地铁出入口	比较远	一般	比较近	非常近
		–9%	0	8%	15%
5	不利因素	卫生间隔壁或者对面的商铺–12%			

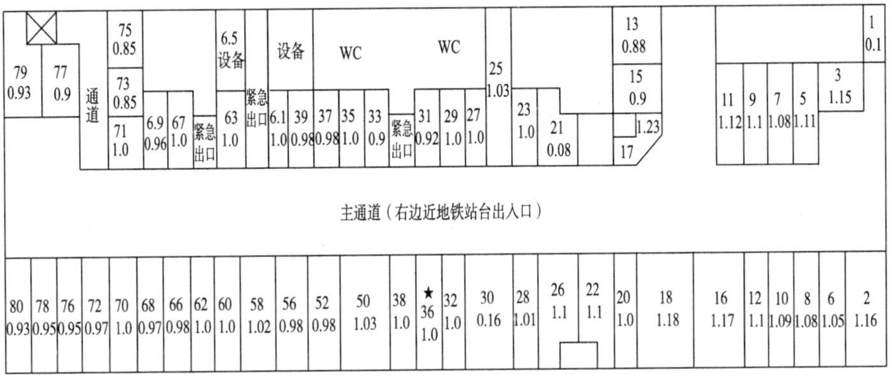

图4.38 丰盛町地铁商业街A2区的租金比例关系

注：图中★为标准房，上面数字为铺号，下面为比价关系。

（六）标准房租金价值评估

1. 离群值处理

将可比案例修正到标准房状况的租金水平进行统计分析，超过三倍标准差的租金数据作为离群值剔除。

2. 计算可比案例正常比准租金

通过求取各可比案例正常比准租金的算术平均值确定标准房的租金，具体计算公式为：

$$标准房租金 = \frac{1}{n}\sum_{i=1}^{n}\left(v_i \times \frac{100}{时间修正系数} \times \frac{100}{交易状况修正系数} \times 租金比例关系 \right)$$

在上式中，n为正常可比案例个数，Vi表示第i个正常可比案例的交易租金水平。

（七）商铺基准房价评估

依据直接资本化法原理，评估各个商铺的基准房价，其计算公式为：

$$EGI = PGI - 空置损失 - 租金损失 + 其他有效收入$$

$$V = EGI \times EGIM$$

在上式中，V为房地产价值，PGI为潜在毛收入，EGI为有效毛收入，EGIM有效毛收入乘数。

考虑到数据获取的难易程度及基准房价评估需求，可将上式简化为：

$$EGI = PGI - 空置损失$$

上式意味着不考虑租金损失及其他有效收入，仅计算空置带来的损失。之所以这么处理，是因为对于商铺基准房价批量评估而言，空置损失对价值的影响较为明显，为体现评估的公平合理性，需重点评估商铺的空置率。

下面以东门步行街商铺为例，详细阐述如何采用收益法评估商铺基准房价。

1. 空置率评估

空置率主要通过现场调研的方式进行评估，并参照统计年鉴的相关数据共同确定。就东门步行街商铺而言，在符合统计抽样基础之上，通过对其进行抽样调查，发现该街区基本无空置。

2. 有效毛收入乘数计算

（1）计算方法

在东门步行街评估中，共计有92间商铺的准确租金及价格信息，即可以通过这些准确的租金及价格信息来确定整个商业街内有效毛收入乘数的情况。首先采用特征价格法定量评估整个片区内租金与价格关系，经过数据验证，此次求取有效毛收入乘数的特征价格法采用线性形式，即

$R = b_0 + \sum b_i \cdot X_i + \varepsilon$ ，其中，以单位租金为自变量，单位价格作为因变量。

（2）计算结果

表4.60　回归系数

	未标准化系数		标准化系数		t	Sig.
	B	标准误差	试用版	标准误差		
（常数）	90790.509	2874.449			31.585	0.000
租金	278.842	2.515	0.997	0.009	110.867	0.000

东门步行街收入乘数计量计算结论为278.84，计量计算结果为估价师现场确认有效提供了数据基础。

3.有效毛收入乘数估价师现场调研

通过第一步计量计算，估价师得到初步收入乘数。鉴于东门步行街为深圳市著名步行街，是全国十大著名步行街之一，具有300年历史，从一条石板古街走进了现代化的商业文明，成为深圳市市标商业群。因此经估价师现场调研，将有效毛收入乘数适当放大到300。

4.商铺基准房价评估

应用下述公式评估各个商铺的基准房价：

$$V = EGI \times EGIM$$

其中：EGI为利用租金比例关系得到的每个商铺的租金，EGIM为评估得到的有效毛收入乘数。

三、商务办公房地产基准房价评估

根据房地产整体估价的思想，以深圳市为例，划分办公房地产的类似集合，并在集合内部建立一套基于租金的多层次的租金比例关系体系，进而通过"标准房+租金比例关系"的核心思想评估出所有办公房地产的租金，最后在合理评估有效毛收入乘数的基础上，运用收益法评估出所有办公房地产的基准房价。

（一）定义、特点及发展历程

1.定义

办公房地产是机关、企业及事业单位的人员从事行政事务、业务活动的建筑空间，后续章节所涉及的办公房地产不包括行政类办公场所。

2.特点

近年来，办公房地产已经成为商业地产开发和投资的热点之一。办公房地产属于广义的商业类房地产，具有房地产的固定性、耐久性、保值、增值性的特点，同时也是具有高度异质性的收益性房地产，其主要收益形式是通过办公单元租赁获取租金收益。通过对办公房地产的研究，可以发现办公房地产作为商业房地产的一类，其主要特征反映在以下几个方面：

（1）区位的重要性

与其他类型房地产相同，办公房地产对区位十分敏感。办公房地产由于所处区位的不同，直接导致其功能定位、服务对象、基本商业面积和人流量的不同，最终影响其商业利润产出能力；

（2）分布的集聚性

办公房地产的分布具有高度集聚性，处于同一地段同一类别的办公房地产由于物业品质、目标顾客、交易价格、租金等指标大致相同，往往造成其集聚分布；

（3）楼栋内部的规律性

办公房地产虽然属于商业房地产中的一类，但相比一般零售商业房地产的高度异质性，办公房地产楼栋内部却有章可循。与住宅房地产相似，办公房地产楼栋内部的办公单元分布具有一定的规律性，其属性特征也相对更容易采集和量化，这为进一步对办公房地产进行深入研究打下了坚实的基础；

（4）配套设施的差异性

会议中心、商务中心等属于办公房地产的配套设施。这些配套设施虽然看似微不足道，但它是办公房地产为其客户提供专业服务的保证。办公项目所拥有的配套设施在一定程度上体现了办公房地产的品质，因此配套设施的完善程度也是客户选择办公房地产时所考虑的条件之一。

3.深圳商务办公市场发展历程

深圳作为我国最早的经济特区，房地产市场经历了近30年历程。同时，不同于北京、上海和广州等一线城市，深圳作为一个新兴城市，其办公房地产市场的发展，紧跟深圳经济的快速发展而迅速成长。

深圳办公房地产市场起步于20世纪80年代，受整个经济环境的持续改善和企业实力持续增强的推动，依托良好的区位优势，罗湖区的商务氛围迅速提升，形成了以国贸为中心的核心商务圈。以国贸大厦为首的一些办公房地产成为深圳的第一代办公房地产的代表，其主要以满足功能性需求为主。

90年代初，受房地产市场销售的火爆影响，办公房地产开发迅速增长，热点也转移到蔡屋围和华强北一带。在此期间建成的办公房地产，物业品质较上一时期有了较大幅度的提升，这一时期建成的办公房地产称为第二代办公房地产。第二代办公房地产以90年代初的电子科技大厦、中银大厦为代表，其除了满足功能需求之外，内部空间开始针对客户灵活分割，智能化水平有所提升。

从2002年开始，伴随加入WTO、深港经济一体化等多项利好政策相继出台，办公房地产市场迅速升温，空置办公房地产得到了很好的消化，办公房地产项目投资以每年近50%的速度增长，这一时期建成的办公房地产以赛格广场、地王大厦为代表，称为第三代办公房地产。

以福田中心区卓越时代广场为代表的第四代办公房地产在第三代功能基础上，更强调了以客户需求为中心，提倡人性化的沟通与交流，引导楼栋智能化向国际水准看齐，强化绿色环保办公理念，提供更多舒适共享空间，以满足深圳向国际化城市发展的需要。

从2004年底地铁罗宝线的开通运营以来，办公房地产开发的热点也随着深圳城市中心的西移而向西发展，其分布开始以人民南路为起点，沿深南大道逐渐延伸。而随着另外4条地铁线路的开通，深圳市办公房地产的开发也由原来的罗湖区、福田区逐渐向南山区、龙岗区和宝安区扩展。

近年来，深圳市办公房地产市场发展势头强劲，其发展方向与整个城市的发展重心相一致，受区域规划和政策影响，深圳各区办公房地产都体现出聚集发展的特点，并逐渐形成具有一定规模性的办公商务区。

总体来言，通过对办公房地产定义、特点以及发展历程的研究，加深了对于深圳办公房地产市场的整体把握，有利于准确地对办公房地产的类别以及区位进行划分，从而更加合理地进行办公房地产类似集合的划分。

（二）类似房地产集合划分

通过对深圳市办公房地产市场的深入研究与分析可以发现，与其他商业类房地产相同，办公房地产集合划分也通过类别、区位因素进行划分，通过价格区间进行验证等步骤实现。

1.类别划分

对于办公房地产的类别划分，国内外并没有统一标准。目前，国内外相关机构对办公房地产的类别划分根据不同的目的，采用不同的分类方式和称谓。市场上常用的划分方式主要有以划分级别和档次为目的而提出的评价标准，如顶级、甲级、乙级及丙级，有按照开发形式分为纯写字楼、综合楼、商住楼和商务综合体等，还有按照建筑形式、使用方式及达标性等指标对办公房地产进行的划分方式。

由于办公房地产市场上没有统一的物业类型划分标准，在参考众多国内外办公类别划分标准的基础之上，结合深圳市办公房地产市场的实际情况与特点，从两个层次对办公房地产的类别进行划分。

（1）第一层次是按照办公房地产开发形式进行的分类

房地产开发形式的不同体现了功能用途的差异性，因此按开发形式进行划分的类别体现了集合划分中用途相同原则。市场上一般把办公房地产分为纯写字楼、综合楼、商住楼及商务综合体。

纯写字楼是办公功能占绝对优势的物业类型，底层虽然有商业，但都是为办公活动提供服务。一般地在底层只有银行、咖啡店、高级餐厅、商务中心、娱乐场所、会议室等。

综合楼则是当有两种或者两种以上的主要功能并存时，并且这些主要功能的建筑面积占总项目建筑面积的80%以上。如4楼以上作办公使用，1—3楼为购物中心。

商住楼则是一种较为特殊的类型。其使用性质为商、住两用，商住楼一般底层（或数层）为商场、商店、商务，其余为住宅的综合性办公楼栋。

商务综合体是综合楼的高级形态，又称综合性建筑或复合型建筑，是集办公、公寓、酒店、商场、会议、展览及娱乐建筑于一身的综合建筑群落；其特点是功能协同、空间紧凑、品质突出。建筑综合体因其规模宏大、功能齐全而被称为"城中之城"，在城市规划建设中扮演着非同寻常的角色，如曼哈顿的洛克菲勒中心、东京的阳光城、北京的国贸中心等都属于大型建筑综合体。

（2）第二层次是按照办公房地产的级别进行的分类

办公房地产的级别主要体现了其品质方面的差异，因此对办公级别的划分体现了集合划分中的档次相当原则。

根据《办公建筑设计规范》（JGJ-67-2006），采用国内目前使用最多的"甲"系列划分方法，把办公房地产分为四个级别，从高到低依次为顶级、甲级、乙级和丙级。

考虑到深圳市办公房地产的特点和部分指标因素方面数据的可获得性，办公房地产根据影响其级别的最主要因素把区分不同级别办公房地产的主要依据定为楼宇品质、地理位置、建筑规模、物业管理水平等。划分标准如表4.61所示。

表4.61 办公房地产级别划分标准

划分级别	办公房地产办公房地产级别划分标准
顶级	1. 建筑物的物理状况和品质均须一流，楼层层高一般在3.8米以上； 2. 建筑物外立面材质采用高档次的国际化外装修如大理石或玻璃幕墙； 3. 建筑规模在50000平方米以上； 4. 有名牌中央空调和先进的电梯系统，电梯设施对乘客进行分区； 5. 位于A类商务区，极佳的可接近性，有多种交通工具和地铁直达； 6. 物业管理费（不含空调费）在15元/平米·月以上。
甲级	1. 建筑物的物理状况优良，收益能力较好； 2. 建筑物外立面材质采用大理石、高级面砖、铝板、玻璃幕墙等； 3. 建筑规模在20000-50000平方米； 4. 有中央空调和先进的电梯系统； 5. 位于A类、B类、C类商务区的核心，周边500米至少有1个地铁站； 6. 物业管理费（不含空调费）在10元/平米·月以上。
乙级	1. 建筑物的物理状况较好，但建筑物的功能不是最先进，有自然磨损存在，收益能力低于新落成的同类建筑物； 2. 建筑物外立面材质采用面砖、花岗石等材料； 3. 建筑规模在5000平方米以上； 4. 位于副中心区或具有较好的区位，周边交通便利； 5. 物业管理费（不含空调费）在5元/平米·月以上。
丙级	1. 物业已使用的年限较长，建筑物存在较明显的物理磨损和功能陈旧，但仍能满足较低收入承租人的需求； 2. 建筑物外立面材质采用涂料等材料； 3. 建筑规模在5000平方米以下； 4. 无中央空调； 5. 位于C、D类商务区。

2. 区位因素划分

如果说类别划分集聚了建筑自身特征相似的办公房地产，那么区位因素划分则集聚了地理区位相似的办公房地产，因此体现了集合划分中区位相近的原则。具体来说，办公房地产评估集合区位因素划分分三步进行：

首先，以深圳市440个标准分区为基础确定打分区域。由于每个评估分区的情况各不相同，基于前期对全市办公房地产市场的调研及分析，由经验丰富的估价师承担本项工作，针对每个分区的具体问题进行具体分析。对同类别办公房地产差异性较大的标准分区进行进一步细分，对同类别办公房地产同质性较强的几个标准分区房地产进行合并。以福田区车公庙地区为例，在调整前，车公庙与农科中心地区为不同的标准分区，但经过对办公房地产市场的调研发现农科中心地区与车公庙地区交界的部分由于地处深圳市主干道深南大道南侧，该区域办公集聚程度较高，且办公房地产与车公庙地区同质性较强。鉴于实际情况，在评估过程中把该区域分离出来与车公庙地区合并考虑。

图4.39 车公庙地区调整前

图4.40 车公庙地区调整后

总体来说，确定办公房地产打分区域需基于标准分区，并充分考虑办公房地产市场的实际情况，对现有的标准分区进行灵活的分割或合并，以确保同区域内同类别办公房地产的同质性。全市办公房地产的打分区域按行政区分布数量如下表所示：

表4.62 各行政区办公房地产打分区域数量统计

行政区	打分区域数量（个）
罗湖区	12
福田区	30
南山区	25
宝安区	18
龙岗区	45
盐田区	6
合计	126

其次，基于办公房地产的打分区域，从地理位置和商服繁华程度两个方面选取指标对全市126个区域进行打分。根据得分将全市打分区域分为五个级别，图4.41以深圳市福田区为例展示了区域级别划分结果。

图4.41 福田区区域级别划分结果

一级区域：通常为城市的商务办公核心区域，高度集中了城市经济、科技和文化力量，是城市的主要象征。图4.41中的一级区域以原标准分区的福田中心区调整得出；

二级区域：通常为区级商务办公区域，由特定功能办公建筑组成。二级区域包含原标准分区的车公庙地区、竹子林地区等；

三级区域：次一级办公区域，区域内分布了办公、商业等多种用途的物业。标准分区的华强北等地区为三级区域；

四级区域：非办公区域功能规划，区域内零散分布了少量办公建筑，不成集聚规模；

五级区域：区域地理位置偏僻，办公建筑多与厂房、住宅混合使用。如八卦岭片区、梅林、景田北片区；

最后，以行政区为界限，同行政区内级别相同的同类别办公房地产即为同一集合。例如，福田区一级区域内的所有甲级纯写字楼为一个类似房地产集合。

3.价格区间验证

在开展办公房地产的评估前，首要任务之一就是开展全市范围内的办公房地产市场的调研。其中，开展市场价格调研对于办公房地产的评估有以下几方面的意义：一是通过对办公市场价格的调研，有利于在评估时增强对市场的整体把握；二是通过了解各分区办公房地产的价格水平，有利于在标准分区的基础上进一步进行打分区域的划分；三是对于零散分布、不成集聚规模的房地产，价格水平可作为其集合划分的重要依据。

在实际操作中，由于估价师的个人经验与主观判断的差异性导致类似房地产集合的划分结果存在一定偏差。针对此类情况，采用GIS技术通过办公房地产价格上图的方式，直观和科学地评价集合内办公房地产的相似性，从而进一步验证集合划分的合理性，保证其在价格区间方面的一致性。同时，根据数量合理原则，在集合划分时需要保证每个集合中有一定数量的房地产，以保证整体估价的实施。总而言之，通过类别、区位因素划分类似房地产集合，并采用价格区间进行验证与调整，可以有效从各个维度找出属性相同、区位相近、价格相似的房地产，为下一步建立办公房地产的租金比例关系奠定了坚实的基础。

（三）影响因素分析

与其他类别的商业房地产相比，办公房地产的租金影响因素有着自身的独特性。根据评估需要，将办公房地产的租金影响因素分为两类：标准房的租金影响因素和楼栋内部房地产的租金影响因素。

1.标准房租金影响因素

根据对办公房地产租金影响因素相关文献的研究和总结，可以发现在描述标准房的租金特征影响因素时通常将其分为三类，建筑自身特征，邻里特征和区位特征：

首先，建筑自身特征是描述房地产面积、结构、硬件配套等实体特征属性以及物业管理、业权等软特征，对于商业办公房地产和其他任何建筑物而言建筑属性是影响其价格的重要原因。刘洪玉(1996)[19]提出，一栋建筑物的建筑设计形式和物业外立面维护的水平是影响物业吸引力的两个重要物理因素。关于建筑质量(architecture quality)对办公房地产租金的影响，Hough and Karts(1983)[20]，Vandell和Lane (1989)[21]以Boston和Cambridge的102个A级办公房地产为样本，分别将均衡租金和空置率作为实证模型的因变量，看作建筑物的设计特征和非设计特征的函数，从而建立特征价格模型。研究结果证明了承租者愿意为更高建筑质量的办公房地产付出更高的租金代价。

其次，邻里特征是描述房地产周围环境属性的特征。在大量关于特征价格的文献研究中，住宅环境因素包括绿化、治安等。办公房地产与住宅房地产具有不同的功能性质，其邻里特征包括了其周围环境、酒店配套水平以及金融设施配套水平。Laverne和Geideman(2003)[22]在美国俄亥俄州Cleveland的研究表明树木和景观的价值有视觉屏障、减少噪音、休闲、提供荫凉、审美、空间界定等，因此景观因素应当被列入办公房地产的特征价格模型变量中，最终研究结果表明景观对办公房地产的租金确实有积极影响。虽然对办公房地产而言，环境配套的影响可能不如住宅显著，但随着近年来生活水准的提高，人们对居住和办公环境的要求也随之提高，良好的周边配套设施也会在一定程度上提高办公的效率和便利，因此办公房地产的评估也应当考虑邻里特征的因素。图4.42以深圳市福田区为例展示了五星级酒店对周边办公房地产的租金影响范围。

[19] 刘洪玉. 关于庐山名人别墅定价的理论思考[J]. 房地产世界. 1996, (4).

[20] Hough, D. E. and Kratz, C. G. Can good architecture meet the market test [J]. Journal of Urban Economics. 1983, 14 (1) :40-54.

[21] Vandell, K. D. and Lane, J.S. The economics of architecture and urban design : some preliminary findings [J]. Journal of the American Real Estate and Urban Economics Association. 1989 ,17 (2) :235-260.

[22] Laverne, R. J. and Geideman, K. W. The Influence of Trees and Landscaping on Rental Rates at Office Buildings[J]. Journal of Arboriculture. 2003, 29 (5):281-290.

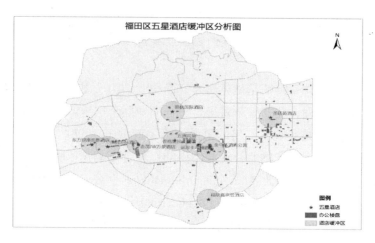

图4.42 福田区五星酒店缓冲区分析图

再者，区位特征是影响房地产价值的最重要因素。由于办公房地产具有不动产的固定性，即一旦确定了固定的区位，在目前的技术条件下难以改变，地租理论也表明在同等条件下，距离市中心越近的房地产价格越高，因此区位特征对办公房地产租金的影响程度显而易见。对于办公房地产，其特殊的使用功能决定了其对区位有特殊的要求。在大多数关于办公房地产区位特征的研究中，主要围绕着距离市中心的远近、交通的便利程度等方面进行的。Cervero(1994) [23]对华盛顿和亚特兰大的研究结论是轨道交通站点附近的办公房地产租金全面上涨，轨道交通站点的设立使周边办公房地产的租金年均上涨了3美元每平方英尺。在郑捷奋、刘洪玉(2004)[24]对深圳办公房地产进行的研究中，认为地铁建设对周边办公房地产价值的影响范围为地铁站点距离300m~600m半径的区域。500m半径区域内(平均增值幅度为11.48%；300m半径区域内增值幅度明显，平均增幅为15.40%；其中增值影响最大的是距离地铁站点100m以内的办公房地产，与距离地铁站点600m~800m的价格相比提高了20.23%。因此，办公房地产的评估采取了类似的方法对深圳市地铁站点进行了缓冲区分级，图4.43以福田区为例展示了地铁站点的缓冲区分级情况。

[23] Cervero, R. Rail-oriented Office Development in California:How successful? Transportation Quarterly. 1994, 48(1):33-44.

[24] 郑捷奋,刘洪玉. 城市轨道交通与周边房地产价值关系研究[D]. 北京:清华大学,2004.

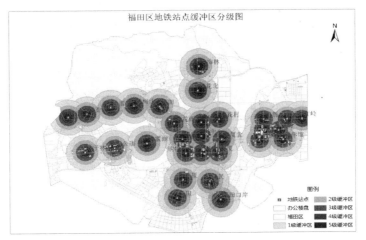

图4.43 福田区地铁站点缓冲区分级图

鉴于办公房地产标准房的租金影响因素复杂多样，不可能详尽收集所有信息加以分析。因而在评估中通过对办公房地产租金的主要影响因素进行深入研究分析，考虑到数据的可获得性与实用性，通过整合产权登记数据、建筑物普查数据、租贷数据等，再结合补充调查数据成果，选取了影响办公房地产标准房租金的主要因素（详见表4.63）。

表4.63 办公房地产标准房的影响因素选取与获取方式

因素特征分类	影响因素	说明	获取途径与方式
区位特征	交通便捷度	办公建筑可达到性	地理信息系统
	轨道交通	搭乘地铁方便度	地理信息系统
邻里特征	酒店配套	周边是否有五星级酒店分布	地理信息系统
建筑自身特征	建筑年代	楼栋竣工日期，楼龄	产权登记库/建筑物普查
	办公建筑总面积	楼栋实际办公建筑总面积	建筑物普查
	楼栋层数	楼栋总层数	产权登记库/建筑物普查
	相对车位	车位总数/总建筑面积	建筑物普查
	相对电梯	客梯总数/总楼层数	外业调研
	物业管理费	楼栋办公部分物业管理费	外业调研
	空调设施	是否有中央空调	外业调研
	外墙档次	楼栋外墙档次	外业调研

表4.64 办公房地产楼栋内部租金因素的选取与获取方式

调整因素	说明	获取途径与方式
所在楼层/区域	承租单位所在的办公楼层/高中低区	产权登记库/租赁办/外业调研
承租面积	承租单位的建筑面积大小	租赁办/外业调研
租户状况	一手业主的情况：出租/出售/自持	外业调研
行业类别	金融/投资，电子/IT，服务等	租赁办/外业调研
行业性质	外资企业/港澳台企业，国有企业,民营企业，机关事业单位，个体经营，合资企业等	租赁办/外业调研
装修情况	毛坯，简装，精装	外业调研
景观类型	无景观，海景，湖泊/河流，山景/公园景，人文景观等	外业调研
租约时间	签订租赁合同的时间	外业调研

（四）标准房选取

考虑到建立租金比例关系时，为减少楼栋内部办公单元之间的影响因素调整比例，标准房应当综合考虑调整因素如楼层、景观等，选取该楼栋内最典型的、拥有最多共性的办公单元作为标准房。

办公房地产楼栋内部单元的分布特征与住宅房地产类似，随着楼层、朝向和户型的变化呈现一定的规律性，因此在选择标准房时可以参考住宅标准房的选取方式，选取位于中间楼层且无附加值的办公单元作为标准房。

（五）租金比例关系构建

前文通过办公房地产的类别划分，并结合地理区域级别划分，加之通过价格区间验证，最终获取了办公房地产的类似集合。由于同一集合内的办公房地产在一定程度上具有可比性，因此类似房地产集合的划分是建立租金比例关系的基础。

办公房地产的租金比例关系体系包括了楼栋间的租金比例关系和楼栋内部的租金比例关系。根据整体估价的思想，通过评估标准房的租金和多层次的租金比例关系，从而完成对整个集合内所有办公房地产单元的租金评估。

1.楼栋间租金比例关系

办公房地产楼栋间租金比例关系的建立分两步进行，首先由估价人员对调研获取的属性和租金价格数据进行定性定量分析，通过特征价格法评估集合内楼栋间的租金比例关系；然后由估价师通过现场勘察评估确认该租金比例关系的准确性，从而最终确定楼栋间的租金比例关系。

办公房地产楼栋的租金影响因素即为该楼栋标准房的租金影响因素。在此首先需要对特征变量因素进行量化，变量的量化形式不是唯一的，需要建立模型对大量数据进行评估来确定最合适的变量量化方法、模型与特征变量。通过对每一个特征变量进行多种量化，并且通过样本数据对特征变量进行多次试验，所有变量的量化方法和类型汇总如表4.65所示。

表4.65 特征变量及量化方法汇总表

变量分类	特征变量	分类/量化方法	变量类型
因变量	登记租金	总租金/出租面积,按租金水平筛选	连续变量
区位特征	轨道交通	离地铁站点的距离，按照距离分级	分级量化
	交通便捷度	步行300米内有公交站台的个数	连续变量
邻里特征	酒店距离	距离最近的五星级酒店距离，取对数	连续变量
建筑自身特征	建筑年代	2012-楼栋竣工年份	连续变量
	办公建筑总面积	Ln(办公建筑总面积)	连续变量
	楼栋层数	总楼层	连续变量
	相对车位	车位总数/总建筑面积	连续变量
	相对电梯	客梯总数/总楼层数	连续变量
	物业管理费	办公楼栋管理费（排除空调费）	连续变量
	空调设施	是否有中央空调	哑元变量
	外墙档次	是否有高档外墙（玻璃幕墙/大理石等）	哑元变量

经过多次研究和评估，确定采用线性函数 $R=a_0+\sum a_i \cdot X_i+e$ 来进行建模和分析，因此方程的未标准化回归系数对应着相应办公房地产楼栋的特征租金。以福田区二级区域的甲级纯写字楼这一集合为例，采用变量逐步评估经过各回归系数具体数值及其显著性检验结果如下表所示：

表4.66　回归系数表

因素变量	非标准化系数		标准系数	t	Sig.
	B	Std.Error	Beta		
常量	49.354	1.922		25.677	0.000
轨道交通	0.618	0.142	0.023	4.358	0.000
酒店配套	1.958	0.580	0.020	3.377	0.001
物业管理费	1.689	0.088	0.160	19.115	0.000
外墙档次	1.751	0.649	0.018	2.697	0.007
建筑年代	−0.673	0.059	−0.091	−11.420	0.000
相对车位	2.806	0.814	0.017	3.445	0.001
相对电梯	10.357	1.560	0.036	6.638	0.000

从上表结果可以得出，在10%的显著性水平下，除交通便捷度、酒店距离、楼栋总层数、空调设施、建筑总面积外，其他变量全部入模型，具有统计意义。在线性模型中，未标准化的回归系数对应着办公房地产的平均特征租金，如物业管理费的特征租金为1.689元/平方米.月，表示在其他特征不变的情况下，每增加一元物业管理费，办公的租金价值将增加1.689元/平方米.月；建筑年代的特征租金为−0.673元/平方米.月，表示在其他特征不变的情况下，每增加一年的建筑年龄，办公房地产的租金价值将减少−0.673元/平方米.月，其他变量的解释情况同理。

由显著性检验结果的调整R^2为0.827来看，线性模型所能解释因变量差异的百分比约为82.7%，模型的拟合程度很好，具有良好的解释能力。除此之外，线性模型基本满足正态性假设、等方差性假设和独立性假设，具有较高的解释能力，在统计上是有意义的。因此，可以用来分析和解释办公房地产特征因素对租金的影响。

在使用特征价格法求取楼栋间租金比例关系后，需由估价师在现场对系数进行再次复核确认。以深圳市福田区二级区域的甲级纯写字楼这一集合为例，经估价师现场确认的租金比例关系如图4.44所示，在办公房地产的评估中将使用该套租金比例关系对该集合内所有办公房地产进行基准房价的批量评估。

图4.44 甲级纯写字楼楼栋间的比价关系示意图

2. 楼栋内部比价关系

由于办公房地产一般以单个楼栋或项目为经营单元，楼栋内部的租金影响因素主要有楼层、面积等因素影响，差异性较小，内在规律性更强，下面将讨论楼栋内部租金比例关系的建立。

楼栋内部租金比例关系的评估方法是首先在每一个办公房地产的集合内抽样选取一定比例的楼栋样本，然后评估每个楼栋的租金比例关系，从而求取平均系数，最后由估价师进行现场调研以确定该集合内的租金比例关系。

首先，对办公房地产楼栋内租金比例关系的评估采用的是定性分析的方式，选择楼栋内部例如每一层的单户租金数据进行对比，挑选出除待评影响因素不同外，其他主要因素如景观、装修、租约等相同的办公单元，定性分析其影响因素造成租金差异规律，形成初步定性分析的结果。下面以深圳市福田区的荣超经贸中心的楼层租金比例关系为例进行说明（表4.67）。

表4.67 楼层比价关系

楼栋名称	店铺名称	所在楼层	面积（m²）	景观	单位租金（元/平方米/月）	楼层系数
荣超经贸中心	二层203	2	112.45	公园景	185	2.7%
荣超经贸中心	三层303	3	112.37	公园景	190	
荣超经贸中心	二层211	2	151.34	无景	165	3.03%
荣超经贸中心	三层311	3	152.19	无景	170	
荣超经贸中心	二层202	2	307.02	人文景观	200	3.5%
荣超经贸中心	三层302	3	305.12	人文景观	207	

以荣超经贸中心为例，挑选面积相同、景观相同、楼层不同的办公单元确定其不同楼层同一户型办公单元的租金，然后进行分单元计算，获取单个楼层的系数，最终求取二、三层楼层系数为3.07%。采取同样的方法可以求取所有楼层的系数，从而得到荣超经贸中心的平均楼层系数为2.86%。

其次，在定性分析基础之上，采用多元线性回归进行定量分析。经过大量数据计算与检验，可以发现对数线性形式最为符合经济学意义及现有数据特点。现以荣超经贸中心为例，阐述通过特征价格法评估楼栋内部租金比例关系的过程，其模型具体为：

$$LnR=\beta_0+\sum\beta_r X_i+\varepsilon$$

在上述半对数模型设置过程中，R表示每平米价格、β_0表示截距项、x_i表示影响因素、β_i表示影响因素的系数、ε表示残差，从而可以验证相关因素对商铺租金的影响。其理由在于，半对数模型参数的数学意义表示当相关变量X变动一个单位，因变量价格R相应变动的百分比。

根据该回归模型可以获取荣超经贸中心楼栋内部租金比例关系如下式所示：

Ln租金=5.023+0.018(楼层)+0.098(景观_公园景)−0.073(景观_无景观)−0.016（租约时间）−0.043（装修_毛坯）+0.052（装修_精装）

运用上式即可得出荣超经贸中心楼栋内部的租金比例关系如表4.68所示。

表4.68　荣超经贸中心楼栋内部的比价关系

变量	情况1	情况2	情况3
楼层 (连续变量)	+1.8%(每增加1层)	—	—
景观 (哑元变量)	无特殊景观调整−7%	一般城市景观调整0%	公园景观调整10.2%
租约时间 （连续变量）	−1.6%(每增加1个月)	—	—
装修 (哑元变量)	承租时为毛坯调整−4.2%	承租时为简单装修调整0%	承租时带精装修调整+5.3%

注：系数的计算方法为，如果为连续变量，则系数直接取对应的参

数。如果为0-1虚拟变量(哑元变量)则按照标准式：$e^{\beta}-1$计算。

最后，需要将特征价格模型评估得到比价关系与实地调研的结果进行结合，由估价师进行评估从而得到该栋楼的租金比例关系，表4.69是经过估价师评估后的租金比例关系。

表4.69 荣超经贸中心的租金比价关系

序号	影响因素	系数		
1	景观	无特殊景观	一般城市景观	公园景观
		−5%	0	+8%
2	所在楼层	楼层增加1层，单位面积租金增加1.5%		
3	租约时间	租约每增加1个月，单位面积租金下降1.5%		
4	装修	毛坯	简装	精装
		−3%	0%	+5%

总而言之，租金比例关系的建立是整体估价的重要步骤之一，需要通过前期对数据进行详尽的定性、定量分析与评估，并通过专业的估价人员进行现场勘察及复核确认，以充分保证租金比例关系的科学性与严谨性。租金比例关系在集合内建立了不同办公房地产单元之间的特定联系，通过后面对标准房租金的评估可以获取集合内所有办公房地产的租金。

（六）标准房租金评估

办公房地产标准房的租金评估过程及方法与其他商业房地产相类似，也主要分为两大步骤，即选取可比案例和进行租金影响因素调整。由于前文已经详细阐述了如何开展商铺标准房的租金评估工作，因此这里不再展开。

（七）商务办公房地产基准房价评估

办公房地产的基准房价评估方法与其他商业房地产相同。使用毛收入乘数法求取办公房地产的基准房价可分两步进行：第一步是确定其有效毛收入（EGI），求取毛收入需要考虑潜在毛租金收入和空置率，鉴于前面已通过集合内的租金比例关系得出所有办公房地产的租金以作为潜在毛租金（PGI），因此求取有效毛收入时需要着重考虑如何获得其空置率；第二步是确定每类集合的动态有效毛收入乘数（EGIM）。完成以上两步之后，运用直接资本化法，将该房地产的有效毛收入乘以所属集合的有效毛收入乘数即可求取其基准房价（Ｖ）。

1. 空置率评估

办公房地产与其他商业房地产在空置率的评估方面有所不同。首先，由于在前面讨论过同一集合内的办公房地产的租金受同一供求关系影响，而空置则是由于在市场上卖方的供给大于买方的需求所产生的过剩部分，因此有理由认为同一集合内的办公房地产的空置率应趋于近似。其次，由于办公房地产相比零售商业房地产而言，在地理区位上有着更强的集聚效应，因此办公房地产楼栋内部有着更强的同质性，从该层面来说空置率的评估难度有所降低。在实际评估时，办公房地产空置率的获取以集合为单位，主要采取实地调研的方式对结果进行评估。表4.70展示了深圳市福田区纯写字楼空置率的评估结果。

表4.70　福田区各级别纯写字楼空置率统计

集合划分			空置率统计
顶级	福田区纯写字楼	一级区域	9.6%
甲级		一级区域	4%
		二级区域	4.8%
		三级区域	8.9%
乙级		一级区域	3.8%
		二级区域	6.2%
		三级区域	9.8%
		四级区域	8.5%
		五级区域	6%
丙级		三级区域	5.5%
		四级区域	7.1%
		五级区域	5.8%

2. 有效毛收入乘数计量

在有效毛收入乘数确认过程中，首先采取与空置率类似的方法进行评估，对交易案例充足的集合使用特征价格法进行评估，然后由估价师对其准确性进行现场复核；对于成交量较小的集合则通过实际调研由估价师确认其有效毛收入乘数。表4.71展示了深圳市福田区纯写字楼有效毛收入乘数的计量评估结果。

表4.71　回归系数a

模型		非标准化系数		标准系数	t	Sig.	共线性统计量	
		B	标准误差	试用版			容差	VIF
1	(常量)	2718.529	1386.242		1.993	0.028		
	有效毛租金	243.872	5.092	0.955	29.210	0.007	1.000	1.000
a.因变量: 价格								

以上回归结果通过检验，从最终结果来看，系数为253.872，调整R方为0.877，说明模型的解释性较强。从残差检验的结果看，残差符合正态分布，因此不存在异方差。

3. 有效毛收入乘数估价师现场调研

使用回归的方法评估有效毛收入乘数后，需要再次由估价师通过调研确认有效毛收入乘数的准确性，最终确定该集合的有效毛收入乘数为245。

4. 办公房地产基准房价评估

根据房地产整体估价的技术方法已经评估出所有办公房地产单元的租金，而同一集合内的房地产有效毛收入乘数相同，由此可以评估出每套办公房地产的基准房价，其计算公式为：

办公房地产的基准房价=办公房地产的有效毛收入×所属集合的有效毛收入乘数

第四节　工业及其他房地产基准房价评估

除住宅房地产和商业房地产之外，基准房价评估工作还包括工业房地产及其他房地产，其中，工业房地产成交案例较少但价值成本构成较为明确，因此采用成本法进行整体评估；其他房地产由于价格变动相对较小且变动规律较为稳定，因此采取长期趋势法进行整体评估。

一、工业房地产基准房价评估

工业房地产基准房价评估首先是进行不同类型划分,然后再综合考虑区域因素对各类成本的影响,最后采用成本法进行批量评估。

（一）工业房地产类型划分

工业房地产类型划分，主要是根据其用途、楼层高低和建筑结构特点进行不同分类，详细情况如下：

1.按登记用途划分

（1）工业厂房（标准厂房及非标准厂房）

工业厂房，顾名思义，是用于工业生产过程中的建筑物。工业厂房除了用于生产的车间，还包括其附属建筑物，如厂房宿舍，食堂，办公楼等配套房屋，都属于工业厂房的范畴，或工业厂房的一部分。

工业厂房分为标准厂房和非标准厂房。标准厂房是指在规定区域内统一规划，具有通用性、配套性、集约性等特点，主要为中小工业企业集聚发展和外来工业投资项目提供生产经营场所的发展平台。非标准厂房则是根据特定工艺要求而修建的。

工业厂房按其建筑结构型式可分为单层工业建筑和多层工业建筑。

多层工业建筑的厂房绝大多数见于轻工、电子、仪表、通信、医药等行业，此类厂房楼层一般不是很高，其照明设计与常见的科研实验楼等相似，多采用荧光灯照明方案。机械加工、冶金、纺织等行业的生产厂房一般为单层工业建筑，并且根据生产的需要，更多的是多跨度单层工业厂房，即平行布置的多跨度厂房，各跨度视需要可相同或不同。

（2）仓储用房

是指用于满足储备、中转、外贸、供应等需要的各种仓库、油库等用房。

仓库是根据人们从事物资储存活动的功能需要，按照物资对储存环境的要求而建立的储存场所。仓库具有储存、调节供需、衔接运输、流通加工和配送等功能。仓库的基本功能是储存功能，就是保证物资在储存过程中完整无损，使仓库作业达到安全迅速和经济合理。

仓库主要分为通用仓库和特种仓库两大类。通用仓库指用来储存保管没有特殊要求的物资的仓库，这类仓库是分布最广、比重最大、使用最为普遍的常规性仓库。

交通运输是仓库建设的重要条件，公路运输是大中小型仓库必不可少的对外运输方式，如果仓库的建设用地接近现有公路，可以满足初期建设的运输需要。

（3）物流用房

物流用房包括物流商业、物流办公及物流仓储。物流园区必须具备比较完备的设施，这些设施包括基础设施(用于仓储运输服务的设施)、公共设施(用于工商、税务、银行、保险等服务的设施)以及相关设施(用于办公、住宿、饮食等服务的设施)，可以全面处理储存、包装、装卸、流通加工、配送等作业方式以及不同作业方式之间的相互转换。物流用房是指物流园区的各类用房，包括仓储用房、物流市场用房及为满足以上功能而在物流园区修建的办公楼、商业、公寓等建筑物。如深圳的平湖物流园内，就包含了市场、仓储、配套办公等多种用途的建筑物。

（4）研发厂房

也称研发楼宇、研发中心、高科技厂房、科研厂房及研发办公等，本意是指从事自然科学及其相关科技领域的研究开发和实验发展（包括为研发活动服务的中间试验）的机构等研究设计、开发所用的建筑物。对应通常所指的工业厂房，研发厂房不用于具体的工业生产过程，是企业以研究开发为主要工作的场所，研发内容可以是基础研究、产品应用研究、高科技研究和社会公益性研究；就其性质而言，更接近传统意义上的办公楼。如深圳的智慧广场，即是生态工业园中的低密度科研厂房（写字楼）。

（5）工业配套用房

是指作为工业的一些配套服务的用房和设施，主要包括工业配套宿舍、食堂、配电间、锅炉房、油罐和天然气储存罐用房等。

2. 按楼层划分

（1）单层建筑物

只有一层的地上建筑物就是单层建筑物。单层建筑物通常空间比较大，层高较高，跨度较大，一般作为厂房、展厅等用途。

（2）多层建筑物

不超过24米的综合建筑叫做多层建筑。工业房地产中大部分为多层建筑物，包括厂房、仓储用房和配套办公楼等。

（3）高层建筑物

高度超过24米的公共建筑和综合性建筑划称为高层建筑（不包含单层主体建筑超过24米的体育馆、会堂、剧院等的公共建筑）。

高层建筑分为4类：第一类为9—16层（最高50米），第二类为17—25层（最高75米），第三类为26—40层（最高100米），第四类为40层以上(高于100米）。

3. 按建筑结构划分

（1）混合结构

由两种或两种以上不同材料的承重结构所共同组成的结构体系均为混合结构，最常用的是钢筋混凝土和砖木的混合，又可以说是砖混结构，虽然也用钢筋浇柱/梁,但墙体具有承重功能。如一幢房屋的梁是用钢筋混凝土制成，以砖墙为承重墙。

（2）钢筋砼结构

钢筋混凝土结构是指用配有钢筋增强的混凝土制成的结构，承重的主要构件是用钢筋混凝土建造的。包括薄壳结构、框架结构、框剪结构等，具有坚固、耐久、防火性能好、比钢结构节省钢材和成本低等优点。目前多层及高层建筑物多采用此种结构。

（3）钢结构

以钢材制作为主的结构，是主要的建筑结构类型之一。用于建造大跨度和超高、超重型的建筑物特别适宜。其工业化程度高，可进行机械化程度高的专业化生产，主要用于重型车间的承重骨架、受动力荷载作用的厂房结构。其缺点是耐火性和耐腐性较差。

（二）工业房地产基准房价评估

考虑到大部分工业房地产很少发生交易，难以找到成交案例，本研究采用成本法来批量评估工业房地产的基准房价。

工业房地产基准房价评估可以划分为四个步骤，分别是：

第一，分析待评估对象的价格构成。典型的房地产开发项目成本主要由土地取得成本、建安造价、专业费用、管理费用、财务费用、销售费用、销售税费、开发利润八个部分组成，搜集相关房地产开发建设的成本、税费、利润等资料。

第二，估算各构成部分的成本，相加得到待评估对象的重置价格。

第三，评估建筑物折旧。

第四，用重置价格减去折旧得到待评估对象的基准房价。

二、其他房地产基准房价评估

（一）总体思路

其他房地产是指除住宅、商业、工业之外的其他已登记房地产。由于这部分房地产的相关属性数据缺失较多，且成交相对非常不活跃，因此采取长期趋势法进行其基准房价的批量评估。

长期趋势法是指根据待评估对象的历史资料和数据，将其按时间顺序排列成时间序列，运用预测科学的有关理论和方法，找出其价格的变化规律，从而做出对其在评估时点的推测和判断，估算出待测对象基准房价的方法。

（二）其他房地产基准房价评估

1. 数据源的选取

根据产权登记数据的特点，对价格源数据作合理取舍：

（1）选取产权登记日期较近的房屋记录，一般选用2001年后产权登记的记录。

（2）选取房屋二级转移登记记录，由于三级转移登记基本上是阴阳合同登记价格，偏离真实交易价格，所以二级转移登记价格一般较为真实。

（3）选取房屋基础属性较为完备的登记记录，排除信息缺失较为严重的登记记录，特别是价格信息、登记时间信息缺失或明显错误的记录。

2. 价格修正

在价格修正之前，首先对选取登记记录作适当处理。如产权登记价格有三种登记价格：人民币、港币以及美元，则需要按照登记时点的港币、美元与人民币的汇率统一换算成人民币价格。此外，计价方式也需统一成单价计价，以方便后续处理。

价格修正需要区分房屋用途和所属行政区划，将原始登记价格从登记试点统一修正到评估时点，其修正公式如下：

$$修正价格=登记价格×\frac{测算时点价格指数}{登记时点价格指数}$$

3. 离群值剔除

在现实中，受人为疏忽或登记错误等影响，部分房屋登记价格可能会出现较大偏差，因此需进行离群值剔除工作。

一般来说，在同一楼宇中，处于同一楼层的房屋价格应服从正态分布的规律，据此我们采用国家标准GB/T 4883-2008（数据的统计处理和解释—正态样本离群值的判断和处理）进行离群值的判断和筛选，其检验思路包括如下两种方式：

（1）格拉布斯（Grubbs）检验法

由于前述普通住宅基准价格评估内容已经详细介绍了格拉布斯检验法，因此这里不再赘述。

（2）狄克逊（Dixon）检验法

1）计算统计量 D_n 和 D_n' 的值，其计算公式如表4.72所示。

表4.72　狄克逊（Dixon）检验法检验标准

样本量	检验高端离群值	检验低端离群值
n:3~7	$D_n=r_{10}=\dfrac{x_{(n)}-x_{(n-1)}}{x_{(n)}-x_{(1)}}$	$D_n'=r_{10}'=\dfrac{x_{(2)}-x_{(1)}}{x_{(n)}-x_{(1)}}$
n:8~10	$D_n=r_{11}=\dfrac{x_{(n)}-x_{(n-1)}}{x_{(n)}-x_{(2)}}$	$D_n'=r_{11}'=\dfrac{x_{(2)}-x_{(1)}}{x_{(n-1)}-x_{(1)}}$
n:11~13	$D_n=r_{21}=\dfrac{x_{(n)}-x_{(n-2)}}{x_{(n)}-x_{(2)}}$	$D_n'=r_{21}'=\dfrac{x_{(3)}-x_{(1)}}{x_{(n-1)}-x_{(1)}}$
n:14~30	$D_n=r_{22}=\dfrac{x_{(n)}-x_{(n-2)}}{x_{(n)}-x_{(3)}}$	$D_n'=r_{22}'=\dfrac{x_{(8)}-x_{(1)}}{x_{(n-2)}-x_{(1)}}$

2）确定检出水平a，查出临界值 D_1-a(n)。

3）当 $Dn>D_n'$ 且 $D_n>D_1$-a(n)，判定 $x(n)$ 为离群值；当 $D'n>Dn$ 且 $D'n>D_1$-a（n），判定x(1)为离群值；否则判为未发现离群值。

4. 每套房屋的基准房价评估

根据上述所评估的房地产价格指数，以及整理筛选过的房屋价格数据，评估每套房屋的基准房价，其计算公式为：

每套房屋的基准房价=房屋价格×房地产价格指数

第五节 基准房价比率分析检验

在完成上述基准房价评估工作后，还需对评估结果进行比率分析检验，只有通过相关检验的基准房价评估结果才能应用于相关实践之中。本节在概述比率分析的用途和步骤的基础上，总结了比率分析的相关统计与检验方法以及标准，进而据此对基准房价评估结果的比率分析检验进行了重点阐述。

一、比率分析用途

比率分析是用统计学指标，对一组房地产的评估值与市场价值的比率进行分析，以度量评估结果准确性和公平性的方法。

比率分析的主要用途包括：检验批量评估模型的评估水平和一致性；内部质量管理与评估优先鉴别；确定是否应用行政管理标准或法定标准；确定时间趋势；在评估价值与重新评估之间进行调整。

比率分析不仅能对评估质量情况进行评价，而且是一种提高评估质量的手段。现实工作中，比率分析可以应用在评估基础数据质量检验、评估技术标准准确性检验、评估结果公平性检验等方面：一方面可促进评估结果质量的提高，另一方面也有利于减少争议案例。

二、比率分析步骤

（一）明确开展比率分析的目的、范围

在任何比率分析中，第一步需要给出实施比率分析的原因，这是最为关键一步，即明确具体的比率分析目标、范围、内容、深度和所要求的灵活性。

对基准房价评估人员而言，要根据工作需要，确定比率分析的目的是检验评估技术标准的准确性、评估结果的公平性及一致性，还是判定是否要实施重新评估。

（二）方案设计

在设计比率分析方案时，评估人员必须提前考虑能够取得市场交易案

例的数量，以及是否有可靠的数据来源。虽然无法保证所有的交易数据及其来源都绝对准确，但为了在最大限度上提高检验结果的可靠性，一切合理的、符合成本效益的措施都可采取。

（三）房地产分组或分类

分组就是把所有物业按照比率分析的范围分成两个或更多的组别或类别。分组能够使得评估实施更为完全和详细，同时能够提高样本的代表性。具有特定评估水平的每类房地产可以组成一个组；其他房地产组别，像区域、楼龄和规模范围，也可以构成其他组别。

当比率分析的目的是评价评估质量时，分组的灵活性是非常必要的。通常的分组目标是区分评估水平太低的或者是缺乏评估一致性的区域和可能要求进行重新评估的房地产类别。在这种情况下，不能仅限于根据一种特性进行分组。

分组可以帮助区分在不同组别之间评估水平的差异性。在一个很大的辖区内，住宅房地产按照地理区域分组是合理的；而商业房地产分组不仅要考虑区域，也要考虑房地产划分的细类（如办公、零售等），这样会更为有效。

（四）市场数据收集与准备

比率分析的可靠性在一定程度上依赖于反映市场价值的销售数据的质量。审核销售数据的基本原则是最优化样本大小，与此同时，还要剔除不能有效反映市场价值的数据，一个小于5个销售样本的比率分析其可靠性是非常差的，并且毫无用处。

由于开展比率分析需要比较一组或几组房地产的评估值与市场交易值的比率情况，因此要采集用于比率分析的房地产市场交易数据或个案评估数据。市场数据不能拿来即用，因此需要筛选、编辑，同时售价还应当根据房地产的交易情况、交易时间及个别因素的变化情况等进行必要的调整。此外，对参与比率分析的同一宗房地产，如果在给定的时间范围内发生多次交易，存在多个交易价格的，一般仅使用与评估时点最接近的交易价格。

（五）数据匹配

用于比率分析的房地产物理和法定属性特征必须与销售时相同，这包括两个重要的步骤：第一，评估人员必须查明房地产特征描述是否相互匹配，如果一宗房地产在评估日期和销售日期之间被分割，分割过的任何一宗房地产都不能用于比率分析；第二，评估人员必须确定房地产权利性质是否发生变化，房地产在评估时点的用途和物理属性是否与销售时点保持一致，如果在最近一次评估中房地产物理属性发生变化，在纳入比率分析之前必须要做相应的调整，而如果房地产属性存在明显差异，则这些案例就要剔除，不能用于比率分析。

当法定限制被用于评估方法时，评估结果可能会低于市场价值，在这种情况下，比率分析就不能提供有效的质量信息。

市场销售数据可能包括某类房地产而不是比率分析所需的那一类型，而且所包括的次要类型房地产即使调整后也不具有代表性。比如一个含住宅但主要是商业的房地产，其在进行比率分析时，分子应是包括住宅和商业两部分的合计评估价值。

（六）利用有关统计指标实施比率分析

在比率分析中每宗房地产计算出评估比率之后，针对整个辖区和每个组别的房地产要进行评估水平、一致性和可靠性检验，针对样本也可以进行数据探索性分析以揭示数据的特征。

如前所述，在利用比率分析作为工具对评估结果的准确性实施检验时，检验的内容包含评估水平、评估结果一致性，其中评估水平的检验指标一般有三个，分别为比率中位数、比率平均数和加权比率平均数；而评估结果一致性检验指标则有六个，分别为极差、四分位差、离散系数、标准差、变异系数以及价格相关差（垂直公平性检验指标）。

（七）评价及应用比率分析结果

设计合理的比率分析是分析评估质量、评价评估模型和建议改善策略的强大工具，同时也能发现评估系统质量的缺点。一个意外的分析结果可能意味着需要重新构建评估模型或者是重新评价评估所用数据。不过，比率分析的使用者应该认识到这一分析工具的内在局限性，具体包括以下几个方面：

1. 比率检验不能提供关于评估质量的完美评价。缺乏足够的销售数据或某个区域、某个类型物业的样本代表超额，都可能导致结果出现扭曲。

2. 比率分析的有效性要求已销售和未销售的房地产以相同的水平、相同的方式被评估，违反了这个条件就会严重影响比率分析的有效性。

3. 比率分析结果应用范围应与其设计的预期用途相一致。

4. 比率分析数据易受统计样本误差和其他实施过程误差的影响，但是这些限制并不会使得据此作出的决策无效。

如前面比率分析应用范围所述，不同主体或工作环节开展比率分析的目的可能不同，实际工作中，比率分析的结果对数据采集人员、评估人员的作用也有所不同。一般来说，在实施比率分析后，对发现的问题应分类交由不同环节或担负不同职责的人员解决。

三、比率分析相关统计与检验

一旦数据收集、核实、整合和调整工作完成，异常值处理和比率相关统计分析工作即可启动。一般来说，比率分析相关统计与检验主要包括以下步骤：样本中每个观测值都应计算出其比率（评估价值/市场价值）；图表等可以用来描述比率的分布情况；探索性数据分析，包括异常值标识别，进行是否服从正态分布的统计假设检验；进行比率的评估水平和一致性统计指标分析；进行可靠性检验。

（一）数据显示

提供比率数据轮廓或者图形的显示在说明一般模式或趋势方面是很有用的，特别是对于非统计背景的人士，显示的具体方式根据用途而定，比率分析中经常用到的方式有数组、频数分布、直方图、平面图和地图。

图形显示经常用于以下几个方面：显示一个样本是否充分代表某个组别的房地产；显示比率分布的非正态性程度；描述评估的整体水平；描述一致性程度；描述价值偏离程度（累进性或累退性）；比较组间的评估水平或一致性程度；找出异常比率值；找出具体机会提供批量评估质量；随时间追踪质量考核。

（二）异常比率

异常比率就是样本中与其他比率值相比过低或过高的比率。用于推断总体参数的比率分析统计指标，由于样本中出现信息扭曲的异常值，而导致其有效性大打折扣。一个极端的异常值会对一些统计量产生控制性影响。当然，有些统计测量，如中位数，对异常值不敏感，因此也不要求删减异常数据；尽管离散系数（COD）受极端比率值影响，它相对于变异系数（COV）和比率均值而言，影响程度要小得多。价格相关差（PRD）和加权比率平均数对高价销售的数据非常敏感，即使这些基于高价销售的比率与其他相比并无异常之处。

异常比率可以由以下几个方面的原因造成：错误销售价格；非市场销售案例；非正常市场变化；销售与评估的房地产不匹配；某宗房地产评估出现错误；某个子类分组房地产评估出现错误；在数据处理或抄写过程中可能存在错误。

在比率分析的准备工作中，异常值应这样处理：发现异常值；审核异常值以保证数据信息有效、错误被校正；剔除异常值以提高样本数据的代表性。

（三）评估水平检验

评估水平的估计是基于集中趋势的度量。评估水平（Appraisal Level）是指对指定区域内特定类型房地产进行评估得到的全面的或典型的评估值与市场交易值的比率。我们知道，在批量评估中，评估值并不总是与体现市场价值水平的交易价格或个案的评估结果保持一致。一般来说，对某个地区全部房地产的评估总值而言，虽然可以通过一定的方法和手段保证整体评估比率为100%，但由于在整体当中，某些高估的房地产的价值会被低估的房地产价值所抵消。

比率分析对于评估水平的检验有多个指标，度量评估水平的统计指标有比率中位数、比率平均数及比率众数等。当其中的一个基于样本数据的指标计算出来，这个结果是一个点估计，对于样本来说是准确的，但这只是总体评估水平的一个统计指标。评估水平的置信区间可以检验样本统计相关指标可靠性，这些统计指标可以用作总体评估水平的预测值。值得注意的是，在没有运用置信区间和假设检验之前，不可以作出不符合评估水平标准的定论。

1. 比率中位数（Median Ratio）

在一组房地产交易数据中，可以找出处在某个位置上的数据，用该数据代表该组数据的水平。

比率中位数是一组数据经排序后处于数列中间位置上的数值，常用Me表示。中位数将全部数据等分成两个部分，每个部分包含50%的数据，一部分数据比中位数大，另一部分则比中位数小。中位数是用比率数列中间位置上的值代表数据的水平，其特点是不受极端值的影响，在研究评估结果与市场交易价值的评估水平时常用。

计算中位数时，要先对样本中n个比率进行排序，然后确定比率中位数的位置，最后确定比率中位数的具体数值。设一组比率数据$R_1, R_2, \ldots R_n$，按从小到大排序后为$R_1, R_2, \ldots R_n$，若数据个位为奇数，在中位数是$\frac{n+1}{2}$位置上的值；若数据个位数为偶数，则中位数为$\frac{n}{2}$和$\frac{n+1}{2}$两个位置上的值的算术平均值。计算公式为：

$$M_e = \begin{cases} R_{\left(\frac{n+1}{2}\right)}, & n\text{为奇数} \\ \frac{1}{2}\left\{ R_{\left(\frac{n}{2}\right)} + R_{\left(\frac{n}{2}+1\right)} \right\}, & n\text{为偶数} \end{cases}$$

2. 比率算术平均数（Arithmetic Mean Ratio）

算术平均数也称为比率均值，它是一组比率相加后除以比率数据的个数而得到的结果。算术平均数在度量评估水平中也经常用到。

设一组样本比率数据为$R_1, R_2, \ldots R_n$，样本量（样本数据的个数）为n，则样本算术平均数用$\bar{R}$表示，计算公式为：

$$\bar{R} = \frac{R_1 + R_2 + \cdots R_n}{n} = \frac{\sum_{i=1}^{n} R_i}{n}$$

3. 加权比率平均数(Weighted Mean)

加权比率平均数是一个由如下步骤计算而来的总体比率：求出样本中全部评估价值的总和；求出样本中全部销售价格的总和；用全部评估价值的总和除以销售价格总和求出加权比率平均数。

加权平均值的计算公式如下：

$$\overline{R} = \frac{\sum A}{\sum S}$$

上式中：$\sum A$ 表示样本中全部评估价值的总和；$\sum S$ 表示样本中全部销售值的总和。

加权比率平均数意味着对于样本中每个比率值，根据其销售价格赋予相应比例的权重；与此相反，比率平均数和比率中位数赋予每个销售价格的是相等权重。由于具有这样的赋权特点，加权比率平均数比较适合总体价值的集中趋势度量。

（四）一致性检验

评估结果一致性（AAPFHPraisal Uniformity）是指对每个独立的房地产而言，评估的结果应该公平、公正。评估结果一致性要求：首先，同一组（或类别）房地产应该被公平公正地评估；其次，不同组别或类别房地产，应当按照市场价值的同一个水平或比例进行评估。总而言之，评估结果一致性要求房地产在组内或组间都能被平等公正地评估。

对房地产分组（或分类）的原因在于，房地产的价值受用途、结构、建构年代、所处位置等因素影响较大，对房地产按照上述有关影响因素进行分类（或分组），组内房地产的同质性增强，可比较性也会提高。组内一致性是通过分析组内每个房地产的比率值与组整体的比率平均数之间的差别程度，以度量组内房地产评估结果的一致性；组间一致性是通过比较不同组别房地产的比率平均数（评估水平）情况进行衡量的，组间比率平均数差别大的，通常意味着组间的评估水平存在差异。

评估水平从横向和纵向两个层面衡量评估结果的不公平情况。横向不公平是指不同房地产组别由于房地产建筑物结构、位置、楼龄、面积大小，或者其他属性差异引起的评估水平差异。纵向不公平是指不同组别房地产由于技术标准对各类房地产价值定义的不同而导致的评估水平间的差异。

评估结果一致性的度量指标有：比率离散系数；极差、四分位差；比率平均绝对离差；比率标准差；比率变异系数。

1. 离散系数（Coefficient of Dispersion，COD）

离散系数（COD）是在比率分析中使用最为频繁的评估结果一致性分析指标。离散系数是在平均绝对离差的基础上进行计算的，但却以相对数的形式加以表达。因此，离散系数对于评估结果一致性的衡量不但独立于评估水平，同时通过它也可在组间进行直接的比较，也可以用于衡量组间评估结果的一致性或差异。

离散系数的详细计算过程包括：每个比率值减去比率中位数；取已算出偏差的绝对值；对偏差绝对值求和；除以比率的总数得到AAD（比例平均绝对离差）；除以比率中位数；乘以100。离散系数的计算过程用公式表示即为：

$$COD = \frac{AAD}{M_e} \times 100$$

上式中：AAD 表示平均绝对离差，即 $AAD = \frac{\sum |R_i - M_e|}{n}$；$M_e$ 表示比率中位数。

离散系数具有一个优点，就是它的解释并不依赖于比率是否满足正态分布的假设，总体来说，多于一半的比率是落在比率中位数的一个离散系数之内，离散系数不能用比率平均数来计算。

实际应用中，离散系数越小（≤15），估价结果一致性越好，数据离散程度越小。

一般来说，除了下述情况外，小于5的离散系数是非常少见的：某些被政府或开发商严格控制售价的房地产；性质极端相似的房地产，例如位于同一个小区同一栋楼内的住宅单元；以个案评估数据作为比率分析参考，由于个案评估与批量评估采用了相同的评估标准；某些为与市场销售价格的匹配而调整过的评估值。

离散系数能够较好度量评估结果与市场价值的偏离情况，它的缺陷是不能为评估结果一致性提供关于概率分布状况的统计分析。如无法使用离散系数为计算房地产在特定评估水平以上（如100）或者之间（如85到105）的评估可能性或概率。

2. 比率极差、四分位差（Range）

（1）比率极差

比率极差（R_a），是一组比率值中最大值与最小值之差，其计算公式为：

$$R_a=R_{a\,max}-R_{a\,min}$$

上式中：R_a表示比率极差；$R_{a\,max}$表示最大比率；$R_{a\,min}$表示最小比率。

极差又称全距，反映的是比率变量分布的变异范围和离散程度，在总体中任何两个比率之差都不能超过比率极差。同时，它也能体现一组比率波动的范围。

极差只指明了被测定比率数据的最大离散范围，而未能利用全部比率值的信息，不能细致地反映各比率的彼此相一致或离散的程度。极差是总体标准偏差的有偏估计值，当乘以校正系数之后，可以作为总体标准偏差的无偏估计值，它的优点是计算简单，含义直观，运用方便，故在数据统计处理中仍有着相当广泛的应用。但是，它的大小仅仅取决于两个极端值的差异，不能反映其间的各比率分布情况，同时易受极端值的影响。

（2）比率四分位差

比率四分位差（Quartile Deviation，Q_U），是一组比率数据经排序后，位于3/4位置上的比率与1/4位置上的比率之差，通常也称之为内距或四分位距（Inter-quartile Range），其计算公式为：

$$Q_D=Q_U-Q_L$$

上式中：Q_D表示四分位差；Q_U表示3/4位置上的比率；Q_L表示1/4位置上的比率。

比率四分位差反映了一组比率数据中间50%数据的离散程度。四分位差在统计上的作用类似于极差，但优于极差。四分位差越小，说明中间的数据越集中；数值越大，说明中间的数据越分散。四分位差不受离群值的影响。此外，由于比率中位数处于数列的中间位置，因此，四分位差的大小在一定程度上也说明了比率中位数对一组数据集中趋势的代表程度。

3. 比率平均绝对离差（Average Absolute Deviation，AAD）

比率平均绝对离差简称为比率平均离差，它衡量了每个比率数据和比率中位数之间的平均差异。该术语中的"绝对"表示的是绝对值：也就是说，差异的方向无关紧要，无论其是在估价水平集中趋势指标（比率中位数）之上还是之下，真正重要的是差异的程度和大小。

计算比率平均绝对离差，首先求出各比率值与比率中位数之间的差，然后对差值求绝对值，并将绝对值加总求和，最后用比率绝对值总和除以比率的个数即可，其计算公式为：

$$AAD = \frac{\sum |Ri\text{-}Me|}{n}$$

上式中：AAD表示比率平均绝对离差；R_i表示第i个房地产的比率值；M_e表示比率中位数；n 表示样本中的比率数目。

平均绝对离差的主要缺陷是它利用原始的比率值，而不是用相对数据衡量评估结果的一致性。

4. 比率标准差（Standard Deviation，SD）

在统计研究中，标准差是一个衡量离散程度的主要指标。在满足若干假设的前提下，它可以成为一个衡量评估结果一致性的强大工具。

标准差的计算步骤如下：

第一步，以此计算各比率与比率平均数的差值；

第二步，依次求出上述差值的平方；

第三步，对差值的平方求和；

第四步，用差值平方和除以比率数目减1得到比率方差（Variance）；

第五步，对比率方差开平方根得到比率标准差。

比率标准差的计算公式如下：

$$S = \sqrt{\frac{\sum \left(R_i - \overline{R} \right)^2}{n-1}}$$

上式中：S表示标准差；R_i表示第i个房地产的比率；R表示比率平均数；n表示样本中比率数据的数目。

需要注意的是，比率标准差是根据比率平均数计算得出的，而比率平均绝对离差和离散系数是根据比率中位数计算而来的；同时，在标准差的计算中，是以差值平方的形式而不是以绝对值的形式计算的。此外，在标准差的计算中，是用平方和除以n-1，而不是n，其目的是为了使计算的样本标准差成为总体标准差的一个无偏估计值，尽管上述调整在大样本中的作用可以忽略不计。

在数学上具有相同作用求取标准差的简化公式为：

$$S = \sqrt{\frac{\sum(R_i)^2 - \dfrac{\left[\sum(R_i)\right]^2}{n}}{n-1}}$$

上式中：$\Sigma(R_i)^2$ 表示比率的平方和；$[\Sigma(R_i)]^2$ 表示比率和的平方。

标准差的简化计算步骤具体如下：

第一步，求出比率的平方和；

第二步，对比率和求平方，然后除以样本数量（n）；

第三步，用第一步的结果减去第二步的结果；

第四步，用第三步结果除以（n-1），得到方差；

第五步，对第四步结果求平方根。

5. 变异系数（Coefficient of Variation，COV）

正如离散系数对于平均绝对离差所作的计算一样，变异系数（COV）将标准差用一个百分比来表达。这样的好处在于能够使得组间估价水平的比较更为简便。变异系数的计算方法是用标准差（S）除以比率平均数（$\overline{R}$），即：

$$COV = \frac{S}{\overline{R}}$$

变异系数的原理与标准差相似，但它是比率平均数的比值。

变异系数对评估结果一致性的检验能力取决于比率数据接近于正态分布的程度。如果该组比率数据属于正态分布，那么变异系数就是检验评估结果一致性的有力工具；否则，对于非正态分布的比率数据，应用较多的则是离散系数。在实际工作中，由于样本数据的正态性一般都难以达到标准，因此，一般都应用离散系数度量评估结果一致性情况。国际估价官协会（IAAO）发布的比率分析标准也是以离散系数为主要统计指标。

（五）可靠性检验

在统计意义上，可靠性涉及到置信度，可以放在基于某个样本计算出的统计量里面（例如，样本比率中位数到底有多接近总体评估比率中位数）。一个置信区间包括两个数值（上限和下限），括在一起就是一个样本的集中趋势测量区间；有一个特定的置信度用来计算上限和下限，用以反映总体集中趋势的真实测量。

现在基于计算机技术的新统计方法，如bootstrap(Efron and Tibshirani，1993)[25]，使得置信区间估计的发展可用于任何感兴趣的统计量，包括评估水平与一致性检验。

可靠性检验考虑了取样过程中固有的误差，特别是在样本足够大和比率一致性相对较好的情况下，检验效果更佳。

可靠性检验表明是否有一个理想的置信度，对于给定的评估水平却无法达到。当可靠性检验区间因为样本小或一致性差等原因变宽，这并不意味着评估人员需要忍受不满足要求的集中趋势检验。在这种情况下就要求使用另外的数据进行分析或者采取其他行动，如重新评估，如果一致性差是主要原因的话。类似的修正可能包括重新评估、数据趋势分析、重新设定或校准评估模型。

（六）垂直不公平

前面讨论的一致性检验是某个组别水平的或是随机的比率离散性，并不考虑每宗房地产的价值。另一种形式的不公平可能出现在低价值和高价值房地产之间的系统性差异，称为垂直不公平。当低价值房地产相对于高价值的房地产被高估，这种评估的结果就会被认为是累退的；当低价值的房地产相对于高价值的房地产被低估，这种评估就会被认为是累进的；最理想的情况是各种房地产的评估值都完全等于其市场价值，或都是其市场价值的某个水平，这时评估结果既不累退，也不累进。

在统计上，常用价格相关差（PRD）衡量评估结果的累退性或累进性。PRD用比率平均数除以加权比率平均数求取，其计算公式为：

$$PRD = \frac{\overline{R}}{\overline{A}/\overline{S}}$$

上式中：$\overline{R}$表示比率平均数；$\overline{A}/\overline{S}$表示加权比率平均数。

实际上，价格相关差（PRD）即是用比率样本所有房地产的总评估值

[25] Efron, B. and Tibshirani, R. An Introduction to the Bootstrap[M]. New York and London, 1993.

除以所有房地产的总售价。

　　未加权的比率平均数意味着赋予不同比率以相同的权重，而加权的比率平均数意味着根据其销售价格赋予不同的权重。通常情况下，如果PRD大于1.00，则意味该高价值的房地产价值被低估了，因为加权比率平均数小于未加权的比率平均数。另外，如果PRD值小于1.00，则意味着高价值房地产的价值被高估了，因为加权比率平均数大于未加权比率平均数。如果样本较小或者是加权比率平均数受少数极端销售价格值的严重影响，PRD就可能不是垂直不公平性检验的充分可靠指标。相对于评估价值或是销售价格的比率散点图是一个非常有用的诊断工具，数据呈现向下（上）的趋势表明存在系统性累退（累进），按照假设要求的数据代表性，高PRD值一般指高价值房地产被低估，如果数据不具有充分的代表性，极端销售价格值在计算PRD时需被剔除。同样，如果样本非常大，PRD可能会太不敏感以至于不能衡量一小部分数据中所存在的垂直不公平现象。

　　当检验证实存在垂直不公平，这类不公平应该通过重新评估或校正来消除；在某些情况下，额外的分组也可以帮助解决问题。基于每层价值计算的检验水平不应该进行垂直不公平性比较，因为边界效应在最高或最低层中的影响非常显著。

　　在批量评估技术标准的编制工作中，房地产分类或分区错误都可能导致PRD的累退性或累进性。在实际工作中，PRD只是度量评估结果一致性的一个预测性指标，而不能把它作为确切的判定累退或累进性的充分证据。另外，在样本较小的时候，由于随机误差的作用，某些PRD值可能会出现在可接受的区域之外。

　　（七）假设检验

　　无论比率分析的目的是明确与否，都需要进行一个适合的假设检验。假设本质上是问题的一个尝试性答案，例如，住宅和商业房地产是否以同等市场价值被评估？检验是一个统计工具，用于确定某个问题答案正确是否能在一个给定显著性水平下被拒绝。在这种情况下，如果检验得出结论是住宅和商业房地产并没有以同等市场价值水平被评估，就需要针对部分物业采取一些校正措施。

检验一般用来确定：每组评估水平是否未能达到标准；每两组或更多组之间是否在评估水平上存在显著性差异；高价值房地产相对于低价值房地产是否以不同的市场价值水平被评估。较为适合的检验类型及检验统计量见表4.73。

表4.73　假设检验

原假设	非参数检验	参数检验
1.比率服从正态分布	Shapiro-Wilk W test D'Agostino-Pearson K2 test Anderson-Darling A2 test Lillifores Test	N/A
2.估计水平符合法定要求	Binomial test	t-检验
3.两组房地产以同等市场价值水平被评估	Mann-Whitney test	t-检验
4.三组或更多组房地产以同等市场价值水平被评估	Kruskal-Wallis test	方差分析
5.低价值和高价值房地产以同等市场价值水平被评估	Spearman Rank test	相关分析或回归分析
6.已售和未售房地产同等对待	Mann-Whitney test	t-检验

（八）正态分布

很多统计方法假设样本数据服从一个钟形曲线，即正态（高斯）分布。如果分析样本并不服从正态分布，基于均值和标准差的质量控制与评价就会产生误解。作为分析的第一步，应该检查比率样本分布，以揭示数据分布形状，并发现一些不寻常特征。虽然比率分析样本并不完全服从正态分布，绘图技术和数值检验均可用于全面的探索性数据分析。传统选择是二项分布检验、卡方检验和Lilliefors检验，更为新颖和强大的检验统计量是Shapiro-Wilk W、D'Agostino-Pearson K以及Anderson-Darling A。

四、比率分析标准

IAAO是房地产估价官员的国际行业组织，主要从事教育培训、评估管理标准制定、房地产估价及房地产税收政策问题的研究等。在房地产评估及估价管理方面，IAAO已经制定了一系列的估价标准，出版了系列书籍。除此之外，该组织也是美国国家估价基金会的创办单位之一，国家估价基金会制定了《专业估价执业统一标准》（USPAP）。IAAO早在1980年9月就制定了批量评估比率分析标准，并于1990年、2007年重新修订，最新的标准于2010年发布。

虽然比率分析标准在美国不是强制执行标准，但各州一般都以此来指导评估人员在批量评估系统设计、统计分析、评估结果检验及相关问题研究中的应用。此外，各国采用IAAO的评估比率标准作为其评估工作开展情况检验标准的也很多，包括美国、加拿大、南非及我国香港地区等。

具体到本研究而言，由于基准房价是房地产的市场公允价值，因此基准房价评估结果的比率分析检验也可以选用IAAO所提出的标准。IAAO比率分析标准包括估价水平和估价一致性两个方面，分别对应于基准房价评估结果检验的评估水平和评估一致性两个方面。

（一）估价水平

在分析估价水平时，比率分析是在总体基础上用统计学方法来检验估价结果与市场价值的接近程度。如果理论上要求估价的水平是1.00，那么就认为估价水平在0.9—1.1之间对于任何类别的房地产都是可以接受的；而且每个类别的房地产与这个辖区的总体估价水平差异必须在5%之内。这两个标准必须同时满足。对于计算出来的指标而言，集中趋势只是一种指示器，并不是估价水平满足估价目标的证明。置信区间和统计检验用来决定是否可以得出一个特殊的实例中估价水平是不同于既定目标的结论。另外，当一致性检验表明比率之间存在明显的差异，估价水平检验的意义就显得没有那么重要。

1. 估价水平标准

遵循IAAO每年再评估建议、《不动产批量评估准则》及USPAP准则的区域应该使用保持总体比率水平为100%（或基本接近）的批量评估模型，由于地方评估人员可能会被强迫追随地方当局或公共政策规定的再评估周期，可能会扩大到超过一年。在扩大的评估周期中通货膨胀或通货紧缩的影响都会改变整体的比率水平。比率分析标准的目的就是允许合理偏离100%市场价值，识别出难以控制的样本误差和限制条件，它们可能影响到一个评估区域中可接受的和符合成本效果的评估准确度。

表4.74 可接受总体评估质量*的比率分析检验统一标准

房地产类别—总体	房地产类别–详细	离散系数范围**（COD）
单家庭住宅房地产(包括住宅社区)	较新或同质性强地区	5—10
单家庭住宅房地产	较旧或同质性差地区	5—15
其他住宅	农村地区或季节性度假屋，休闲住房或预制住房，2—4单元家庭住房	5—20
收益性房地产	大区域具有大样本代表性	5—15
收益性房地产	较小区域具有小样本代表性	5—20
空地		5—25
其他房地产及动产		根据本地情况确定

注：此处提供的指导性房地产（动产）分类或许不能完全代表每个辖区的要求。

*表示：表中每种类型的房地产（动产）估价水平必须在0.90—1.10之间，地方规定更为严格标准的除外。每种类型房地产（动产）的价格相关差必须在0.98–1.03之间，以保证纵向公平。价格相关差标准并不是绝对的，当样本很小或者价格存在巨大差异时可能就没有意义，在这种情况下，纵向公平的统计检验应该用表6—1中假设检验来代替。

**表示： COD低于5可能表明有非代表性的样本或者选择性的利用销售数据进行重新评估。

2. 与实施标准相结合的置信区间

置信区间和类似统计检验的目的，是确定可否合理推断估价水平与特定实例的执行标准存在显著差异。得出一个不符合的结论需要一个很高的置信度，因此需要使用90%双尾或者95%双尾置信水平，除非是小的或者差异大的样本。可以分别计算比率平均数、比率中位数和加权比率平均数的95%双尾置信区间估计。

（二）估价一致性

假设存在足够的有代表性的样本，如果估价结果一致性不被接受，则需要对模型进行校正或者重新评估。离散系数（COD）是一个点评估，尤其是在小样本中，不能把它当作估价一致性的唯一证据，认识到这一点很重要。经过验证的统计学测验可以提供证据，如bootstrap置信区间。在非常均质的组别中，会出现较低离散系数（COD），在所有其他情况下，少于5%的离散系数（COD）是可疑的，很可能表明没有代表性的样本或者选择性的利用销售数据进行重新评估。

1. 组间的一致性

虽然比率检验目标是为了使整体估价水平100%地满足合法要求，而保证估价水平在组间的一致性也是重要的。各个组别（等级、楼龄、市场区域、用途等）的估价水平应在辖区整体评估价格水平的5%以内。例如，如果辖区整体估价水平为1.00，而住宅房地产的评估水平是0.93，商业房地产的评估水平是1.06，那么，这个辖区的估价水平不能满足需求。这种检验只被应用于每个组的估价水平符合性检验。由此可以推断出，对于集中趋势所选择的检验指标，假如95%的双尾置信区间对于该辖区的每一个组别来说，其估价水平偏离整体估价水平的5%以内，这个标准就是满足的。利用上面的例子，假如住宅房地产评估水平置信区间的上限为0.97，商业房地产评估水平置信区间的下限为1.01，那么这两个组别估价水平是处在可接受范围内的。

2. 住宅房地产的一致性

在较老城区或者异质性较强地区，住宅的离散系数（COD）值在5—15之间，而较新的或者同质性强的住宅，离散系数值在5—10之间。

3. 收益性房地产的一致性

离散系数（COD）应该处于5—20之间，在较大的、城市市场区域，离散系数（COD）为5—15。

4. 其他房地产的一致性

对于特殊用途的房地产，目标离散系数（COD）值应该体现财产的性质，包括市场环境以及可获得的可靠的市场指标。

5. 垂直公平

价格相关差（PRD）应该在0.98—1.03之间。区间不趋于1.00是源于在算数平均（在PRD计算中的分子）计算时存在固有的向上偏差，但这种偏差并不同样的影响加权均值（在PRD计算中的分母）。当样本比较小，具有较高的离散度或者包含的房地产具有极端值，价格相关差也许就不能为评估是累进或累退提供精确的指示。同样，对于特殊用途房地产或个人财产也应如此考虑。

6. 可替代的一致性标准

上述标准对于独一无二的、萧条或者快速变化的市场而言可能并不适合。在这种情况下，评估管理者应该能够制定自己的标准，这种标准要借鉴其他地区市场过去的表现或结果，最好根据过去五年甚至更长时间的比率研究结果进行分析制定。

第五章 基准房价应用方法

基准房价应用是基准房价体系构建的终端工程，其体现了基准房价成果的最终应用价值。本篇以基准房价评估成果为基础，从我国城市经济社会发展实践出发，深入探索了基准房价成果应用的思路、范围及方向。

第一节 总体思路

基准房价成果应用的总体思路可以概括为"四个模块、十一大功能"，其中，"四个模块"指的是基准房价成果的四个应用领域，分别是行业管理、税制改革、价格公示和定价参考，而"十一大功能"则指的是基准房价成果在各个应用领域的具体应用方向，具体如图5.1所示。

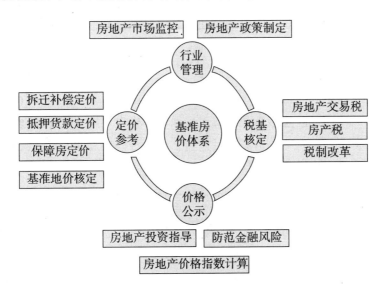

图5.1 基准房价成果应用思路图

第二节　行业管理应用

基准房价成果在行业管理方面的应用指的是政府部门利用基准房价成果，可以有效改善或优化房地产行业管理水平，其应用方向主要包括房地产市场监控和房地产政策制定两个方面。

一、房地产市场监控

基准房价的评估以真实房地产交易数据为基础，并应用比率分析方法对评估结果进行检验，因此其评估结果较为准确，能够反映房地产市场真实价格水平。此外，基准房价成果既能够通过"一房一价"来察觉微观的房屋价格变化情况，同时又为从宏观上反映片区、行政区乃至全市的房价水平提供了重要的数据基础。因此，政府部门可以利用基准房价成果来及时了解房地产市场价格变化情况并掌握市场行情，从而实现对房地产市场的持续、有效监控。

一方面，在时间维度上，通过对基准房价成果进行时间序列分析，政府部门能够清楚地了解过去一段时间内各个区域尺度上的房地产市场价格变化情况，掌握价格变化幅度，发现价格异常变化，并在此基础上预测其未来走势，及时调整房地产监控方向。

另一方面，在空间维度上，利用GIS空间分析功能如叠加分析、缓冲区分析等，政府部门能够直观地发现房地产价格出现异常变化的地区，并将其作为重点监控对象，进而通过缩短基准房价评估周期的方式来监控异常地区的价格变化情况。

二、房地产调控政策制定

政府部门在制定房地产调控政策时，其最主要的参考依据就是房地产价格。以往受房地产交易样本稀少和时间滞后的限制，通常无法准确分析引起市场价格异常变动的因素及其未来趋势，因此政府部门在制定调控政策时也往往处于"盲调"的尴尬境地，而基准房价成果的应用则为解决此问题提供了重要的支撑依据。

调控政策的制定往往遵循的是"发现问题、解决问题"的方式，这种方式最大的问题就是具有明显的滞后性，一是发现问题滞后于出现问题，二是调控政策的现实效果也需要一定时间。基准房价成果的应用可以在一定程度上避免传统政策调控的这种滞后性问题。基准房价在反映房地产市场价格水平上具有准确性、及时性等特点，政府部门通过开展定期或不定期的基准房价评估，能够有效监控房地产市场价格变化情况，并在此基础上，通过时间序列分析和空间分析等手段找到引起房价异常变化的因素及其影响范围、影响程度和影响趋势，进而决定调控政策出台与否、政策出台时间以及政策具体内容等。

具体来说，城市房地产市场价格变动一定是由其覆盖范围内的每一个微观个体（即房屋）价格变化的共同作用所导致的，而基准房价成果能够准确反映这种价格联动变化机制，即在房地产市场出现价格异常变化时，能够精确定位到引起异常变化的每一套房屋，进而研究和分析这种异常变化是随机引起的还是必然的发展趋势，从而为是否制定房地产调控政策提供判断依据。同时，在分析掌握引起异常变化的价格因素之后，政府部门在制定调控政策时，还能够有的放矢地制定调控内容和调控力度，以及时遏制房地产市场异常波动。

第三节　税基核定应用

基准房价成果在税基核定方面的应用指的是政府部门利用基准房价成果，可以有效改善或优化房地产税收征管水平，其应用方向主要包括房地产交易计税价格核定、房产税税基核定以及房地产税制改革三个方面。

一、房地产交易计税价格核定

长期以来，在我国各个城市的房地产交易环节征税工作中，普遍存在着以"阴阳合同"来规避税收的不良现象，其不仅造成了相关税收大量流失，同时也扰乱了正常的房地产市场秩序进而削弱房地产市场调控或管理政策的实施效果，而究其原因则主要在于相关行业管理部门未能及时掌握每套房屋的真实市场价格，缺乏税基参考标准。

基准房价成果为解决此问题提供了坚实的基础。由于基准房价是每套房屋的市场公允价值，因此政府部门通过基准房价成果，将能够及时掌握每套房屋的真实市场价格，进而通过将基准房价与其成交价格进行对比，就能发现交易过程中是否存在低报漏税现象。

基准房价成果在房地产交易计税价格核定方面的具体应用方式有两种：一是以基准房价成果为基础，制定一个合理的波动区间，如果成交价在此区间范围内，则以成交价作为计税价格标准，否则以基准房价作为计税价格标准；二是无论成交价格高低，直接将基准房价或其修正值作为交易计税价格标准。在现实实践中，政府部门可以根据实际情况选择上述其中一种方式，或两种方式交叉使用，以趋利避害，最大程度地维护各方主体的合法权益。

最后，基准房价成果是以实际交易数据为基础，通过科学、合理的评估模型得到的，具有很强的科学性和可解释性。因此，将基准房价成果作为房地产交易计税价格核定标准，便于制定价格解释依据，进而有效避免相关纠纷。

二、房产税税基核定

目前在我国，不论是政府主管部门还是业界学者，已在房产税推行的必要性上基本达成共识，而房产税实施的核心内容之一便是房产税税基核定工作。

基准房价成果是贯穿于整个房地产价格体系中最基本的、最核心的价格，它不受房地产异常交易价格影响，不随房地产市场异常波动而变化，且不以房地产是否被交易为前提。正是由于基准房价具有这些特点，才使其能够在房产税税基核定方面发挥重要作用。

一方面，在房产税正式施行之前，政府部门需要对税基核定标准进行详细地论证，而税基核定最直接的参考依据就是房地产市场价格，但受市场成交量的制约，基于市场交易价格的论证工作往往困难重重。基准房价成果由于覆盖到了每套房屋，且具有准确性和实时性等特点，因此奠定了其作为房产税税基标准论证基础的科学性。

另一方面，还可以直接将基准房价成果或其修正值作为房产税税基核定标准。基准房价成果是通过科学的评估模型计算得到的，其反映了房地产最基本的市场公允价值，因此符合作为房产税税基核定标准的基本要求，同时也具有很强的可解释性。

三、房地产税制改革

目前，我国与房地产有关的税收种类繁多，但征收标准不统一、计税依据不科学，因此常常受到社会质疑。

基准房价成果由于其具有基础性和科学性等特点，政府部门可以基准房价为基础来核定各种税费的征税标准，如房地产交易计税价格核定标准、房产税税基核定标准及其他与房地产相关税收的税基核定标准，以有效改变当前相关税收的税基核定不统一的现状，为未来房地产税制改革奠定数据基础。

第四节　价格公示应用

基准房价成果在价格公示方面的应用指的是政府部门、行业机构、金融机构及社会公众等利用基准房价成果，可各取所需，及时查询其所需要的价格信息，满足投资置业、风险防范等实践需求，其应用方向主要包括房地产投资置业指导、房地产价格指数计算以及防范金融风险三个方面。

一、房地产投资置业指导

房地产投资者在进行投资置业时，由于缺乏真实的房地产价格信息而增大了风险。基准房价成果不以房地产是否被交易为前提，能够反映出房地产真实的市场价格，且能覆盖到所有房屋，因此将基准房价公示于众，可以让社会公众及时了解房地产市场真实行情并预测房地产价格走势，进而指导其合理地进行房地产投资置业并规避风险。

具体来说，房地产投资置业者可从时间和空间两个维度上利用基准房价成果来分析市场运行情况，其中：在时间维度方面，由于基准房价成果可以定期地进行评估和发布，因此具有良好的时间连续性，能够及时反映房地产价格历史变化情况及变化幅度，而投资者据此也可以对其所关注的房地产进行连续跟踪，再结合房地产属性特点、周边环境或当前调控政策，预测房价未来走势，辅助其进行房地产投资置业活动；在空间维度方面，房地产投资置业者可以基准房价成果为基础，结合房价走势及各种统计指标，定位投资区域，寻找具有投资价值的房地产，从而降低投资风险。

二、房地产价格指数计算

目前，我国房地产价格指数计算的统计域和统计体系均不是十分完整，且其统计方法和管理体系也不尽科学，而基准房价成果的应用可为解决上述问题提供重要的技术支持。

由于基准房价成果覆盖到了每套房屋，因此能够极大地丰富统计样本数量。在计算房价指数时，可以将统计范围内的所有房屋作为统计样本，这有效避免了以往所存在的统计样本匮乏、统计指数受个别异常价格值影响较大而失真现象的发生。政府部门及行业机构可以利用该方法统计所关注城市或地区的价格指数，且可以对各种房地产类型在各种区域尺度上的价格指数进行计算，进而了解当前市场变化情况及其发展变化轨迹。

综上所述，基准房价成果无论是在样本数量、样本准确性方面，还是在统计方法和管理体系方面，均为提高房地产价格指数计算的科学性和准确性提供了便利条件。

三、房地产金融风险防范

金融机构等之所以不能很好地防范房地产金融风险，其中最主要的原因就是不能够及时、大量地获取有效的房地产价格信息，因而做出错误的判断。基准房价成果的应用可从以下两个方面解决此类问题，从而起到防范金融风险的目的。

一方面，基准房价成果的应用，可以进一步完善现有房地产价格信息公示机制。基准房价成果可定期进行评估、更新及发布，而这种连续的、定期的房地产信息发布机制，无疑将有利于金融机构等对过去及未来市场行情作出合理判断，进而防范房地产金融风险。

另一方面，基准房价成果的应用，可以进一步丰富房地产价格信息公示内容。以基准房价成果为基础，政府可以公示的房地产信息涵盖三部分内容：一是覆盖所有房屋的基准房价；二是以基准房价为基础进行统计分析而得出的各种房地产价格指数，其可以从时间维度上说明房价历史走势并预测未来发展趋势；三是结合了GIS技术的各种房地产价格专题图，其可以从空间维度上展示房地产市场运行情况。房地产价格信息越丰富、越真实，金融机构等房地产市场的掌握程度也就越高，而防范金融风险的能力也相应越强。

第五节　定价参考应用

基准房价成果在定价参考方面的应用指的是基准房价成果作为一种基础性价格，可为房地产相关价格制定或核定提供重要的参考依据，其应用方向主要包括拆迁补偿价格制定、银行抵押贷款价格制定、保障性住房价格制定以及基准地价核定四个方面。

一、拆迁补偿价格制定

随着我国城市化进程的不断推进，旧城改造、城中村问题的解决经常会遇到关于房屋拆迁补偿的纠纷，有时甚至还造成不良社会后果。从总体上来看，这类纠纷大多是由于争议双方在拆迁补偿价格方面无法达成共识而引起的。更进一步来看，这种争议的实质是缺乏统一、公平、公正的拆迁补偿价格参考依据。

基准房价成果的应用为解决上述问题提供了重要的技术支撑。根据《国有土地上房屋征收与补偿条例》中的规定，对被征收房屋价值的补偿，不得低于房屋征收决定公告之日房地产的市场价值。而基准房价正是房地产市场公允价值的体现，反映了其一般的市场价格水平，并可以根据需要及时评估得到。因此，基准房价可为拆迁补偿价格制定提供基础性的参考依据。

二、银行抵押贷款价格制定

传统的银行抵押贷款价格制定往往基于个案评估，这既大大影响了银行的工作效率，同时又会出现由于估价机构或估价方法不同导致评估价格不同而引起的经济纠纷。基准房价成果的应用可以有效解决此类问题，其具体体现在如下几个方面：

首先，基准房价可以作为判断抵押估价值是否准确的参考标准。基准房价反映了房地产市场的一般价格水平，是房地产的市场公允价值，且具有较强的说服力和可解释性，因此抵押估价值应该在以基准房价为中心的一定的波动范围内，如果超出太多则可认为该房地产估价值严重偏离了其市场价值。

其次，银行可以基准房价或其修正值作为统一的抵押贷款价格制定标准，这将能有效避免由于估价方法不同而导致的评估价格差异。

再次，以基准房价成果为基础，银行可以对抵押贷款价格进行快速的、批量的计算，从而在充分保障抵押双方合法权益的基础上，达成有效提高工作效率和降低业务成本的目标。

三、保障性住房买卖及租赁价格制定

保障性住房买卖及租赁价格标准的制定，涉及到众多百姓的切身利益。然而长期以来，政府部门缺乏统一的保障房价格定价标准，进而在一定程度上削弱了保障性住房应有的作用。

从总体上来看，基准房价成果的应用可从以下几个方面来有效改善保障性住房买卖及租赁价格制定工作：

首先，基准房价成果为论证保障性住房价格提供了充足的统计样本和科学的统计方法，为制定科学的价格标准提供了必要的数据及技术支撑。

其次，基准房价成果具备完备的理论体系和科学的评估方法，因此政府部门以基准房价成果为基础制定保障性住房价格标准，可以对该标准的制定方法向公众进行科学、合理地解释，从而能够有效避免相关纠纷事件的发生。

再次，政府部门通过定期评估基准房价变化情况，可以实现对房地产市场的有效监控，再通过时间序列分析、GIS空间分析等手段，可以从不同角度了解房地产市场运行情况，进而及时发现问题，并对保障性住房价格进行相应的调整，以充分保障此类住房买卖或租赁双方的合法权益。

最后，基准房价成果同时具有价格评估和信息发布功能，其技术规范、架构体系及功能组织等均为未来的保障性住房定价系统构建提供了可供借鉴的实例。

四、基准地价核定

城市基准地价是城市房地产价格体系中的重要组成部分之一，其在城市房地产市场发展中占据重要地位，因此合理核定基准地价并进行定期更新十分重要。

目前我国城市基准地价的评估方法主要包括两种，即基于土地成交案例的市场比较法和基于房地产交易案例的成本剥离法。而从实践效果来看，上述两种方法均因交易样本的数量不足而使基准地价评估结果不太精确，因而削弱了其应用成效，同时也受到一些质疑。

从本质上来看，基准地价应以土地的正常市场价格为基础，即应从房地产的正常市场价格中剥离出土地价值。基准房价是房地产的市场公允价值，且覆盖到了每套房屋，因此从全样本的基准房价成果中剥离土地价值，既大大增加了实施基准地价评估的可行性，同时又能提高基准地价评估的科学性。此外，基准房价成果的可定期更新性也为基准地价的定期更新奠定了良好基础。可见，基准房价成果为基准地价核定工作提供了充分的数据基础和必要的技术支撑。

第六章 基准房价平台建设

深圳市基准房价评估与应用平台（The Accessment and Application Platform of Fundamental House Price，AAPFHP）是采用计算机处理技术和地理信息系统技术，运用统一程序和统一标准，以完全支撑基准房价评估与应用为目的的综合性信息化技术平台。该平台是计算机辅助批量评估技术与GIS技术的融合体，它集数据查询与维护、基准房价评估与发布、地理空间信息二、三维显示及分析等功能于一体，为深圳市实现基准房价批量、快速评估及综合应用提供了重要保障，同时也为我国其他城市构建基准房价体系提供了经验参考和实践框架。

第一节　平台概述

一、建设目标

在深圳市基准房价评估与应用平台的设计阶段，项目组针对平台所要实现的功能和完成的任务，设定了总体建设目标，并分两步加以实现。

（一）总体建设目标

深圳市基准房价评估与应用平台的建设目标是根据房地产批量评估和信息系统建设等相关技术标准和规范，基于房地产整体估价模型并结合深圳市房地产实际特点，采用信息技术、数据库技术以及地理信息系统技术，建立用以支撑深圳市基准房价数据查询与管理、评估与应用、发布与显示等工作的信息化操作平台。该平台的建立，能够规范基准房价评估流程、降低评估成本、提高评估效率与评估结果准确性，进而最大化地发挥基准房价体系功效，提高深圳市房地产信息化管理水平。

具体来说，本平台的建设要实现"两个平台"：

1. 建立评估工作平台

深圳市基准房价评估与发布平台最核心的功能就是对深圳市房地产基准房价评估工作的支持，基准房价评估人员可以利用该平台完成对深圳市不同类型房地产基准房价的评估工作。从这个角度讲，该平台为用户提供了一个理想的工作平台，在这个平台上，评估人员可以在不借助其他工具的情况下完成基准房价评估所需的所有操作。

2. 建立信息平台

深圳市基准房价评估与发布平台能够将各种房地产信息数字化，并进行有机组合和统一管理，因此，它不仅是一个工作平台，更是一个综合性的信息平台。它集房地产信息采集、管理、分析、存储和发布等功能于一体。在这个平台上，用户可以查询与房地产基准房价相关的各种信息，并通过文字、列表、图形和三维虚拟现实等方式呈现在用户面前。该信息平台利用计算机技术、互联网技术及GIS技术，为用户提供不受时间、空间和地域限制的信息服务功能。

（二）分步目标

一期建设目标主要是实现对现有基础数据的查询、管理，以及系统维护等功能，其主要包括四个功能了模块，分别为基础数据查询，基础数据维护，基础数据统计和系统功能管理。其中，基础数据查询功能子模块完成了针对房地产基础属性数据和空间数据的图文一体化查询功能，并利用GIS技术实现了文字信息与二维地图和三维地图之间的无缝切换以及二、三维空间量算与分析功能；基础数据维护功能子模块实现了对包括房地产数据和开发商数据在内的维护功能；数据统计功能子模块实现了对全市所有物业以及分类别物业的统计查询功能；系统功能管理子模块实现了系统管理员对平台的管理和维护工作，包括用户管理、日志管理和公告管理等。通过上述四项功能，平台初步实现了房地产数据查询、管理与分析的实时性、动态化和标准化。

二期建设目标主要是实现对基准房价评估、发布与应用功能的全面支持，其主要包括四个功能子模块，即基准房价评估、基准房价查询、基准房价发布和基准房价应用。其中，基准房价评估功能子模块是基准房价评估平台的核心功能，内嵌了整体估价模型，实现了基准房价评估功能；基准房价查询功能子模块可以从区域尺度和房地产价格两个角度根据查询条件对基准房价及相关统计分析结果进行定制查询；基准房价发布功能子模块分别实现了对基准房价评估及统计分析结果的对外发布功能；而基准房价应用功能子模块则介绍了基准房价体系在社会、经济领域中的应用情况。通过上述四项功能，平台完整地实现了基准房价从产生到应用的全部流程，提高了基准房价的评估效率和准确性，使基准房价评估与发布更加程序化、规范化，进而为政府监控房地产市场、定价参考及房地产价格透明化等基准房价的全面应用打开了方便之门。

二、建设原则

深圳市基准房价评估与应用平台是以实际工作需要为导向进行设计和开发的，为了使其能够满足实践需求，并且能够进行不断的改进、更新和扩展，在平台的设计阶段，项目组遵循了以下几条建设原则：

1. 实用性原则

平台设计严格以能够有效地支撑深圳市基准房价评估与应用工作为核心，保障基准房价评估结果的准确性和用户操作的便利性。

2. 稳定性原则

平台主要服务于深圳市基准房价评估工作，其评估结果的应用涉及从政府部门到百姓的切身利益。因此，平台建设要保证其能够按照操作人员的控制正确、平稳、连续的运行。平台的稳定性，是平台设计必须坚持的一项基本原则。

3. 高效性原则

深圳市基准房价评估工作涉及海量的价格数据、属性数据和空间数据，这些数据的处理及基准房价的评估是一个复杂的系统工程。因此，平台设计要坚持效率为先的原则，以保障平台能够在可以控制的时间内、用最少的经济资源和人力资源完成相关工作。

4. 先进性原则

在平台的设计阶段，积极采用计算机、互联网及GIS等领域最新的先进技术和经验，结合深圳市房地产市场具体特点，保证基准房价评估与应用平台在批量评估领域国内领先、国际先进的地位。

5. 标准化原则

信息平台在设计、开发和集成阶段都参考了国际或国家有关技术标准和规范，保证信息平台能够在统一的标准下进行开发、使用，尽量减少未来对信息平台的更新和维护成本。

6. 可扩展性原则

坚持开放式的系统结构设计，采用面向对象技术、利用事件驱动和封装的思想为应用软件提供标准接口，从而便于平台的更新和维护，提高平台的兼容性和可扩展性。

7. 安全性原则

基准房价评估所使用的价格及空间数据都是需要严格保密的，因此在保证房地产相关数据安全性方面，平台的设计与开发在利用Oracle数据库本身的安全机制外，还采用例如分权登陆、故障保护及功能分割等措施保障数据的安全。

三、支撑条件

为了保障深圳市基准房价评估与应用平台的建设质量，除了需要像高素质人员这种"软件"条件外，还需要其他相关的"硬件"条件来保障该平台的顺利实施，这其中就包括平台建设过程中参考的技术标准、使用的先进技术、丰富准确的房地产数据以及计算机相关的软硬件设备。

（一）标准规范

在深圳市基准房价评估与应用平台的设计、开发、测试及编写文档的各个阶段，项目组为了保证软件平台的质量，参考了大量信息技术及房地产评估技术相关的国家和国际标准、规范，这些标准和规范主要包括：

表6.1　平台设计参考标准

信息技术标准/规范	
标准/规范名称	主要内容
信息处理、数据流程图、程序流程图、系统流程图、程序网络图和系统资源图的文件编制符号及约定（GB/T 1526–1989）	该标准规定了在信息处理文件编制中使用的各种符号，并给出了在数据流程图、程序流程图、系统流程图、程序网络图及系统资源图中使用这些符号的约定。

信息技术标准/规范	
信息技术软件生存周期过程（GB/T 8566-2007）	本标准为软件生存周期过程建立了一个公共框架，以供软件产业界使用。它包括在含有软件的系统、独立软件产品和软件服务的获取期间以及在软件产品的供应、开发、运行和维护期间需应用的过程、活动和任务。
计算机软件可靠性和维护性管理（GB/T 14394-2008）	该标准规定了软件产品在其生存周期内如何选择适当的软件可靠性和可维护性管理要素。
计算机软件测试规范（GB/T 15532-2008）	该标准规定了计算机软件生命周期内各类软件产品的基本测试方法、过程和准则。
软件文档管理指南（GB/T 16680-1996）	该标准为软件产品开发、管理者提供软件文档的管理指南，目的在于协助管理组在他们的机构中产生有效的文档。
软件维护（GB/T 20157-2006）	该标准阐明了对软件维护过程的要求。
信息系统安全管理要求（GB/T 20269-2006）	该标准规定了信息系统安全所需要的各个安全等级的管理要求。
网络基础安全技术要求（GB/T 20270-2006）	该标准规定了各个安全等级的网络系统所需要的基础安全技术的要求。
数据库管理系统安全技术要求（GB/T 20273-2008）	该标准规定了各个安全等级的数据库系统所需要的基础安全技术的要求。
服务器安全技术要求（GB/T 21028-2007）	该标准规定了服务器所需要的安全技术要求，以及每个安全保护等级的不同安全技术要求。
房地产评估技术标准/规范	
标准/规范名称	主要内容
房地产估价规范（GB/T 50291-1999）	该标准规范了房地产估价行为，统一了估价程序和方法。
国际估价官协会技术标准（IAAO TECHNICAL STANDARDS）	该标准对房地产评估过程中的各个环节进行了规范说明。
国际评估准则	该准则对房地产评估过程中的各个环节进行了规范说明。

（二）技术支撑

深圳市基准房价评估与应用平台在实现过程中采用开源的FSH框架作为系统开发整体框架，并综合运用了Web Service技术、GIS技术及三维虚拟现实技术进行设计和开发。这些技术都已经发展成熟，而且不失先进性，能够有效节约开发成本，提高开发效率及平台实用性。

1. FSH架构

FSH即为Flex、Spring及Hibernate三种技术的总称。FSH作为目前比较先进、成熟的架构体系，其特点是十分明显的。

（1）高效性：FSH提供了一套完整的软件开发框架，便于使用者管理和操作程序文件。另一方面，Flex提供了可视化的设计界面，用户可以通过鼠标操作各种常用控件进行前台界面开发，这样能够有效降低开发者在代码方面的难度。

（2）跨平台性：在FSH框架下，后台框架(Spring，Hibernate)采用Java作为编程语言，因此具有Java应用程序的主要特点。Java是一种可以跨平台应用软件的面向对象的程序设计语言，具有卓越的通用性、高效性、平台移植性和安全性。Java应用程序可以只编译一次，就可以在各种系统中运行，体现了良好了跨平台性。

（3）跨浏览器：FSH框架的WEB应用程序前台开发采用Flex技术，因此，在浏览器上运行此类程序时，只需安装Flash插件即可，没有对浏览器类型的限制。体现了良好的跨浏览器性。

（4）开源免费：Flex、Spring及Hibernate这三项技术都是免费的，这样即节约了软件开发成本，又不会受付费软件带来的诸多限制，实用性较强。同时，这三项技术又是都开放源代码的，使用者可以根据自己的需要在代码级上完成对应用程序的修改和完善，使之具有更高的灵活性和安全性。

2. Web Service技术

Web Service技术能够使得运行在不同机器上的不同应用无须借助附加的、专门的第三方软件或硬件，就可相互交换数据或集成。依据Web Service规范实施的应用准则，无论它们所使用的语言、平台或内部协议是什么，都可以相互交换数据。Web Service是自描述、自包含的可用网络模块，可以执行具体的业务功能。Web Service也很容易部署，因为它们基于一些常规的产业标准以及已有的一些技术，诸如XML和HTTP。Web Service

是一个平台独立的、松耦合的、自包含的、基于可编程的Web应用程序，可使用开放的XML标准来描述、发布、协调和配置这些应用程序，用于开发分布式的互操作的应用程序。

Tomcat 服务器是一个免费的开放源代码的Web Service服务器。Tomcat是Apache 软件基金会（Apache Software Foundation）的Jakarta项目中的一个核心项目，由Apache、Sun和其他一些公司及个人共同开发而成。由于有了Sun 的参与和支持，最新的Servlet 和JSP规范总是能在Tomcat 中得到体现。因为Tomcat技术先进、性能稳定，而且免费，因而深受Java 爱好者的喜爱并得到了部分软件开发商的认可，成为目前比较流行的Web应用服务器。

3. GIS技术

GIS是一门综合性学科，结合地理学与地图学，已经广泛的应用在不同的领域，是用于输入、存储、查询、分析和显示地理数据的计算机系统。GIS技术是一系列相关技术的总称，在AAPFHP系统的建设过程中，应用到的GIS技术主要包括：

（1）Web GIS技术

Web GIS是Internet技术应用于GIS开发的产物，是一个交互式的、分布式的、动态的地理信息系统，是由多个主机、多个数据库的无线终端，并由客户机与服务器（HTTP服务器及应用服务器）相连所组成的。GIS通过WWW功能得以扩展，真正成为一种大众使用的工具。从WWW的任意一个节点，Internet用户可以浏览Web GIS站点中的空间数据、制作专题图，以及进行各种空间检索和空间分析，从而使GIS功能能够被更多的用户使用。支撑Web GIS的一个重要技术即是ArcGIS Server。

（2）ArcGIS Server

ArcGIS Server是一个用于构建集中管理、支持多用户的企业级GIS应用的平台，可以用来管理GIS应用中的地理资源和软件对象。GIS资源运行在服务器端，开发者使用ArcGIS Server构建Web应用、Web服务以及其他运行在标准J2EE Web服务器上的GIS应用，客户端可以通过ArcGIS Server来使用服务器上的GIS资源，例如地图发布和浏览，空间数据分析及管理等。ArcGIS Server的主要优点有：发布的服务所见即所得；空间数据的管理、分析及可视化；提供从发布到管理及构建企业级应用的整套方案；开发包支持.NET、JAVA平台及各种客户端API开发技术；支持多种服务类型及标准；支持IT、web及商业标准；支持SOA架构。

（3）REST服务技术

REST（Representational state transfer）指的是一种软件架构风格，其本身并不涉及任何新的技术，它基于HTTP协议，相比于SOAP，它更加地简洁、高效，适合大型网站的设计和实现。REST的主要特点有：资源通过URI来制定和操作；对资源的操作包括获取、创建、修改和删除资源，这些操作正好对应HTTP协议提供的GET、POST、PUT和DELETE方法；连接是无状态性的；能够利用Cache机制来提高性能。

AAPFHP系统选择REST技术主要是由于ArcGIS Server原生的支持REST，并且，REST技术能够降低客户端和服务器之间的交互延迟，统一简化了整个系统架构，改进子系统之间交互的可见性。

（4）地图切片技术

地图切片技术，指的是根据指定的尺寸和图片格式，将指定地理坐标范围内的地图切割成若干行及列的正方形图片。对每个地图切片所表示的地理范围，进行下一个级别的地图切片生成，直至所有要表示地图的最大比例尺。所有地图切片存放在服务器上，对图片进行四叉树编码，客户端在进行地图浏览、缩放时，只需要动态计算所要加载的地图切片，然后访问那些地图切片并显示在客户端的显示器上。在基准房价评估的过程中，需要使用大量的地图数据，并在地图上进行复杂的浏览、分析等功能。因此，在建设AAPFHP系统时，利用地图切片技术开发电子地图应用能够使系统具有良好的扩展性和较快的反映速度，在提高评估效率的同时，还可以大大节省电子地图系统应用中昂贵的平台费用。

4. 三维虚拟现实技术

三维虚拟现实技术是一种可以创建虚拟世界的计算机仿真系统，它利用计算机生成一种模拟环境，是一种多源信息融合的交互式的三维动态视景和实体行为的系统仿真，能够使用户有种身临其境的感觉。虚拟现实技术是仿真技术与计算机图形学、人机交互技术、多媒体技术、传感器技术、网络技术等多种技术的集合，其特点为：多感知性、存在感、交互性和自主性。SKYLINE是一套优秀的三维数字地球平台软件，它可以利用海量的遥感航测影像数据、数字高程数据以及其他二三维数据搭建出一个对真实世界进行模拟的三维场景，是制作大型真实三维数据场景的首选软件，其具有如下特点：

（1）产品线齐全，涵盖三维制作、网络发布、嵌入式二次开发整个流程；

（2）支持多种数据源的介入，方便信息集成；

（3）通过流访问方式可集成海量的数据；

（4）三维漫游运行流畅，具有良好的用户体验；

（5）支持在网页上嵌入三维场景，制作网络应用程序。

（三）数据支撑

目前，项目所在单位已经积累了大量的、详实的房地产相关数据，从数据类型上可以将这些数据划分为房地产基础属性数据、空间数据、价格数据、以及其他数据。这些数据格式多样，来源广泛，主要包括产权登记数据、预售备案数据、建筑物普查数据、地籍测绘数据、补充调查数据和中介机构提供的二手房交易数据等。

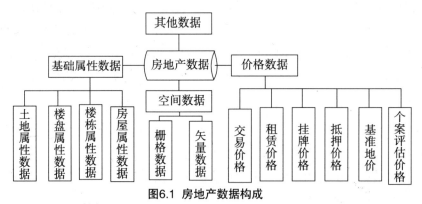

图6.1 房地产数据构成

1. 基础属性数据

房地产基础数据主要是描述房地产的基本状况和实物状况的数据，这类数据从描述对象上可分为四类：一是土地属性数据，记录了地块编号、宗地号、土地位置、土地登记、产权状态、地块状态、土地使用权类型、土地用途、用地面积、总基地、土地使用年限、土地出让起始时间、土地出让结束时间等信息；二是楼盘属性数据，记录了楼盘名称、位置、绿化率、容积率、景观环境、建造年代、停车位数量、楼栋总数、房屋总套数、总建筑面积、占地面积、物业管理费、楼盘内及楼盘外配套设置等信息；三是楼栋属性数据，记录了楼栋编号、楼栋名称、所在分区、所在宗地号、建筑性质、建筑类型、建筑结构、建筑用途、楼栋总层数、电梯户数比、竣工日期、使用年限、基地面积、建筑面积等信息；四是房屋属性数据，记录房屋编号、房屋号、房屋性质、房屋类型、房屋用途、房屋结构、朝向、所在层数、所在楼栋、装修情况、建筑面积、使用面积等信息。

2. 空间数据

房地产空间数据是一类描述房地产空间信息的数据，按照存储格式分为栅格数据和矢量数据。空间数据是指用来表示空间实体的位置、形状、大小及其分布等诸多方面信息的数据，以坐标和拓扑关系的形式存储。它可以用来描述来自现实世界的目标，具有定位、定性、时间和空间关系的特性。它是一种用点、线、面以及实体等基本空间数据结构来表示人们赖以生存的自然世界的数据。在基准房价评估与应用平台的建设及应用过程中，其所涉及到的房地产栅格和矢量空间数据有：遥感影像数据、建筑物分布数据、土地空间数据、标准分区数据、行政区划数据、道路数据、地铁公交站点分布数据及三维仿真数据。

3. 价格数据

在基准房价评估过程中，所使用的房地产价格数据主要有实际交易价格、租赁价格、个案评估价格、挂牌价格、抵押价格以及基准地价等。每种数据都有其自身特点，能够在不同的评估模型或不同的评估阶段发挥各自重要的作用。例如，在基准房价整体估价模型中，实际交易价格数据是搜索可比实例、制作比价系数及时间修正系数的关键数据，记录的内容主要包括成交编号、物业名称、位置、总层数、所在层、物业面积、交易时间、交易总价、交易单价、交易类型、物业户型、数据来源等。个案评估数据是实施数据检验的重要参考性数据，记录了应用个案评估的房地产的评估价格及相关属性信息。

4.其他数据

其他房地产数据记录了在基准房价评估过程中用到的由政府价格主管部门或者其他有关部门按照定价权限和范围指定的价格和评估参数。

另外，为了继续提高基准房价评估结果的准确性、满足评估对象范围不断扩大的需要，这些数据并不是一成不变的，而是在不断的更新和扩充。目前，项目所在单位已经建立了一整套完善的房地产数据更新机制，分别从不同渠道丰富已有的数据库。例如，定期从房地产登记部门获得最新的房地产基础属性信息，从房地产交易部门获得近期的成交价格数据，从测绘和规划部门获得空间数据，从房地产中介机构获得房屋买卖和租赁数据。针对急需的、无法从其他机构获得的房地产相关数据，我们还通过实地调查的方式对数据进行更新和补充。总之，项目组拥有的房地产数据是详实的、可靠的，并且可以及时的获得更新和补充，能够完全支撑深圳市基准房价评估与应用平台建设顺利实施。

（四）软硬件支撑

项目所在单位具有多台服务器，包括应用服务器、数据库服务器、存储备份服务器以及专门用于批量运算的服务器，能够提供完善的网络服务和充足的网络存储空间和计算资源，为海量数据的存储、方便快捷的访问、分析和管理数据提供了网络硬件保障。同时，项目所在单位为每位员工均配有两台先进的计算机，一台与内网相连，可以共享项目所在单位内部与深圳市规划和国土资源委员会内的所有电子资源。另外一台与互联网相连，便于开发人员查询和收集房地产相关资料。

四、建设成果

目前，深圳市基准房价评估与应用平台在经过一期和二期的不断建设和完善之后，已经完成了包括数据查询、数据维护、数据统计、基准房价评估、基准房价查询、基准房价发布、基准房价应用及系统管理在内的8大功能子系统，覆盖了基准房价从产生到应用的全过程。

从总体上来看，该平台与二、三维GIS的有机集成，最大程度的发挥了GIS在房地产空间信息显示、分析及辅助基准房价评估方面的强大功能，并进一步发展了地理信息系统技术在房地产价值评估领域的应用。

第二节　平台建设整体技术方案

深圳市基准房价评估与应用平台的建设是一项复杂的系统工程，项目组在开发之前制定了详细的整体技术方案，从软件平台构建的各个方面保障该平台的建设能够顺利实施。

一、总体建设内容

以前述基准房价体系构建关键技术为基础，并结合深圳本地实际，项目组拟定了深圳市基准房价评估与应用平台的总体建设内容，具体包括以下三个方面的内容：

首先，该平台的重点建设内容之一是基准房价评估。基准房价评估通过内嵌整体估价模型来实现，平台在实现评估功能的同时，也规范了评估流程和操作步骤。

其次，该平台另一个重点建设内容就是结合GIS技术的基准房价应用，其应用主要体现在两个方面：一是实现基准房价或其他房价统计分析结果的图文查询功能，尤其是精确到每套房屋的基准房价，是社会公众直观了解房地产市场行情的重要参照物。二是平台提供的丰富的基准房价统计指标，是用户预测市场行情的有力工具。

除了上述核心功能之外，平台还实现了作为一个软件系统必备的其他功能，以支撑平台持续、稳定的正常运行，如数据维护、系统管理等功能。

二、总体设计原则

（一）标准规范原则

俗话说'没有规矩，不成方圆'，这对软件开发建设来说尤为重要，因为规范的建设过程是软件质量的重要保障。在本软件平台的建设过程中，我们遵循的设计原则为：

首先，房地产基础属性数据要遵循国内外相关行业标准，数据的计量单位和精度要满足计算需要，编码及命名等信息表达要符合深圳市房地产市场的实际情况。对于来源不同、格式不同的数据要统一到同一标准下，并做好相互之间的关联工作，保证数据的通用性。

其次，空间数据的分类、编码、精度、符号等标准应执行已有的国家标准和行业标准。如果深圳市对空间数据有自己的相关标准，则应优先使用。对于没有相关标准要求的，应符合行业内约定俗成的要求。

再次，数据库的设计要符合相关部门发布的标准和规范，应尽量满足第三范式的要求，但考虑到基准房价数据库要兼顾空间数据与非空间数据的读写效率，因此，部分数据表只需满足第二范式的要求即可。

最后，数据表、字段、索引、视图、存储过程的命名、设计遵循数据库设计命名规范和数据库对象设计规范。

（二）组件式设计原则

在平台功能的设计阶段，必须坚持组件式设计原则。组件式设计的基本思想是将不同功能封装在不同的组件中，尽量减少组件之间的关联。这样的话，即使需要对某项功能进行修改，也可以最大程度的减少对其他功能的影响。这种"高内聚、低耦合"的组件式设计原则能够有效降低开发成本，提高开发效率。

（三）图文一体化原则

房地产数据是具有明显空间特征的数据，必须要将文字和地图有机的结合到一起显示才能全面反映房地产数据的本质。再者，地图显示更加直观，并且符合人们的视觉习惯，有利于用户对数据的理解。因此，平台的设计要坚持实现图文一体化显示和图文之间无缝切换。

（四）功能完备性原则

软件平台的建设，必须要覆盖基准房价评估与应用功能的全部内容，使建成的平台系统具有业务类型和业务内容上的完备性，以满足基准房价在社会、经济各个应用领域中的实际业务需求。

（五）便于维护原则

深圳市基准房价评估与应用平台建成之后不是一成不变的，而是会根据需要对平台功能或评估方法进行必要的增减或修改。另外，为了保障基准房价评估结果的准确性和实效性，也需要对房地产属性数据、价格数据和空间数据进行不断地补充。因此，该软件平台必须便于更新和维护，以满足未来可能不断变化的功能修改和数据更新需求。

三、平台模型概述

在软件平台的建设过程中，由于软件平台的开发是与基准房价研究同步展开的，这导致在平台建设的需求分析和概要设计阶段并不能完整全面地对系统功能和架构进行事先定义，而需要在建设的过程中根据需要进行不断的调整。因此，项目组采用"喷泉模型"来解决前期需求不完整或不明确的问题。

喷泉模型也称面向对象模型，它以需求为动力、以对象为驱动，其最大的特点就是在保证软件质量的同时，模糊了传统软件开发过程中各个阶段的界限，从而实现了对系统某个部分重复修改、不断更新并且同步测试的目的，其模型如图6.2所示。

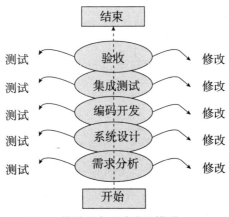

图6.2 软件平台系统建设模型

四、平台总体框架

平台总体框架主要包括功能结构、系统结构、技术架构以及软件结构等，下面依次加以阐述。

（一）功能结构

深圳市基准房价评估与应用平台的建设分两期完成，其中，一期建设内容以数据查询、分析和系统管理为主（如图6.3所示），主要目的是为二期基准房价评估奠定数据基础；二期建设内容以基准房价评估和应用为主（如图6.4所示），全面实现本软件平台既定的所有功能。

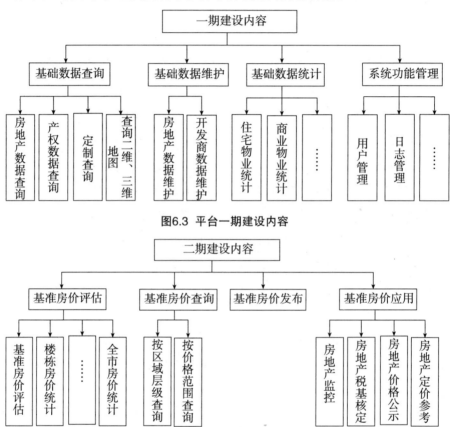

图6.3 平台一期建设内容

图6.4 平台二期建设内容

从一期的建设内容来看，建设重点主要集中在基础数据查询和显示上。基准房价项目所涉及的房地产数据来源广泛、种类繁多，且格式各不相同。如何将这些数据利用软件平台进行统一的管理，尤其是属性数据与空间数据的联合查询，是该软件平台急需解决的问题。因此，在平台建设过程中，我们将房地产数据进行了详细的分类，通过规范的编码将各类数据联系起来，从而实现了灵活的定制查询功能。另一方面，我们应用GIS技术，完成了二维和三维地图查询、显示与分析功能，实现了属性数据查询结果在列表显示、二维显示与三维显示之间的无缝切换，从多个角度全方位展示房地产数据，提高了用户的体验效果。在数据维护功能中，平台实现了对房地产数据和开发商数据的维护，主要包括添加、删除、修改等编辑功能。在数据统计功能中，平台实现了多种类型房地产在多个区域尺度上的数量和面积的统计分析功能，并以图、表两种方式对统计结果进行显示。而系统功能管理主要实现对平台的日常维护功能，主要包括用户管理、日志管理、公告管理等。

从二期的建设内容来看，建设重点集中于基准房价评估与基准房价应用两个方面。其中，基准房价评估内嵌了整体估价模型，实现了基准房价的批量评估；基准房价查询功能实现了按区域层级查询和按价格范围查询，为用户增加了查询的灵活性。基准房价发布和基准房价应用功能为基准房价评估结果在社会、经济中各个领域的应用奠定了基础。

（二）系统结构

深圳市基准房价评估与应用平台的总体架构按照分层架构的设计思想，从逻辑上划分为三个层次，分别为支持层、业务层和应用层。其中，最底层为支撑层，即数据支持层，其作用是存放所有房地产数据及各种数据之间的关联关系，为整个系统提供数据存储及数据安全方面的支持；中间层为业务层，由系统所能提供的具体功能组成；最顶层为应用层，为用户提供操作界面以及系统对外的业务操作接口。每一层次的设计都以基准房价评估与应用业务为导向，每一项功能的实现都采用了"高内聚、低耦合"的设计原则，简化功能之间的相互依赖性，实现"工具箱"式的功能系统。

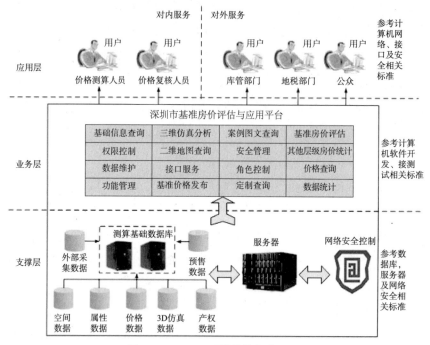

图6.5 AAPFHP系统总体架构图

依据图6.5可以看出，深圳市基准房价评估与应用平台在设计中主要考虑了以下几点：

1. 按应用需求和功能合理划分软件的层次结构，上层的实现基于下层的功能和数据，并且使同层内功能耦合度达到最小。

2. 在同一层次结构中，按功能相关性和完整性的原则，把逻辑功能和信息交换紧密的部分以及在同一任务下的处理过程放在同一功能组件中。每个功能组件可以被看作是一个"工具"，可以单独完成一项功能，也可以将多个不同"工具"相组合，共同完成一项复杂的功能。

3. 每个功能组件与系统主控部分通过合适的接口进行关联和数据通信，使组件具有相对独立性和可拆卸性，便于实现对单个组件的不断更新和优化。

4. 系统设计实现应用层与业务层分离，应用层只负责用户界面和功能调用逻辑的实现，以简化平台上各应用的实现，并真正实现功能的共享及组件化搭建。

5. 系统设计实现业务层与支持层分离，仅通过二者之间的接口进行逻辑操作和信息通信，大大提高支持层的可扩展性。

（三）技术架构

深圳市基准房价评估与应用平台采用FSH（Flex、Spring及Hibernate）分层架构进行整体设计，该架构的核心是基于Flex技术的表示层，基于Spring技术的业务层和基于Hibernate持久层。

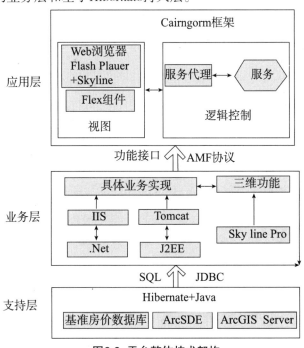

图6.6 平台整体技术架构

1. 表示层

表示层使用Flex技术负责用户界面显示和客户端业务逻辑，同时实现用户界面与服务器端的数据交换。在表示层的开发过程中，项目组采用了经典的Cairngorm框架来负责管理客户端。在Cairngorm框架下，客户端采用MVC模式分为三层，即图层、模型层和控制层。其中，视图层使用Flex组建以及一些自定义组件设计用户界面，并使用CSS样式对界面进行美化。模型层利用Cairngorm框架的值对象定义数据模型，然后把所有的数据模型存放在一个统一的ModerlLocator中进行管理。模型层中的数据使用数据绑定技术与视图组件（即客户端）进行绑定，用以满足视图的动态显示。控制层主要通过Cairngorm框架的事件机制，控制用户视图与数据模型之间的调用。

2. 业务层

Spring框架实现了FSH架构的业务逻辑，主要负责具体业务的实现以及管理层与层之间的数据传输。业务层接收表示层传来的JAVA对象，通过调用相关组件实现相应业务处理。当业务层向表示层返回数据时，首先把持久层传来的数据对象转换成ActionScript类型对象，供表示层显示。

3. 持久层

持久层主要完成对房地产基础数据库的操作。在持久层中，通过Spring加载Hibernate的配置文件，该配置文件除了包括对象映射文件之外，还对数据源进行了配置。使用Hibernate的映射机制，实现具体业务与数据库的关联。另外，持久层还可以通过SQL语句对数据库完成创建、查询、更新、删除等操作。

4. 表示层与业务层和持久层的耦合

本平台系统的客户端通过Web Service技术与客户端进行连接，服务器接收客户端发送的请求，将不同的任务分发给相应的具体业务进行处理，并通过JDBC和ArcGIS Server对数据库中的属性数据和空间数据进行查询、分析和管理。

表示层与业务层和持久层的耦合具体见图6.7所示。

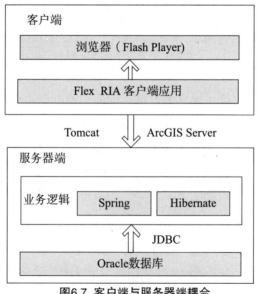

图6.7 客户端与服务器端耦合

（四）软件结构

深圳市基准房价评估与应用平台的软件结构如图6.8所示。

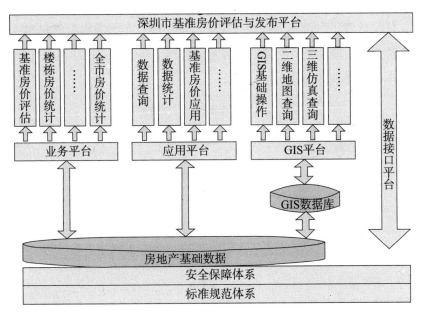

图6.8 平台软件结构图

依据图6.8，从软件结构角度出发，可将深圳市基准房价评估与应用平台划分为六个部分：

1. 业务平台：负责深圳市房地产基准房价评估工作，即应用整体估价模型实现基准房价评估。

2. 应用平台：负责对基准房价评估结果进行定制查询、统计分析及基准房价应用等一系列应用操作。

3. GIS平台：为本软件平台系统提供GIS相关功能，如GIS基本操作、图文一体化查询、二三维虚拟现实显示及其之间的无缝切换等。

4. 数据接口平台：负责本软件平台中各个子平台之间的通信及数据交换。

5. 数据库平台：为本软件平台提供属性数据、价格数据及空间数据支持。

6. 系统保障平台：通过安全保障机制和相关标准规范保障软件系统各

个部分可持续正常运行。

五、平台环境构建

任何软件平台都是运行在一定的环境中的，本部分内容将对深圳市基准房价评估与应用平台所处的开发环境、网络环境和运行环境进行介绍。

（一）开发环境

表6.2　软件平台开发环境列表

类别	名称
操作系统	Windows XP
开发语言	Java
后台开发平台	MyEclipse 6.5+JDK1.6
前台开发平台	Flex3.0、HTML
三维仿真系统开发平台	Skyline TerraExplorer Pro 5.1.3
数据库	Oracle 10g
网络服务器	Apache Tomcat6.0，IIS6.0
GIS服务器	ArcGIS Server9.3

（二）网络环境

深圳市基准房价评估与发布平台所处的网络环境总体上可分为两大部分，分别为互联网环境和政务内网环境，二者通过物理手段隔离分开，公众用户只能通过互联网来访问基准房价相关数据。政务内网供政府系统内部使用，其中与基准房价评估与应用相关的政务内网子网包括规土委内网及其他政府相关部门内网。在规土委内网环境下，又包括项目所在单位内网和规土委内其他兄弟单位内网。

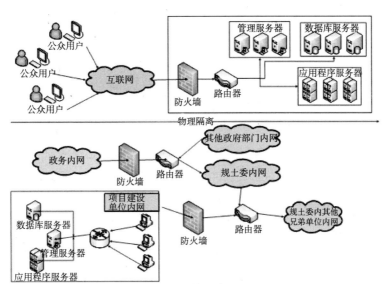

图6.9 网络环境示意图

（三）运行环境

1. 服务器软硬件

（1）操作系统：windows Server 2003

（2）CPU：四核Intel Xeon 5500（两颗）

（3）主频：2.1GHz以上

（4）内存：4G以上

（5）硬盘：1TB及以上

（6）数据库管理系统：Oracle 10g

（7）GIS软件：ESRI ArcServer 9.3及以上

（8）应用服务器：Apache Tomcat6.0及以上，IIS6.0及以上

2. 客户端软硬件

（1）操作系统：windows XP及以上

（2）CPU：奔腾双核，2600 MHz及以上

（3）内存：2G以上

（4）硬盘：300G及以上

（5）浏览器：IE6.0及以上，支持flash player9.0及以上

（6）三维显示：Skyline TerraExplorer Pro 5.1.3

六、质量安全设计

（一）质量设计

深圳市基准房价评估与发布平台的质量保障工作是平台建设的重要内容之一，从功能需求分析到软件平台设计，再到编码和评估，最后到验收及应用，我们始终把质量控制贯彻其中。在实际的质量保障过程中，我们设计了"三角度加法"保障体系，三个角度分别为管理质量、外部属性质量和内部属性质量。它们从软件生存周期各个阶段、各个角度全面保障该软件平台的建设质量。

图6.10 软件平台质量保障体系

1. 管理质量

在深圳市基准房价评估与应用平台的建设过程中，管理质量指的是从宏观的管理软件平台建设的角度保障软件质量，其可以再分为人员管理、标准管理、过程管理及文档管理四个方面。

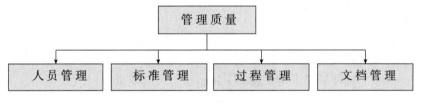

图6.11 管理质量构成图

人员管理是确保所有参与平台建设的人员具有基准房价相关理论知识及软件开发的基本素质，通过前期培训和考核，使之能够熟悉本平台建设的目的、开发和运行环境以及所要实现的全部功能。

标准管理指的是在整个软件平台的建设过程中，始终严格执行相关软件开发技术标准的要求。这些技术标准包括"计算机软件开发规范"、"计算机软件产品开发文件编制指南"、"计算机软件质量保证规范"等。

过程管理是指在软件平台的建设的各个阶段进行有针对性的质量控

制。例如：在需求分析和详细设计阶段，要明确建设的目的，弄清楚问题的要求，包括需要输入什么数据，要得到什么结果，最后应输出什么。在编码及测试验收阶段，要做好以下几类评审与检查工作：

（1）阶段评审：在软件开发过程中，要定期地或阶段性地对某一开发阶段或某几个开发阶段的中间产品进行评审。在本研究过程中，我们进行以下三次评审：第一次评审软件需求，第二次评审功能测试与演示，并对第一次评审结果复核；第三次是综合检查。在评审之前，要首先设定评审小组成员，包括项目总体负责人、质量保证人员、软件组的代表，其他参加人员视评审内容而定。

（2）日常检查：在本软件平台的工程化开发过程中，项目组成员每日填写工作日报，提交给项目组长，项目组长每周编写工作周报，提交到质量管理人员和项目总体负责人。

（3）软件验收：组织专门的验收小组对软件系统进行验收。验收工作应严格按照相关行业标准进行。验收内容包括文档验收、程序验收、演示、验收测试与测试结果评审等工作。

2. 外部属性质量

外部属性是指软件的外部视图，即软件对外表现的质量特征。简单来说，就是用户在使用的过程中所能看到或感受到的软件特征。具体来说，就是指软件的性能和稳定性。

所谓性能，是指在特定条件下，相对于资源使用总量，软件产品提供恰当的执行效果的能力，一般包括如下几个方面：

第一是要保障平台的响应时间在用户所能忍受的范围内。响应时间指的是软件产品在执行其功能时，提供恰当的响应和处理时间的能力。在本软件平台中，平台的响应时间受软硬件条件和数据访问量双重影响。一方面，在平台系统的设计和开发阶段，项目组对网络环境和硬件设施进行了升级更新，并对系统架构和算法进行了合理优化以提高平台的响应速度。另一方面，系统在处理浏览或简单查询等操作时，响应时间一般不超过2秒。但由于基准房价评估、查询及统计功能涉及的数据量较大、计算过程复杂、又经常与GIS功能相结合，因此，系统具体响应时间取决于计算的复杂程度和数据量。

第二是要保障数据精度符合要求。数据精度指的是平台数据输入、输出精度与平台数据库要求一致，在平台设计时加入数据校验机制。平台数据完整性根据数据库本身提供的外键约束，采用前台控制提供的约束方式进行数据约束。

第三是要保障平台能够提供对外接口服务。本平台系统除了为项目所在单位评估基准房价工作提供支持外，还需根据其他部门和单位的特殊需要，提供与其网络对接的接口服务，以方便其访问使用。具体需要提供的对外接口包括：为项目所在单位其他业务部门使用提供接口服务；为深圳市规土委政务内网提供接口服务；为公众查询使用提供接口服务；为外网使用提供接口服务等。

所谓稳定性，也叫健壮性，是指软件对于规范要求以外的输入情况的处理能力，对于不符合要求的输入，平台要能够给予合理的处理方式。这点对于本平台来说至关重要，因为本平台的最终用户包括大量的非专业人士，可以说任何输入都是有可能的。在平台的建设过程中，既要保证平台能够根据正确的输入来输出正确的结果，也要保证对于非法输入系统不能崩溃，并且要尽量给出错误提示引导用户进行合法操作。

3.内部属性质量

软件的内部属性质量指的是软件本身表现的质量特征，具体包括可靠性、完整性、可互运行性、可移植性、可重用性、可维护性、可测试性和易用性等。

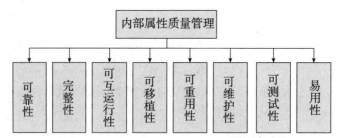

图6.12 内部属性质量管理

（1）可靠性

可靠性是指"软件在规定的条件下、规定的时间周期内执行所要求的功能的能力"，即在特定的输入条件下输出正确的结果。在本平台的建设过程中，要求开发人员在开发过程中必须保证功能与需求文档一致，负责质量保证的人员要做到定期检查。开发过程由测试驱动，测试人员在开发之前应当根据需求文档编写测试用例。开发人员要尽量从用户角度出发，对可能存在的风险性的部分从代码上作容错处理，并在截获代码后给出友好的提示。测试人员须了解用户的运行环境进而模拟恰当的测试环境。开发人员要从代码的算法设计，前后台逻辑合理分布以及数据库设计的效率三个方面综合考虑系统的运行效率。测试人员在进行压力测试过程中应当对影响效率的功能模块进行白盒测试。

（2）完整性

从功能构成上讲，完整性是要保证平台的建设内容与既定目标一致，不能有所遗漏。从数据安全上讲，数据的访问必须通过特定的方法完全保护起来。用严格的权限管理方法来控制数据的存取，如身份验证、用角色划分、权限分配、访问约束或者需要保护的精确数据。

（3）可互运行性

在本平台的建设中，保证平台的可互运行性是指平台的各个相对独立的功能模块之间可以顺利地进行数据交换、功能切换或功能相互调用，这是软件灵活性的重要体现。

（4）可移植性

可移植性是要保证该平台能够在不同操作系统、不同系统架构的硬件环境或不同编译器上正常运行。因此，在平台设计阶段，我们尽量选择具有良好跨平台性的软件体系架构、编码语言及编译器，以保证软件能够以较低的迁移成本在不同的硬件平台及网络环境间进行移植。要达到上述目的，开发人员应熟悉用户的运行环境，并熟悉平台的体系架构，避免影响移植情况的发生。

（5）可重用性

提高软件功能模块的可重用性是节约开发成本的重要手段之一。目前，我们在过去已经积累了大量的程序源代码，有些功能可以直接用于本平台的建设。另外，在新代码的编写过程中，我们也注重培养建立开发可重用软件的意识。不管开发什么程序，都会有一些公共的逻辑和功能，要有目的地对其进行合理抽象和归纳、总结，为其在本软件或其他软件中的重用奠定基础。在具体编码时，要坚持"高内聚、低耦合"的原则，保证类或模块内的功能纯粹性和唯一性。

（6）可维护性

可维护性也称可扩展性，其是要保证软件能够根据实际需要进行不断的更新和改进。具体操作时，可以从如下几个方面来实现平台的可维护性：第一，在设计时尽量详细，并建立设计说明书；第二，在编码时严格按照设计说明书执行，并按照编码相关标准和规范做好注释工作；第三，为平台建立详细的说明文档，以便进行问题追溯。

（7）可测试性

软件的可测试性是指软件发现故障并隔离、定位其故障的能力特性，以及在一定的时间和成本前提下，进行测试设计、测试执行的能力。按照软件工程的要求，测试是软件开发最重要的环节，是保障软件质量的最重要手段。可测试性首先要满足可视性，即测试内容可以被观察到。其次，要满足可控制性，控制能力越强，可自动化的能力越强，就越容易根据测试人员的需要来进行测试。再次，要合理地划分测试功能，使用恰当的测试用例。最后，要建立相关的测试文档和日志，以便复查问题所在。

（8）易用性

平台的建设主要从三个方面来保障平台易用性。其一，是操作界面要整洁、清晰，使用户不必耗费很长时间去寻找需要的功能；其二，是提高程序的记忆能力，以便用户在进行重复操作时避免重复输入相同参数；其三，是在用户进行某项复杂功能操作前给予相关提示信息，以免误操作。即使出现误操作的情况，平台要给出友好的出错信息及更正方法。

（二）安全设计

深圳市基准房价评估所涉及的数据众多，包括属性数据、价格数据和空间数据等，这些数据由于其具有的高度的敏感性而应该受到严格的保护，随之而来的就是软件平台的安全设计问题。对于计算机系统来说，软件的安全性设计可以保证程序在设计的运行环境中，不会引起或诱发人员、设备及系统资源的危害。

1. 软件安全设计原则

在深圳市基准房价评估与应用平台的生产周期内，安全风险是无处不在的，包括软件缺陷产生的风险、用户操作产生的风险、费用风险和进度风险等。因此，在平台的建设过程中，为了降低这些风险，我们采用了以下软件安全设计原则：

（1）降低软件和接口的复杂性。

（2）对安全关键等级高的模块，如数据存储、基准房价评估和系统管理等，应使用更有针对性的设计方法，以降低其失效的发生概率。

（3）对具有高风险的部分，平台的设计和开发人员应提供更多的资源，如时间、技术考虑及成本。

（4）强调人的重要性，一是开发人员要具有软件安全性的意识，二是通过设计友好的操作界面引导用户进行正确操作。

（5）设计是要考虑软件的可测试性。

2.安全设计主要内容

软件安全设计工作主要在软件的设计阶段开展，至软件设计完成时结束，它应该与其他功能设计一样，贯穿于软件整个生命周期内。在本平台的安全设计过程中，我们采用多层面安全保障体系，具体如图6.13所示。

图6.13 软件平台安全体系

具体来说，本研究的软件平台安全体系包括：

（1）在操作系统层面：我们采用安全性能较高的windows server 2003作为本平台的服务器运行环境，并及时修补系统漏洞，保障系统安全；为操作系统安装防火墙或反病毒软件，避免病毒入侵；在访问系统资源时，要对访问人员进行身份验证，避免不熟悉系统的人进行误操作。

（2）在数据层面：无论是房地产属性数据、价格数据还是空间数据，我们统一采用Oracle 10g数据库进行统计存储和管理。除了应用Oracle数据库自己的安全性能外，在实际操作中，我们将所有数据进行了备份并存储到另外一台服务器上，以备不时之需；对各种日志文件制定完备的管理策略，并定期进行分析和整理，做到及时发现问题及时解决。

（3）在代码层面：严格要求开发人员按照相关标准和规范进行编写，多使用try{}catch{}语句及时捕获意想不到的输入或计算错误，使代码具有良好的健壮性。对实现关键功能的代码做好注释，以便将来更新和改进。

（4）在网络层面：定期检查网络系统的硬件、软件设施，保障网络畅通。

（5）在数据传输层面：在数据传输的过程中，对关键数据设置严格的访问权限，并采用保密U盘或对数据加密的方式进行传输或备份。

（6）在文档安全层面：做好各种文档的备份和保存工作，并进行定期检验。

第三节　平台关键技术实现

一、图文一体化设计

房地产数据是具有典型空间特性的数据，无论是信息显示、信息查询、基准房价评估与发布都必须结合地图才能发挥其最大的效用。对显示、分析、管理地图数据抑或是其他所有空间数据来说，GIS是最强有力的支撑工具。因此，在深圳市基准房价评估与应用平台的设计阶段，我们将GIS技术引入平台的建设，实现房地产数据图文一体化管理、图文一体化查询、查询结果列表显示方式与二、三维地图显示方式之间的无缝切换。在这里，"图"主要是指房地产空间数据，主要包括遥感数据、建筑物普查数据、行政区界和道路矢量数据等。"文"主要是指房地产属性数据和价格数据，如名称、编号、位置、交易价格等。

（一）图文一体化管理查询

图文数据一体化管理是指将属性数据、价格数据与空间数据作为一个整体，统一进行管理。要实现一体化管理，首先要实现将不同格式的数据进行管理。在实际操作中，我们将属性数据与价格数据通过房屋编号进行关联，将属性数据与空间数据通过建筑物普查编号进行关联，空间数据和价格数据通过属性数据进行间接关联，这样就在三种数据之间建立起了对应关系，为统一管理奠定了基础。

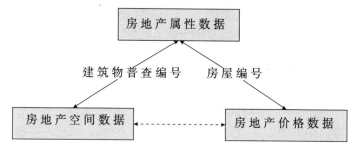

图6.14 房地产数据关联

另外，在管理方式上，我们采用基于"对象-关系"的Oracle 10g数据库对不同的数据进行统一存储。首先，Oracle 10g数据库是关系型数据库，支持传统的非空间数据的存储和管理。与此同时，Oracle 10g数据库可以通过Oracle Spatial空间数据库组件完美的支持空间数据的存储和管理，并能够实现利用GIS对空间数据库的快速读写等操作。Oracle Spatial能够将空间数据转换为大二进制对象类型进行存储，用以满足空间数据记录动态增长的非结构化特征，这使得将空间数据存放在关系数据库中成为可能。其次，Oracle 10g数据库提供了丰富的JAVA接口，平台能够很方便地通过JAVA实现空间和非空间数据的读写。在实际操作中，我们运用"对象-关系"模型，将地理数据和属性数据混合放置于数据库中，辅以特殊结构的空间信息数据文件实现图文数据一体化管理，并通过关联属性实现各种数据之间的互查询，其模型如图6.15所示。

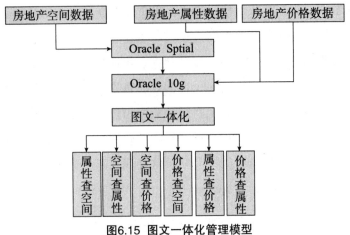

图6.15 图文一体化管理模型

（二）图文一体化显示

图文一体化显示是在图文一体化管理和查询的基础上建立起来的，主要利用了二维GIS和三维GIS功能。二维GIS组件提供了丰富的二维地图操作接口，可以很方便地实现地图显示、浏览、缩放、识别等常用功能。而三维GIS利用SKYLINE产品构建虚拟仿真环境，立体地展现房地产信息。在本软件平台中，图文一体化显示并不是仅仅指静态的显示房地产数据和空间数据，而是实现了动态的在文字列表、二维地图和三维虚拟环境之间的无缝切换，即在任何一种显示方式下都可以转换成其他显示方式，其转换模型如图6.16所示。

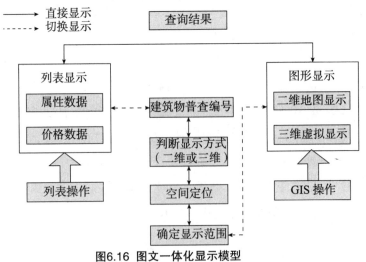

图6.16 图文一体化显示模型

二、3D GIS虚拟现实设计

虚拟现实技术是一种综合应用计算机图形学、人际接口技术、传感器技术以及人工智能等技术，制造逼真的人工模拟环境，并能有效地模拟人在自然环境中的各种感知的高级的人际交互技术。虚拟现实技术的实质在于它提供了一种高级的人机接口，改变了人与计算机之间鼓噪、被动的交互方式，是一个崭新的信息交流平台。

在深圳市基准房价评估与应用平台软件中，三维虚拟现实平台是数据查询与显示、基准房价评估与校验的重要工具，它通过叠加多种图层数据、逼真的三维显示效果为用户提供了足不出户却身临其境的视觉体验。在实际操作中，我们使用SKYLINE系列产品实现三维GIS虚拟现实效果，并根据基准房价评估与应用的实际需要，设计了3D GIS虚拟现实模型（如图6.17所示）。该模型最主要的支撑条件为房地产三维仿真数据，它通过房地产普查编码与建筑物属性信息进行关联。这样，三维平台在提供视觉体验的同时，也能够使用户同步地了解房地产信息，这在一定程度上模拟了人们在购房时现场查勘的过程。换句话说，利用三维平台提供的空间分析功能，用户能够观察到影响房地产价值的周边环境因素，其具体功能包括：

1. 日照分析：采光是影响房地产价值的重要因素之一。用户可以通过设计阴影半径，生成全天候的日照仿真效果，模拟房地产采光情况。

2. 景观可视化分析：房地产所具有的景观效果也是决定房地产价值的重要因素。利用三维虚拟现实平台，用户可以分析显示某一点（例如、房屋的窗户或阳台）的可视化范围和不可视范围。

3. 景观通达性分析：分析两点之间的通达性，从而判断某点的视觉范围。

4. 负面环境因素影响分析：用户可以基于某一半径分析三维空间内某一点的影响范围。例如，公交站点的噪声污染分析，用户通过在设置了半径之后，平台会根据建筑物遮挡及声音衰减情况自动计算出噪声的影响范围和强度。

5. 区位分析：例如学区分析、商业分析、交通便利度分析等。

另外，针对三维环境的特殊性，我们还设计了多视角查看功能和空间量算功能，前者如俯视、仰视、平视、360度等视角，后者如高度评估、距离评估和面积测量等。

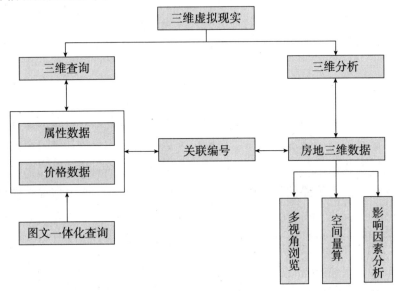

图6.17 3D GIS虚拟现实模型

三、"地—楼—房"数据模型集成

在基准房价基础数据库设计中，房地产数据的逻辑存储模型是"地—楼—房"数据模型。该模型从构成房地产的土地、楼栋（楼盘）和房屋的角度出发，其结构可以形象地比喻为一个棵"树"，其中，树根为产权数据库，即评估基础数据库以原有的产权数据库为基础，并在其基础上进行整理、补充和扩展。树的主干为项目组自行研发设计的"地—楼—房"数据模型，并以"地—楼—房"数据模型为核心骨架进行逐级扩展，最终生成"树叶"，即具体的各种房地产属性数据表单。而各种关联表就像树的分支，将树叶与主干连接起来。鉴于上述这种数据存储模型，深圳市基准房价评估与应用平台采用与之对应的方法进行集成和显示，以最大化提高数据操作效率。

在数据读写时，平台采用JDBC（Java Data Base Connectivity，Java数据库连接）接口实现软件对Oracle数据库的读写操作。JDBC是一种用于执行

SQL语句的Java API，可以为多种关系数据库提供统一访问，它由一组用Java语言编写的类和接口组成。JDBC为工具/数据库开发人员提供了一个标准的API，据此可以构建更高级的工具和接口，使数据库开发人员能够用纯 Java API 编写数据库应用程序。JDBC的另外一个特点是，它能够以一致的方式访问诸如ACCESS、SQL Server及Sybase等不同数据库，为将来的数据扩展提供了便利条件。

在数据查询时，平台提供了图文一体化查询。用户可以选择三种查询范围，即土地、楼栋（盘）和房屋，通过输入关键字进行定制查询所需的房地产信息，查询结果通过列表、二维地图或三维虚拟显示展现出来，方便用户浏览。

在数据显示时，平台采用多级逐级扩展的显示方式，这样可以方便地从土地查找到该土地上的楼栋和房屋，也可以反向地从房屋追溯到土地。数据显示的模型具体如图6.18所示。

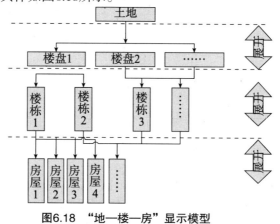

图6.18 "地—楼—房"显示模型

四、整体评估集成

在基准房价评估过程中，整体评估思想主要体现为整体估价模型。整体估价模型"以标准房为核心、以比价关系为纽带"，将所有房屋有机的联系在一起。它通过计算少量的标准房的基准价格，利用比价关系整体一次性计算出所有房屋的基准房价。整体估价模型包含一系列计算步骤，其主要计算步骤包括选择标准房、搜索可比实例、评估标准房、评估所有房屋、评估结果检验、制作比价系数和时间修正系数等，每个计算步骤都有输入和输出参数，并按顺序进行操作以完成基准房价评估。

从上面的叙述中，我们可以发现，整体估价模型具有几个特点：操作步骤多、前后关系严谨、输入设置多、输出结果多。这些特点都在一定程度上增加了软件平台在实现基准房价评估模型程序化时的难度。那么，为了降低开发难度、提高开发效率，我们在平台设计和建设时采取了评估过程可视化、设置标记以及参数记忆等功能手段。

（一）评估过程可视化

评估平台按照整体估价模型将基准房价评估过程划分为多个子操作，每个子操作负责完成一项功能，并在完成之后以列表或地图的方式显示该功能的计算结果。这样，在评估的过程中，虽然操作的步骤较多，但由于用户可以全程跟踪每步计算细节，能够轻松的发现中间过程中出现的问题，以便及时调整输入参数重新计算，不至于影响后续步骤的执行效果。可视化操作模型具体如图6.19所示。

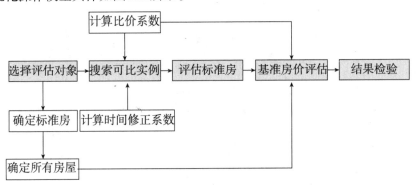

图6.19 整体评估向导模型图

（二）设置标记

对已经完成和未完成的操作，系统给出明确的标记以提示用户，对于先导步骤未完成的操作系统将加灰显示不能操作。标记模型具体如图6.20所示。

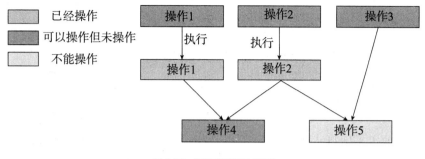

图6.20 标记模型示意图

（三）参数记忆

参数记忆功能包括两个方面。其一，因为每个操作步骤都可以多次重复计算，而设置参数又是一项繁琐的工作，因此，平台提供的参数记忆功能能够使用户在重复某项操作时，还原上次执行该操作时使用的输入参数。其二，在按顺序进行基准房价整体评估时，上一步的输出将自动作为下一步的输入参数，用户不用再重新设置输入参数。参数记忆模型具体如图6.21所示。

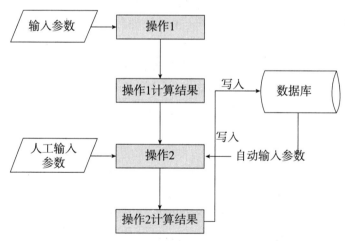

图6.21 参数记忆模型图

第四节　平台一期建设内容

一、内容概述

2007年，项目所在单位开始启动基准房价研究项目，为了配合该项目的实施，也同时开展了深圳市基准房价评估与应用平台的一期建设。由于当时基准房价评估模型还在研究当中，因此，项目组决定将一期建设内容定位在以数据整理、查询和显示为建设核心，其目的是保障后期基准房价的评估与应用工作。

由于房地产数据来源广泛、种类繁多，要想统一使用这些数据，就必须对其进行整理。在"标准化、程序化、可扩展化"的信息化建设基本原则指导下，平台的一期建设进展顺利，初步实现了以下目标：

1. 标准化房地产属性和价格数据。由于这些数据来源不同，所遵循的标准也不尽相同、质量参差不齐。因此，很难联合使用。因此，项目组对其进行的处理主要包括编码方式、表示单位、存储精度、数据纠错及数据补充。

2. 标准化房地产空间数据。主要处理包括统一坐标系、统一投影方法、关联属性数据等。

3. 关联房地产属性数据、价格数据和空间数据，使之成为一个有机的整体，从而进行统一操作和使用。

4. 在数据整理的基础上，开发了相应功能模块。

二、功能模块设计

（一）访问权限控制

为了保障平台及数据安全，针对不同的用户有必要对系统访问权限进行控制，以便使不同的用户只能访问与其权限相对应的系统资源。每个用户在登陆之后，系统会根据登录名自动赋予用户相应的访问权限，用户只能对特定资源进行查询、分析、修改和评估等操作，这种权限控制的优点是大大降低了由于用户误操作导致的严重后果，有效保障数据安全性。与此同时，对无关数据的不可访问性也能使用户集中精力于眼前工作，提高工作效率。访问权限控制功能包括权限范围设定、访问权限分配、更改和删除等操作。

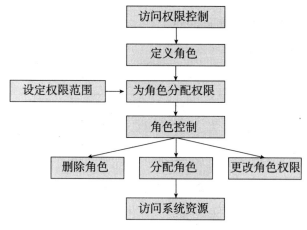

图6.22 访问权限控制功能视图

（二）数据图文查询

该功能根据用户设置的搜索条件进行文字查询、地图查询或图文交互查询。其中，文字查询条件通过从大到小逐级设置来缩小对象搜索范围，利用关键字匹配技术进行筛选，筛选结果通过列表方式呈现。而基于地图的搜索条件的设置方式除了上述文字方法外，还可以利用GIS技术的缓冲区查询方式划定搜索范围，其搜索结果能够在二维地图上以图文并茂的形式直观呈现出来。另外，文字查询和地图查询并不是互相独立的，而是有机地集成在一起的综合查询，二者之间可以互相切换，即文字查询结果可以在地图中查看其空间信息，而地图查询结果可以查看其基本属性信息。数据图文查询功能设计视图如下所示：

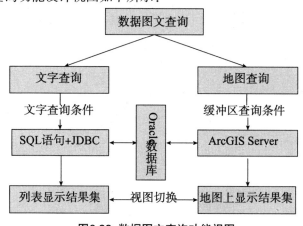

图6.23 数据图文查询功能视图

（三）二维地图查询功能

二维地图查询实现了基于GIS的二维地图常用操作，是支撑数据图文查询的基础功能，其功能视图如下所示：

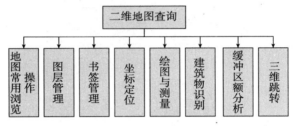

图6.24 二维地图查询功能视图

（四）产权登记数据查询

该功能模块实现了按不同查询方式查询产权登记数据功能，其功能视图如下：

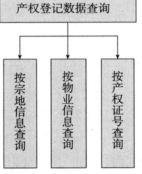

图6.25 产权登记数据查询功能视图

（五）定制查询

用户可以在定制查询模式下，根据需要设置查询范围和查询条件，批量查询房地产信息，查询结果用列表方式显示。同时，用户还可以新增、修改和删除定制的查询条件，对定制查询进行管理。

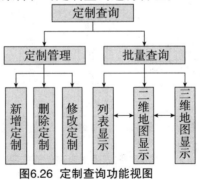

图6.26 定制查询功能视图

（六）三维仿真查询

三维仿真查询是基于三维虚拟现实平台实现的地图查询方式，除了三维GIS基本浏览功能外，还利用SKYLINE工具实现了多个影响房地产价值的空间因素的分析工具。三维仿真查询包含四大子功能及十余项小功能（图6.27），具体为：第一，三维查询功能包括自选区域查询、线路缓冲查询、同心圆查询、点选查询和资源目录树；第二，三维测量功能包括距离测量，面积测量和高度测量；第三，日照分析、景观可视化分析、负面环境因素影响分析和景观通达性分析；第四，区位分析包括地铁和公交站点分析、学位分析和商业区位分析。

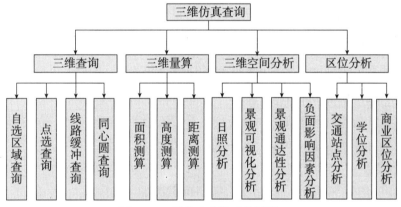

图6.27 三维仿真查询功能视图

（七）数据维护功能

数据维护功能实现了房地产数据的基本维护功能，包括房地产基础数据和开发商资料的添加、删除和修改等功能。

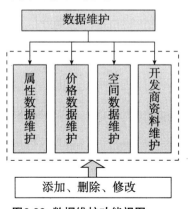

图6.28 数据维护功能视图

（八）数据统计功能

数据统计功能实现了对各种房地产数据的统计分析功能，这些统计分析可以按照区域进行分类统计，也可以按照面积或价格进行统计。

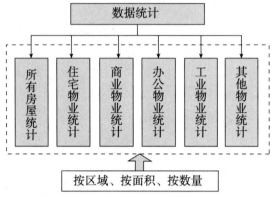

图6.29 数据统计功能视图

（九）系统功能管理

系统功能管理实现了平台管理员对系统的所有管理功能，包括日志管理、公告管理、动态管理、部门管理和用户管理等近十项子功能。

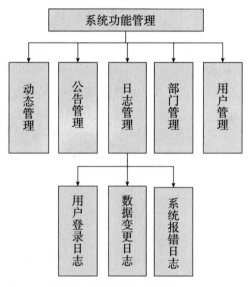

图6.30 系统管理功能视图

三、角色控制

访问角色控制是保障系统及数据安全的重要手段。在深圳市基准房价评估与应用平台中，角色控制采用了基于角色的访问控制策略来保障系统及数据安全。访问控制又称权限控制，它将系统用户依据职能的不同划分为不同的角色，用来确保只有被授权的用户才能访问特定信息。本平台系统所采用的访问控制模型为RBAC模型（Role Based Access Control），该模型最大的优点在于它能够灵活表达和实现安全策略，也在很大程度上提高了访问速度，并在一定程度上解决了因用户过多导致的访问效率低下与维护困难等问题。从图6.31中可以看出，RBAC模型将不同的用户赋予一个角色，每个用户只能拥有一种角色，但每个角色可以对应多个用户，每个角色可以访问多种资源。通过RBAC角色控制模型，只要事先明确定义不同角色可以访问的系统资源，就可以方便的为不用的用户赋予访问某种资源的权限。

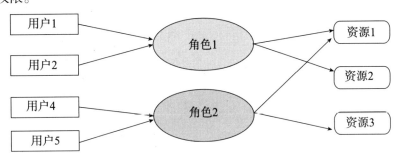

图6.31 基于角色的访问控制模型（RBAC）

在平台系统中，我们定义了4种角色，它们分别为：

1. 普通用户

普通用户拥有最低等级的系统访问权限，他们只能对特定数据进行查询和统计分析操作，而不能对系统数据进行修改。

2. 评估人员

评估人员除了具有普通用户所拥有的访问权限外，还可以使用与自身职责相对应的数据进行基准房价批量评估。从评估师角色开始，用户就具有了访问房地产基础数据的权限，可以对数据进行检查、校核工作，但评估师角色仍不能对数据库中的数据进行修改。

3. 修改人员

修改人员角色除了具有评估人员角色所拥有的访问权限外,还可以对数据校核意见进行审核和确认,并根据需要对数据库中的内容进行修改。

4. 系统管理员

系统管理员角色拥有最高级别的系统访问权限,他不仅可以访问系统内部所有资源、进行所有操作,也是系统角色的最终管理者,不同的用户需要根据自身职责的不同通过系统管理员获得相应角色。

四、用例分析与实现

(一)用例分析

1. 列表查询

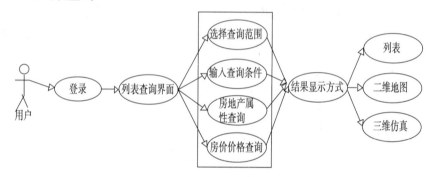

图6.32 列表查询用例视图

2. 二维地图浏览

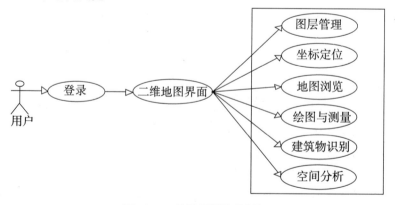

图6.33 二维地图浏览用例视图

3. 三维仿真查询

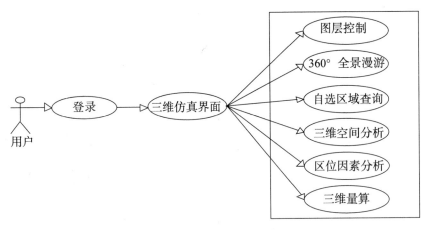

图6.34 三维仿真查询用例视图

4. 系统管理

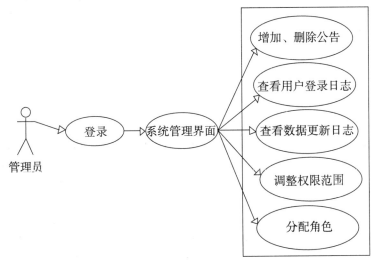

图6.35 系统管理用例视图

5. 数据维护

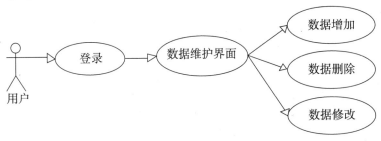

图6.36 数据维护用例视图

（二）用例实现

1. 列表查询

用户使用用户名和密码登录平台，在通过身份验证之后进入列表查询界面。用户选择查询范围，输入查询关键字，抑或是使用定制查询，完成查询操作。查询结果默认以列表方式显示，用户可以根据需要切换成二维地图或三维虚拟现实环境进行显示。

2. 二维地图浏览

用户使用用户名和密码登录平台，在通过身份验证之后进入二维地图界面。用户可以利用GIS浏览工具对地图进行漫游操作，也可以通过点、线或面缓冲区方式识别建筑物、查询房地产信息；可以利用空间评估工具进行距离测量、面积测量；还可以通过数据标准数据进行空间定位，快速地查找房地产对象。

3. 三维仿真查询

用户使用用户名和密码登录平台，在通过身份验证之后进入三维仿真界面。与二位地图浏览一样，用户可以利用GIS浏览工具对三维地图进行漫游操作，同时可以将漫游视角调整为俯视、仰视或360° 全视角；由于三维仿真数据具有Z轴信息，因此可以测量建筑物高度。另外，房地产评估人员除了可以利用直观的视觉体验观察影响房地产的区位因素、景观因素之外，还可利用三维空间分析功能进一步辅助其进行空间因素判断，如日照分析、景观通达性分析及噪声等负面因素影响分析等。

4. 系统管理

在本软件平台中，只有系统管理员身份才能实现系统管理功能，包括调整权限范围、分配角色、查看各种日志及备份等。

5. 数据维护

利用平台提供的数据库操作接口实现对Oracle数据的增加、删除、修改等操作，完成数据维护功能。

五、界面实例

（一）基础数据查询界面

1. 页面首页：该页面左侧列表显示基础数据查询功能实现的所有子功

能，包括房地产数据查询、定制查询、二维地图查询和三维地图查询等。

图6.37 基础数据查询功能首页

2. 房地产数据查询查询：用户能够对楼盘、楼宇和房屋进行逐级查询，可以查看房地产的基本信息、扩展信息、价格、地图位置、照片、户型图等内容。

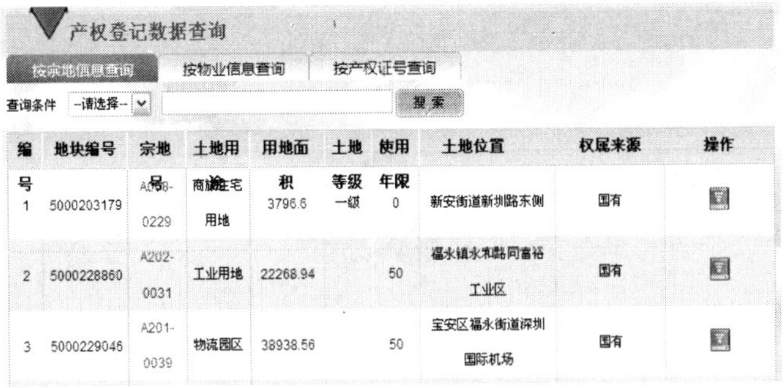

编号	地块编号	宗地	土地用途	用地面积	土地等级	使用年限	土地位置	权属来源	操作
1	5000203179	A608-0229	商服混宅用地	3796.6	一级	0	新安街道新拗路东侧	国有	
2	5000228860	A202-0031	工业用地	22268.94		50	福永镇永兴鼎同富裕工业区	国有	
3	5000229045	A201-0039	物流园区	38938.56		50	宝安区福永街道深圳国际机场	国有	

图6.38 房地产数据综合查询

3. 评估结果查询：用户可以设置查询条件查询所关心的房屋的基准房价。

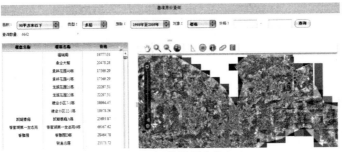

图6.39 评估结果查询

4. 二维地图查询：用户可以基于二维地图进行房地产信息的查询，通过点选、框选、拉线、画圈等查询方式查询指定空间范围内的房地产，并实现了放大、缩小、漫游、空间测量等功能。

图6.40 二维地图查询（地图基本操作）

用户可以根据需要，调整图层的可见性、显示顺序等，还可以根据关键字或坐标定位房地产。

图6.41 二维地图查询（图层控制、关键字查询等）

此外，系统还提供绘图、量测和缓冲区查询等工具，用户可以自由的在地图上绘制图形，可以使用量测工具测量线的长度、多边形的周长和面积等，还可以利用缓冲区进行分析。

图6.42 地图查询分析

5. 三维仿真查询：提供基于三维仿真的查询功能，给用户提供逼真的数据查询方式。

图6.43 三维仿真查询

6. 评估参数查询：实现对各类评估参数的动态查询功能。

行政区	大分区	大分区系数	小分区	小分区系数	月份	行政区系数
福田区	FT06	1.0	FT06-02	1.0	2010-10	1.0
福田区	FT06	1.01222299090227	FT06-02	1.00288101548382	2010-11	1.01849219616009
福田区	FT06	1.037776649907114	FT06-02	1.02819642938327	2010-12	1.036060213464756
福田区	FT06	1.17349794105846	FT06-02	1.09612737657023	2011-01	1.10879998604396
福田区	FT06	1.19899537446899	FT06-02	1.17561563299857	2011-02	1.1743997375061
福田区	FT06	1.19066848889917	FT06-02	1.17588642115075	2011-03	1.15733050529574
福田区	FT06	1.199446551583443	FT06-02	1.19621181563684	2011-04	1.17593756637766
福田区	FT06	1.22399972737332	FT06-02	1.19106655421986	2011-05	1.19400829577829
福田区	FT06	1.27542182837082	FT06-02	1.24575159339016	2011-06	1.2350671446284

图6.44 时间修正系数界面

7. 定制查询：数据库工程师可以将后台定制的复杂查询发布到系统中，供其他用户动态查询，并能够定制查询的表头，查询结果可以导出为Excel文件。

图6.45 定制查询界面

8. 地楼房模型查询："地—楼—房"数据模型是项目组专门设计的存储房地产信息的数据模型。而在查询信息时，也是按照"地—楼—房"的层级形式进行操作的。

图6.46 地楼房模型查询界面

（二）基础数据维护界面

1. 房地产基础属性数据维护：实现对宗地、楼盘、楼宇、房屋等房地产信息的增删改等功能，并记录用户对数据的更改日志，以便于系统追溯。

图6.47 房地产（宗地）数据维护界面

2. 评估参数维护：可以对评估过程中相关的参数进行添加、修改和删除，如时间修正参数、比价系数等。

图6.48 时间修正系数维护

3. 其他资料维护：提供对其他相关资料的维护功能，如对开发商、物业管理公司等资料的维护。

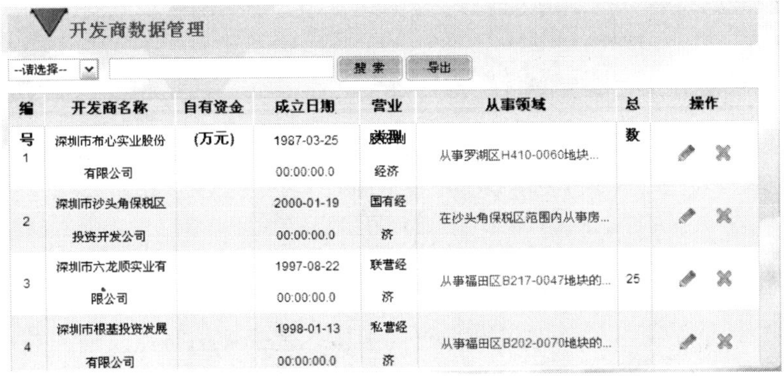

图6.49 开发商信息维护

（三）基础数据统计界面

基础数据统计分析功能实现了按住宅物业、办公物业、商业物业、工业物业等不同类型房地产进行统计，主要统计指标包括房屋套数、面积、评估价格等。

1. 查询统计信息：用户选择查询类型，并输入关键字进行模糊匹配查询统计结果，以列表方式显示。

图6.50 办公物业查询统计界面

2. 柱状图显示：用户可以选择按物业数量、物业面积还是价格进行统计，统计结果以柱状图的形式显示出来。

○套数统计图　○面积统计图　●价格统计图

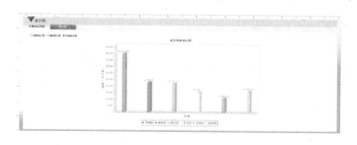

图6.51 统计结果柱状图显示（以价格统计为例）

3. 评估结果统计：通过选择查询类型，选择评估时点及输入关键字，用户可以进行批量评估结果统计，统计结果能够以列表和柱状图两种方式显示，并可以导出成EXCEL格式。

图6.52 统计结果导出界面

（四）系统功能管理界面

1. 用户管理：平台实现了增加、删除、修改和查询用户功能以及为用户分配角色和权限范围等功能。

图6.53 用户管理界面

2. 日志管理：实现对用户登录日志、数据变更日志及系统报错日志的查看、修改和删除功能。

图6.54 日志管理界面（用户登录日志）

3. 角色管理：实现了角色查询和新增角色功能。

图6.55 角色管理界面（角色查询）

4. 功能管理：为用户提供功能查询和功能新增操作，便于平台管理员对平台现有功能进行管理。

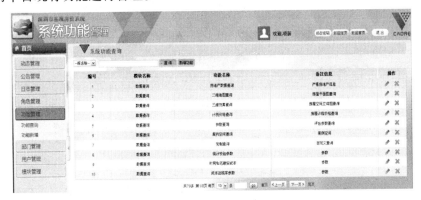

图6.56 功能管理界面（功能查询）

5. 动态管理：动态维护房地产领域、部门或个人的新闻、获奖及评审等消息。

图6.57 动态管理功能界面

第五节 平台二期建设内容

一、内容概述

二期建设以一期建设内容为基础，主要围绕基准房价评估展开，并对评估结果进行查询、统计分析及发布应用。这里的基准房价评估指的是应用整体估价模型来完成房屋基本单元的基准房价评估工作。二期建设内容的重点是在平台中高效的实现整体估价模型，以保证在求取基准房价时的易操作性、快速性和准确性。

平台的评估功能，实现了对深圳全市所有已登记房地产的基准房价评估工作，其中又以住宅房地产最为核心，且其评估规模也为最大。与此同时，应用全样本统计模型，以基准房价为基础，平台还实现了楼栋房价、楼盘房价、标准分区房价、大分区房价、行政区房价以及全市房价的统计功能。

在基准房价评估时，所使用到的数据包括房地产属性数据、价格数据（主要是交易价格数据）和空间数据，这些数据通过一期建设内容的整理，能够直接为二期所用，从而保障了平台二期建设的顺利进行。

二、功能模块设计

深圳市基准房价评估与应用平台的二期建设包含四部分内容，分别为基准房价评估、基准房价查询、基准房价发布和基准房价应用，其中又以基准房价评估最为重要。本节将对各功能模块逐一进行简单介绍，下一节将对评估模块的功能实现进行重点阐述。

（一）基准房价评估

基准房价评估功能是本软件平台的核心功能，其作用就是批量评估出所有待评估房地产的基准房价。

用户根据自身的访问权限，操作相应的数据进行批量评估工作，其评估流程的一般步骤为：选择评估对象-->选择评估方法-->确定方法参数-->计算基准房价-->结果检验，每一个评估步骤的计算结果都可以单独存储在数据库中，以便重复使用。评估对象的选择方法有两种，分别为基于表的方式和基于地图的方式，而评估方法则为整体估价法。批量评估结果以表的形式存储在Oracle数据库中，而其显示方式有两种——列表方式和地图方式。在使用本平台进行基准房价批量评估时，评估流程不是必须从"选择评估对象"开始，而是可以利用以往某个评估步骤的计算结果，从其下一步开始进行新一轮评估。这是因为本平台遵循组件式开发原则，每一项功能都可以看成是一个工具，既可以单独使用，也可以组合使用。

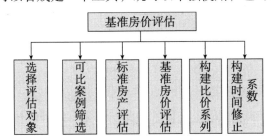

图6.58 基准房价整体评估功能视图

（二）楼栋及以上层级房价统计

以基准房价为基础，运用全样本统计模型即可统计得出楼栋、楼盘房价，再以楼盘房价为基础，又可统计得出其他更高层级的房价。

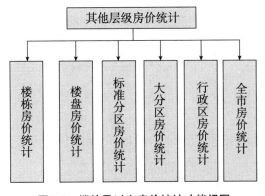

图6.59 楼栋及以上房价统计功能视图

（三）基准房价查询

基准房价查询功能为用户提供各种定制的查询服务，用户可以从两个方面进行查询，一是按照房地产名称或编号信息直接查询其基准房价，二是按照价格范围，根据房地产面积、类型、房龄、评估时点等属性信息进行查询。

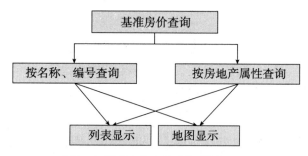

图6.60 基准房价查询功能视图

（四）基准房价发布

该功能是基准房价评估结果及其他各个区域尺度上的房价统计结果，以列表或地图的方式发布到互联网上进行公示，或通过接口传输给其他单位用户，以便公众及单位用户进行相关查询及分析。

（五）基准房价应用

基准房价评估出来的最终目的是要在社会、经济领域得到应用，从而发挥其现实作用。以本软件平台为依托，结合基准房价的特点，其应用功能视图为：

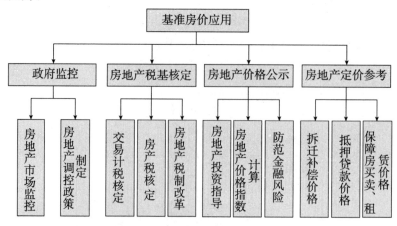

图6.61 基准房价体系应用功能视图

三、评估实现

（一）整体评估功能设计

1.可重用设计模式

深圳市基准房价评估与应用平台的建设是一项复杂的系统工程，因此，在平台设计阶段，我们特别注重软件模式的设计，以保障平台的建设质量。基准房价评估功能中的整体评估功能是平台的核心功能，在对其进行设计时，我们采用了多种设计方法，其中，最主要的方式是可重用设计模式。

软件重用，是指重复使用为了重用目的而设计的软件的过程，包括为重用而进行开发和使用重用进行开发两个方面。在基准房价评估功能模块中，整体评估功能的开发除了在代码编写上注重可重用设计外，更主要的是在功能组织上充分体现了可重用这一思想。在本平台设计中，我们将这种功能可重用设计思想定义为"工具箱"式组织模式。

所谓"工具箱"式组织模式，是指在整体评估功能设计时，我们将整体估价模型的操作步骤划分为多个不可再分的子操作或子功能，每一个子操作或子功能被称作一个"工具"，它们既可单独使用来完成某项工作，又可以按照一定逻辑关系组织起来，共同完成一项复杂的工作，其模型如图6.62所示。当"工具"单独使用时，其所完成的功能单一，没有明确的目的性；当改变输入条件时，多个工具可按照工作的目的协作使用，从而完成诸如种树之类的复杂工作。

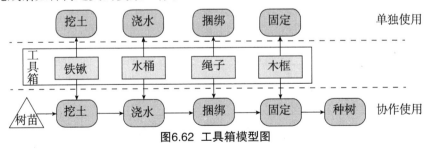

图6.62 工具箱模型图

整体评估功能的实现方式与上述模型一致。整体评估方法按时间顺序主要分为如下四个操作步骤，即选择评估对象、可比案例筛选、标准房评估、基准房价评估。在具体实现时，我们将这四个子功能设计成四个"工具"，每个子功能都有各自对应的输入和输出，而它们互相之间却没有直接联系。

在进行基准房价整体评估时，我们按照整体估价模型的计算顺序，将这四个"工具"按顺序联合使用即可完成基准房价评估工作。在进行下一步操作的时候，系统会默认使用上一步骤的输出结果作为当前步骤的输入参数，这大大节省了烦琐的输入参数的时间成本。这就是通过第三节中所述的"参数记忆"功能实现的。

然而，在某些评估的过程中，我们有时并不会一次性地操作完成所有基准房价计算步骤，可能会在中间的某个步骤完成后，由于某种原因中止了此次计算。在传统设计模式中，当再次计算时，上一次的计算结果就无法继续使用了，这相当于白白耗费了一次系统资源。而本平台由于在设计阶段采用了可重用设计思想，很好地解决了这类问题。

在本平台中（图6.63），整体评估的每一个步骤的输入参数表面上看是对前一步骤输出结果的继承使用（图6.63中虚线所示），但在实际上，这种"继承"并不是直接继承，而是间接继承。也就是说，在代码实现时，前一步骤的计算结果并不是存储在临时变量中以备后继步骤使用，而是存储在数据库里特定的参数表中。在执行下一步操作时，其输入参数自动从参数表中获取（图6.63中实线所示）。通过参数表，平台完全独立了每一个计算步骤，使之成为一个真正意义上的"工具"，这意味着用户可以对计算过程中的任何一个步骤进行修改，并重用先前的计算结果完成后续计算工作，这大大提高了计算的灵活性。

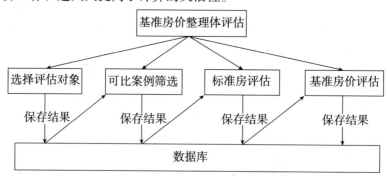

图6.63 基准房价整体评估计算流程

2. 评估时序分析

在基准房价评估过程中，计算步骤是具有先后顺序的，也就是计算过程具有严格的时序性，只有在完成前一步的基础上，才能进行后一步操作。根据整体估价思想，本平台在程序化整体评估模型时，将其计算流程细分为以下几个操作步骤：选择标准房、选择评估对象、搜索可比实例、评估标准房和评估所有房屋。图6.64为基准房价整体评估的时序图。

首先，用户要确定标准房及测试对象的选择方式。在本平台中，选择方式有列表选择方式和地图选择方式两种。列表方式通过逐级缩小区域范围来确定评估对象，而地图方式则可以使用户利用选择工具在地图上划出待评估的区域，平台将自动计算出被选择区域内的标准房。两种选择方式生成的结果都为标准房列表。

其次，平台将根据标准房列表自动计算出所有评估对象，并生成评估对象表。

第三，平台利用比价系数及时间修正系数，为标准房搜索可比实例，并生成可比实例表。

第四，平台利用标准房列表和可比实例表计算标准房的基准房价，并生成标准房评估结果表。

最后，平台利用评估对象表和标准房列表，通过比价系数评估所有房屋对象，并生成基准房价表。

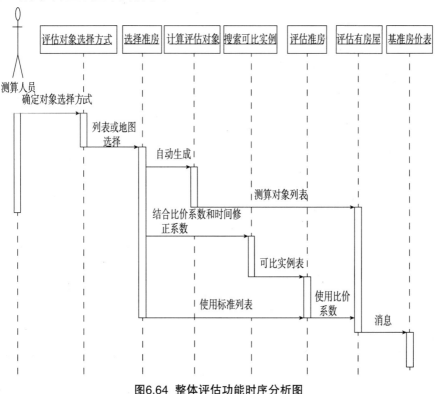

图6.64 整体评估功能时序分析图

3. 评估协作分析

　　基准房价评估是一个多人参与的、复杂的系统工程，从选择标准房到最终生成确认后的评估结果，是一个多角色协作完成的过程。在使用本平台进行基准房价评估时，主要涉及三个角色，分别为评估人员、检验人员和修改人员。他们之间的协作关系如下图所示：

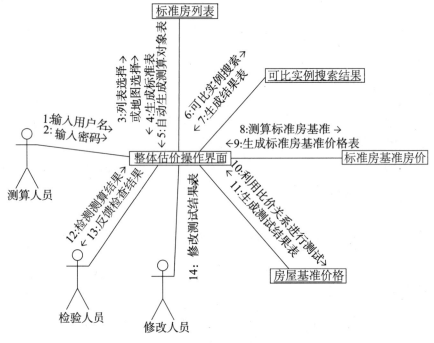

图6.65 整体评估协作图

4. 评估数据流分析

　　基准房价评估所涉及的数据包括房地产属性数据、价格数据和空间数据，他们在基准房价评估过程中都扮演着重要的角色。首先，它们都是房地产基础数据，评估人员以基础数据为出发点，经过一系列的加工和处理生成评估数据，再在此基础上，应用整体估价模型实现所有房屋的基准房价评估。就这样，房地产基础数据经过不断的流动最终生成基准房价数据，其数据流图如下所示：

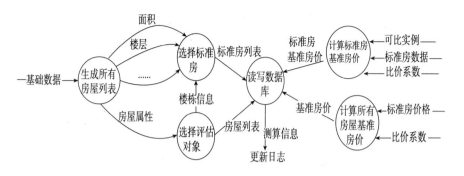

图6.66 基准房价评估数据流图

（二）楼栋及以上层级房价统计用例

以基准房价为基础，运用全样本统计方法，依次可以统计得出楼栋房价、楼盘房价，直至最大区域尺度的全市房价。在此过程中，除了统计人员外，还有检验人员对统计结果进行检验。如果需要对统计结果进行修改，则有修改人员对数据库内容进行相应的更新。

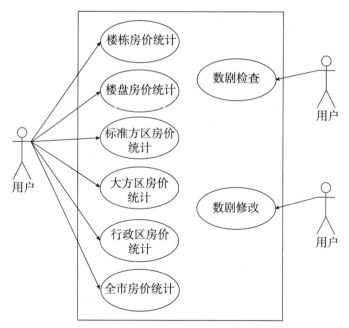

图6.67 楼栋及以上房价统计用例图

四、用例分析与实现

基准房价评估结果及其他层级房价统计结果查询有两种方式，一是按房地产属性查询，通过数据楼栋、楼盘或标准分区的关键字进行查询。二是按基准房价价格范围查询，通过设置价格范围条件、面积条件和楼龄条件等进行查询。查询结果能够以列表和地图的方式显示。

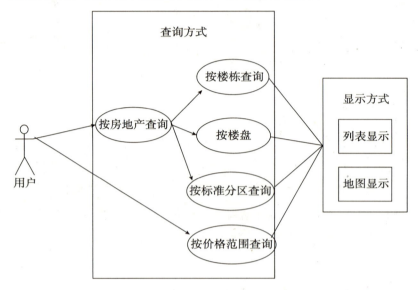

图6.68 基准房价查询用例图

基准房价应用是本系统平台要实现的重要功能之一，用户可以根据需要利用平台发布的基准房价信息及统计结果进行市场研判、预测分析等工作。基准房价信息发布主要是利用GIS相关技术，将基准房价信息与地图相结合形成的基准房价分布图发布出去，用户可以利用本平台对其进行相关查询和统计操作。

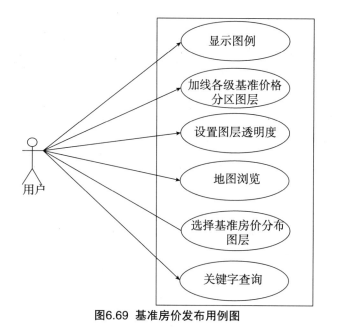

图6.69 基准房价发布用例图

五、界面实例

（一）软件平台界面

深圳市基准房价评估与应用平台经过两期建设，目前已经全面完成了所有既定功能。在进入平台前，用户需要输入用户名和密码进行身份验证，验证通过之后才能进入系统进行功能操作，图6.70为平台登陆页面。

图6.70 深圳市基准房价评估与应用平台登陆页面

用户在通过验证之后，则进入简单明了的操作工具界面，除了一期建设完成的四项功能外，还包括二期建设的基准房价评估、基准房价查询、基准房价发布和基准房价应用。

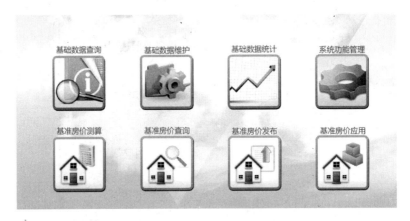

图6.71 平台功能界面

（二）基准房价评估界面

1. 评估界面首页：首页左侧为基准房价评估时用到的具体操作，即操作工具。页面右侧为对基准房价体系的简单介绍性信息。

图6.72 基准房价评估界面

2. 选择评估对象：用户可以通过列表和地图两种方式选择评估对象。在列表模式下，用户可以按照行政区、大分区和标准分区三个区域尺度进行选择，平台会自动列出每个区域尺度所包含的下一级内容。如图6.73所示。

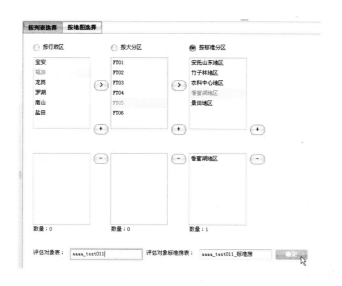

图6.73 列表方式选择评估对象

另外，用户可以在地图模式下通过圈选范围来选择评估对象。该功能实现了基本的地图浏览功能，并为用户提供了两种圈选方式，选择范围之后，平台将自动计算出该范围内的所有待评估房地产的价格。

图6.74 地图方式选择评估对象

3. 可比案例筛选：该功能以评估对象选择结果为基础，通过设置筛选条件为用户提供可比案例筛选功能。在筛选前用户需要设置的筛选条件包括选择标准房表、搜索时间范围、修正阈值及离群值筛选条件等。搜索结果默认情况下以列表方式呈现，用户可以查询可比案例搜索结果详细信息，也可以切换到地图模式下进行查看。

图6.75 可比实例筛选结果界面

4. 标准房评估界面：用户通过设置评估对象表、评估结果表及评估时点进行计算标准房操作，评估结果默认情况下以列表方式呈现，用户可以查询可比案例筛选结果详细信息，也可以切换到地图模式下进行查看。

图6.76 标准房评估结果界面

5. 评估所有房屋：评估所有房屋的界面设置与评估标准房基本一致，如图6.77所示。

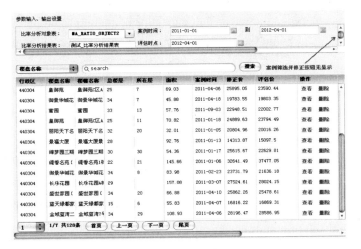

图6.77 所有房屋评估结果界面

　　另外，在所有房屋评估结果界面，用户在点击"查看"按钮后，可以查看楼栋内所有房屋关键属性信息在楼栋内的分布情况，这些属性信息包括：房号、朝向、比价系数、评估价格、户型及面积，并用不同颜色对属性值大小或范围加以区分。

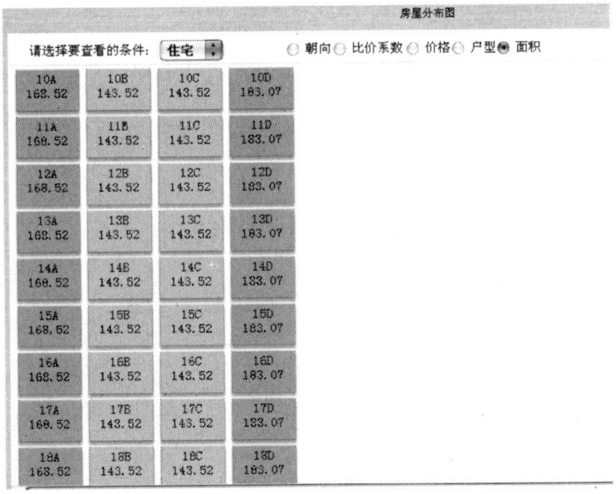

图6.78 房屋面积属性分布图

（三）基准房价查询界面

　　基准房价查询功能为用户提供了按基准价格查询和按价格范围查询两种方式。以按基准价格查询方式为例，用户需要选择统计对象范围（楼栋、楼盘、分区等）及输入关键字进行自定义查询。

图6.79 基准房价查询界面（按价格查询）

（四）基准房价发布界面

　　用户在此功能下，可以对各个区域尺度范围内的基准房价分布图进行自定义查询。例如，用户可以控制图层显示及透明度效果、选择查询范围及输入查询关键字进行匹配查询。对于查询结果（以标准分区为例），用户可以进一步按房屋属性（房龄、类型和面积）查询基准房价走势情况。

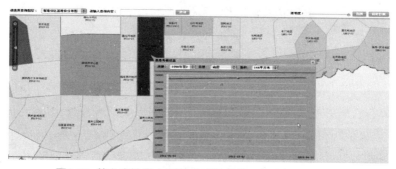

图6.80 基准房价发布界面（以标准分区查询结果为例）

（五）基准房价应用界面

　　该页面详细介绍了基准房价在社会、经济各个领域中的应用情况。

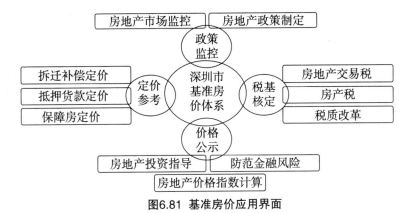

图6.81 基准房价应用界面

第七章　深圳示范

前述各章已经完成了基准房价体系构建的数据准备、房价评估、成果应用以及平台建设等关键技术研究，本章以深圳市房地产市场为例，以2012年10月1日为评估时点，以深圳市已登记四类房地产——住宅房地产、商业房地产、办公房地产及工业和其他房地产为对象，进行基准房价体系构建及应用示范。

第一节　总体思路

深圳市基准房价体系示范应用工作是对先前所有研究成果的实践和总结，对本研究成果在全国范围内的推广应用具有重要的现实意义。在具体的实施过程中，我们坚持"以客观事实为依据、以房地产数据为基础、以基准房价评估方法为核心、以评估结果应用为目的"的工作原则，详细制定了示范应用工作的实施步骤，如下图所示：

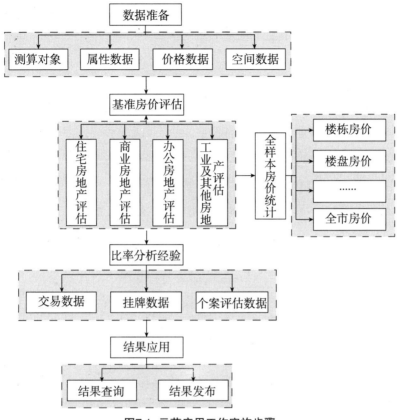

图7.1 示范应用工作实施步骤

首先，数据准备工作是实施深圳市基准房价体系构建与应用的基础和前提，需要准备的数据包括两部分内容：一是评估对象，即基准房价的评估单元和价格载体。在本示范应用中，评估对象只限于已登记房地产，并根据房地产的使用类型，将评估对象分为已登记住宅、商业、办公和工业与其他房地产四类，分别加以评估和分析。二是基准房价评估时使用的评估数据，包括房地产属性数据、价格数据和空间数据。

其次，在深圳市基准房价评估与应用平台的支持下，应用整体估价模型完成对四类评估对象的基准房价评估工作。同时，应用全样本统计方法，对楼栋及以上层级的房价进行统计。

再次，应用比率分析对基准房价评估结果质量进行检验，具体包括交易数据比率分析、挂牌价格数据比率分析及个案评估数据比率分析。

最后，结合深圳市基准房价评估与应用平台全面展示基准房价评估结果查询与发布等应用功能。

第二节　数据准备

一、评估对象

（一）总体情况分析

截止到2012年10月1日，深圳市基准房价评估工作所涉及的评估单元数量为2,015,209套（栋）。从待测房地产类型上看，住宅类房地产为1,715,607套（栋），占总数的85.1%，其次为商业类地产、工业类地产、办公及其他类地产，所占比例分别为9.1%、2.4%、2.3%和1.0%，具体统计情况如表7.1和图7.2所示。从待测房地产在行政区上的分布来看，宝安区内的待测房地产数量最多，达到464,515套（栋），占总数的23.1%，其次为福田、龙岗、罗湖和南山，最少的为盐田，其仅占总数的2.5%，具体统计及分布情况如表7.2和图7.3所示。

表7.1　评估对象数量统计表（按房地产类型划分）

房地产类型	评估对象		
	房屋数（套）	独栋数（栋）	总数
住宅	1559479	156128	1715607
商业	182908	845	183753
办公	46113	802	46915
工业	29893	19168	49061
其他	12457	7416	19873
总数	1830850	184359	2015209

测算对象类型比例分布图

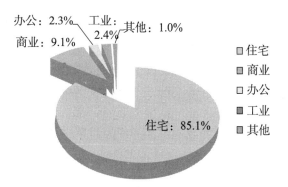

办公：2.3%　工业：2.4%　其他：1.0%
商业：9.1%

住宅：85.1%

住宅
商业
办公
工业
其他

图7.2 评估对象类型比例分布图

表7.2　评估对象数量统计表（按行政区划分）

行政区	评估对象		
	房屋数（套）	独栋数（栋）	总数
罗湖	346452	2492	348944
福田	412352	803	413155
南山	342929	1466	344395
盐田	50294	551	50845
宝安	345100	119415	464515
龙岗	333723	59632	393355
总数	1830850	184359	2015209

测算对象分布比例图（按行政区划分）

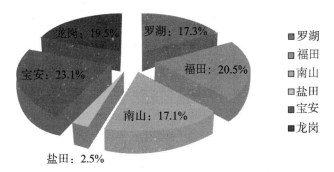

龙岗：19.5%　罗湖：17.3%
宝安：23.1%　福田：20.5%
南山：17.1%
盐田：2.5%

罗湖
福田
南山
盐田
宝安
龙岗

图7.3 评估对象分布比例图（按行政区划分）

（二）住宅房地产分析

截止到2012年10月1日，已登记住宅类待测房地产共计1,715,607套（栋），其中，房屋套数为1,559,479套，独栋楼栋数为156,128栋，分别占总数的90.9%和9.1%。从住宅类待测房地产在各个行政区内的分布情况来看，除了盐田区分布较少之外（占总数的2.7%），住宅类待测房地产在其他各区分布较为均匀，其中，分布最多的行政区为宝安区，其所占比例为22.6%，其次为福田区、龙岗区、罗湖区和南山区。

住宅类房地比例分布图

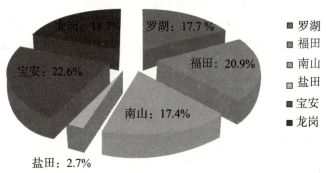

图7.4 住宅类待测房地产比例分布图（按行政区划分）

（三）商业房地产分析

截止到2012年10月1日，已登记商业类待测房地产共183,753套（栋），其中，房屋套数为182,908套，独栋楼栋数为845栋，分别占总数的99.5%和0.5%。从商业类待测房地产在各个行政区内的分布情况来看，分布在龙岗区内的商业类待测地产最多，达到51,266套（栋），占总数的27.9%，其次为宝安、南山、罗湖和福田，最少的为盐田，它们所占的比例分别为22.9%、19.3%、15.8%、12.5%和1.6%。

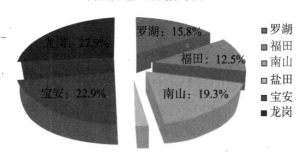

商业房地产比例分布图

罗湖：15.8%
福田：12.5%
南山：19.3%
龙岗：27.9%
宝安：22.9%
盐田：1.6%

- 罗湖
- 福田
- 南山
- 盐田
- 宝安
- 龙岗

图7.5 商业类待测房地产比例分布图（按行政区划分）

（四）办公房地产分析

截止到2012年10月1日，已登记办公类待测房地产共46，915套（栋），其中，房屋套数为46，113套，独栋楼栋数为802栋，分别占总数的98.3%和1.7%。从办公类待测房地产在各个行政区内的分布情况来看，福田区所包含的评估对象最多，占所有办公类待测地产的一半以上（52.0%），其次为罗湖（21.4%）、南山（12.8%）和宝安（8.4%），最少的为盐田和龙岗，其所占比例分别为2.9%和2.5%。

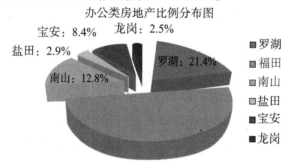

办公类房地产比例分布图

宝安：8.4%　龙岗：2.5%
盐田：2.9%
南山：12.8%
罗湖：21.4%

- 罗湖
- 福田
- 南山
- 盐田
- 宝安
- 龙岗

图7.6 办公类待测房地产比例分布图（按行政区划分）

（五）工业房地产分析

截止到2012年10月1日，已登记工业类待测房地产共49，061套（栋），其中，房屋套数为29，893套，独栋楼栋数为19，168栋，分别占总数的60.1%和39.9%。从工业类待测房地产在各个行政区内的分布情况来看，其在宝安区和龙岗区内分布的最多，分别达到了41.2%和38.0%，而在其他行政区内则分布较少。

第七章　深圳示范

321

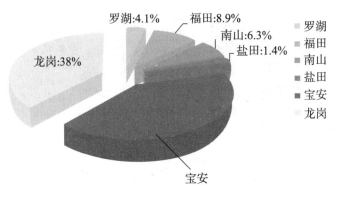

工业类房地产比例分布图

罗湖:4.1%　福田:8.9%

南山:6.3%

盐田:1.4%

龙岗:38%

宝安

罗湖
福田
南山
盐田
宝安
龙岗

图7.7 工业类待测房地产比例分布图（按行政区划分）

（六）其他房地产分析

截止到2012年10月1日，其他类待测房地产共19873套（栋），其中，房屋套数为12457套，独立楼栋数为7416栋，分别占总数的62.7%和37.3%。从其他类待测房地产在各个行政区内的分布情况来看，宝安区内分布最多，达到9850套（栋），占总数的49.6%，其次为罗湖、福田、龙岗、南山，分布最少的为盐田，其仅占总数的1.4%。

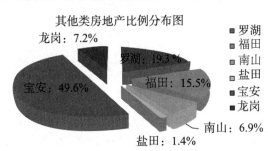

其他类房地产比例分布图

龙岗：7.2%

罗湖：19.3%

福田：15.5%

宝安：49.6%

南山：6.9%

盐田：1.4%

罗湖
福田
南山
盐田
宝安
龙岗

图7.8 其他类待测房地产比例分布图（按行政区划分）

二、评估数据

截止到2012年10月1日，我们已经收集到的评估数据包括房地产属性数据、房地产价格数据和房地产空间数据，它们主要来自以下几个方面：

一是产权登记数据，源于深圳规土委建设和管理的产权登记系统。该数据是确定评估对象的数据基础。

二是预售备案数据，源于由房地产开发商按市场价值预售给购房者后，购买者在房地产管理机构进行预售登记的数据。该数据包括了房地产基础属性信息及相关价格信息。

三是建筑物普查数据，源于深圳规土委的建筑物普查项目以及每年的动态更新数据。该数据是房地产空间数据的重要来源。

四是二手房数据，源于评估机构和中介机构的二手房交易或租赁数据。该数据是房地产基础属性信息、交易价格及租赁价格信息的重要来源之一。

五是补充调查数据，源于项目组根据实际需要组织实施的房地产调查数据。该数据包含了房地产基础属性及价格信息。

面对来源广泛的海量数据，我们利用深圳市基准房价评估与应用平台对这些数据进行统一管理和显示，并实现了图文之间无缝切换功能，提高了数据的可视化水平和易操作性。图7.9和7.10为平台的数据管理和显示功能界面。

项目名称	宗地号	行政区	街道	楼栋数	主体建筑物用途	建筑面积(㎡)	开盘时间	详情
龙华花园(新安)	9034344	宝安区		1067		90659.30		
新安镇宝田祥屋村	9034054	宝安区		795		209765.30		
华侨新村(龙岗)	G01011-2(2)	宝安区	龙城街道	533	住宅	111363.60		
新安苑1区	9015740	宝安区		481	住宅	64347.80		
新安苑2区	X9000217	宝安区		439	住宅	138725.60		
怡景花园	X110-0001	罗湖区	黄贝街道	411	住宅	38198.88	2000-03-01	
浪湖园	A932-0253	宝安区	观澜街道	272	住宅	144054.67	2009-05-21	
润贝新村	H214-0026	罗湖区	东门街道	262	住宅	85660.16	1992-10-01	
宝翠山庄	A210-0011	宝安区	福永街道	255	住宅	83724.17	1997-06-06	
松涛花园	代A414-0005	宝安区	松岗街道	242	住宅	39884.15	1996-12-10	

共6623条 第1/663页 每页 10 条 go 首页 《上一页 下一页》 尾页

图7.9 评估数据文字管理界面实例

图7.10 评估数据地图显示界面实例

第三节 房价评估

一、基准房价评估

深圳市基准房价评估与应用平台内嵌了整体估价模型和全样本统计模型，分别用于评估基准房价和统计楼栋及以上层面房价。其中，楼栋及以上层面房价统计包括楼栋房价、楼盘房价、标准分区房价、片区房价、行政区房价和全市房价。在第六章第五节中，我们已经详细介绍了基准房价的评估步骤及操作界面，在此不作重复叙述。本节将以住宅房地产基准房价评估为例，其部分评估结果如图7.11—7.16所示：

编号	名称	基准价	操作
136830	东方玫瑰花园1栋502	30080.05	定位 查看详情
1784304	东方玫瑰花园1栋2703	31195.81	定位 查看详情
218410	东方玫瑰花园1栋3201	31448.15	定位 查看详情
365461	东方玫瑰花园1栋2901	31296.14	定位 查看详情
87500	东方玫瑰花园1栋1101	30384.07	定位 查看详情
386601	东方玫瑰花园1栋2201	30943.47	定位 查看详情
1725433	东方玫瑰花园1栋2202	30943.47	定位 查看详情
1251575	东方玫瑰花园1栋1902	30791.46	定位 查看详情
293781	东方玫瑰花园1栋901	30283.74	定位 查看详情
613561	东方玫瑰花园1栋503	30080.05	定位 查看详情
1066479	东方玫瑰花园1栋301	29979.72	定位 查看详情
960975	东方玫瑰花园1栋1602	30639.45	定位 查看详情
1330775	东方玫瑰花园1栋2701	31195.81	定位 查看详情
1724867	东方玫瑰花园1栋1201	30435.75	定位 查看详情
788614	东方玫瑰花园1栋2503	31095.48	定位 查看详情
9335	东方玫瑰花园1栋2602	31144.13	定位 查看详情
761185	东方玫瑰花园1栋2803	31247.49	定位 查看详情
824599	东方玫瑰花园1栋2101	30891.79	定位 查看详情
868669	东方玫瑰花园1栋2903	31296.14	定位 查看详情
1492604	东方玫瑰花园1栋601	30131.73	定位 查看详情
280975	东方玫瑰花园1栋3202	31448.15	定位 查看详情

图7.11 福田区"东方玫瑰花园1栋"基准房价评估结果

统计对象：　楼盘　　名称：　鸿瑞花园　　确定

编号	名称	基准价	操作
1431654	鸿瑞花园鸿康阁A601	20231.37	定位 查看详情
26499	鸿瑞花园鸿康阁C1001	22046.12	定位 查看详情
552216	鸿瑞花园鸿康阁C502	20336.57	定位 查看详情
981393	鸿瑞花园鸿康阁A502	20231.37	定位 查看详情
1030202	鸿瑞花园鸿康阁B401	19826.75	定位 查看详情
1752424	鸿瑞花园鸿康阁A402	19826.75	定位 查看详情
189322	鸿瑞花园鸿康阁B402	19826.75	定位 查看详情
279615	鸿瑞花园鸿康阁B902	23367.24	定位 查看详情
1782536	鸿瑞花园鸿康阁A501	20231.37	定位 查看详情
692997	鸿瑞花园鸿康阁C403	19778.19	定位 查看详情
1643551	鸿瑞花园鸿康阁C202	19219.81	定位 查看详情
763780	鸿瑞花园鸿康阁C203	19219.81	定位 查看详情
1070610	鸿瑞花园鸿康阁A802	21445.25	定位 查看详情
1183905	鸿瑞花园鸿康阁C301	19422.12	定位 查看详情
924752	鸿瑞花园鸿康阁B502	20231.37	定位 查看详情
1585333	鸿瑞花园鸿康阁C501	19952.18	定位 查看详情
1763039	鸿瑞花园鸿康阁A202	19017.49	定位 查看详情
200633	鸿瑞花园鸿康阁A401	19826.75	定位 查看详情
779827	鸿瑞花园鸿康阁A101	18612.87	定位 查看详情
1800638	鸿瑞花园鸿康阁B301	19288.59	定位 查看详情
244444	鸿瑞花园鸿康阁B701	21040.63	定位 查看详情

首页　上一页　下一页　尾页

图7.12　南山区"鸿瑞花园鸿康阁"基准房价评估结果

统计对象：　楼盘　　名称：　金枫花园　　确定

编号	名称	基准价	操作
350723	金枫花园7栋204	14302.26	定位 查看详情
1576816	金枫花园7栋603	15624.66	定位 查看详情
70630	金枫花园7栋1003	16616.46	定位 查看详情
263878	金枫花园7栋404	14963.46	定位 查看详情
431395	金枫花园7栋702	15624.66	定位 查看详情
672522	金枫花园7栋101	14632.85	定位 查看详情
1049351	金枫花园7栋904	16616.46	定位 查看详情
928451	金枫花园7栋703	15955.25	定位 查看详情
1610846	金枫花园7栋803	16285.85	定位 查看详情
188182	金枫花园7栋301	14963.46	定位 查看详情
422696	金枫花园7栋502	15294.06	定位 查看详情
1666357	金枫花园7栋102	14632.85	定位 查看详情
1161797	金枫花园7栋902	15955.25	定位 查看详情
495168	金枫花园7栋903	16616.46	定位 查看详情
136200	金枫花园7栋304	14632.85	定位 查看详情
1632479	金枫花园7栋104	13971.66	定位 查看详情
1741912	金枫花园7栋904	16616.46	定位 查看详情
961294	金枫花园7栋701	15624.66	定位 查看详情
486980	金枫花园7栋704	15955.25	定位 查看详情
39687	金枫花园7栋901	15955.25	定位 查看详情
938649	金枫花园7栋501	15294.06	定位 查看详情

首页　上一页　下一页　尾页

图7.13　罗湖区"金枫花园7栋"基准房价评估结果

<table>
<tr><td colspan="2">统计对象: 楼盘</td><td>名称: 海涛花园</td><td>确定</td></tr>
</table>

编号	名称	基准价	操作
260401	海涛花园44栋3D	15634.49	定位 查看详情
774997	海涛花园44栋4-C	15634.49	定位 查看详情
248829	海涛花园44栋5C	15386.34	定位 查看详情
100171	海涛花园44栋5-B	15386.34	定位 查看详情
1219382	海涛花园44栋1A	14890.03	定位 查看详情
1161901	海涛花园44栋6C	14890.03	定位 查看详情
569752	海涛花园44栋4-B	15634.49	定位 查看详情
1379597	海涛花园44栋1D	14890.03	定位 查看详情
313099	海涛花园44栋6-A	14890.03	定位 查看详情
760231	海涛花园44栋4D	15634.49	定位 查看详情
391245	海涛花园44栋3-C	15634.49	定位 查看详情
585146	海涛花园44栋3A	15634.49	定位 查看详情
1270380	海涛花园44栋2D	15138.18	定位 查看详情
1700614	海涛花园44栋1-B	14890.03	定位 查看详情
528392	海涛花园44栋1-C	14890.03	定位 查看详情
1663152	海涛花园44栋2-C	15138.18	定位 查看详情
1432191	海涛花园44栋6-B	14890.03	定位 查看详情
1428925	海涛花园44栋6-D	14890.03	定位 查看详情
344190	海涛花园44栋3-B	15634.49	定位 查看详情
738731	海涛花园44栋2-B	15138.18	定位 查看详情
1166567	海涛花园44栋5D	15386.34	定位 查看详情

首页 上一页 下一页 尾页

图7.14 盐田区"海涛花园44栋"基准房价评估结果

<table>
<tr><td colspan="2">统计对象: 楼盘</td><td>名称: 怡合花园</td><td>确定</td></tr>
</table>

编号	名称	基准价	操作
1149013	怡合花园四栋706	8146.59	定位 查看详情
899892	怡合花园四栋806	7914.01	定位 查看详情
94869	怡合花园四栋805	7914.01	定位 查看详情
331037	怡合花园四栋305	8844.28	定位 查看详情
1196669	怡合花园四栋407	8844.28	定位 查看详情
538768	怡合花园四栋802	7914.01	定位 查看详情
977291	怡合花园四栋208	8379.15	定位 查看详情
1490049	怡合花园四栋607	8379.15	定位 查看详情
77382	怡合花园四栋206	8379.15	定位 查看详情
1813345	怡合花园四栋701	8146.59	定位 查看详情
750442	怡合花园四栋408	8844.28	定位 查看详情
292835	怡合花园四栋502	8611.72	定位 查看详情
1127939	怡合花园四栋705	8146.59	定位 查看详情
469519	怡合花园四栋301	8844.28	定位 查看详情
947906	怡合花园四栋807	7914.01	定位 查看详情
1402374	怡合花园四栋501	8611.72	定位 查看详情
547744	怡合花园四栋504	8611.72	定位 查看详情
514664	怡合花园四栋204	8379.15	定位 查看详情
872920	怡合花园四栋508	8611.72	定位 查看详情
103667	怡合花园四栋707	8146.59	定位 查看详情
919371	怡合花园四栋602	8379.15	定位 查看详情

首页 上一页 下一页 尾页

图7.15 宝安区"怡合花园4栋"基准房价评估结果

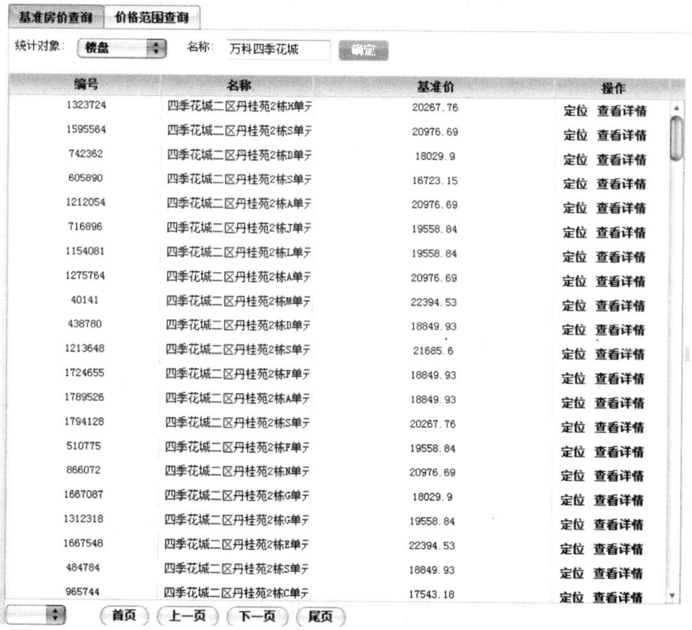

编号	名称	基准价	操作
1323724	四季花城二区丹桂苑2栋H单テ	20267.76	定位 查看详情
1595564	四季花城二区丹桂苑2栋S单テ	20976.69	定位 查看详情
742362	四季花城二区丹桂苑2栋D单テ	18029.9	定位 查看详情
605890	四季花城二区丹桂苑2栋S单テ	16723.15	定位 查看详情
1212054	四季花城二区丹桂苑2栋A单テ	20976.69	定位 查看详情
716896	四季花城二区丹桂苑2栋J单テ	19558.84	定位 查看详情
1154081	四季花城二区丹桂苑2栋L单テ	19558.84	定位 查看详情
1275764	四季花城二区丹桂苑2栋A单テ	20976.69	定位 查看详情
40141	四季花城二区丹桂苑2栋M单テ	22394.53	定位 查看详情
438780	四季花城二区丹桂苑2栋D单テ	18849.93	定位 查看详情
1213648	四季花城二区丹桂苑2栋S单テ	21685.6	定位 查看详情
1724655	四季花城二区丹桂苑2栋F单テ	18849.93	定位 查看详情
1789526	四季花城二区丹桂苑2栋A单テ	18849.93	定位 查看详情
1794128	四季花城二区丹桂苑2栋S单テ	20267.76	定位 查看详情
510775	四季花城二区丹桂苑2栋F单テ	19558.84	定位 查看详情
866072	四季花城二区丹桂苑2栋N单テ	20976.69	定位 查看详情
1667087	四季花城二区丹桂苑2栋G单テ	18029.9	定位 查看详情
1312318	四季花城二区丹桂苑2栋G单テ	19558.84	定位 查看详情
1667548	四季花城二区丹桂苑2栋E单テ	22394.53	定位 查看详情
484784	四季花城二区丹桂苑2栋S单テ	18849.93	定位 查看详情
965744	四季花城二区丹桂苑2栋C单テ	17543.18	定位 查看详情

图7.16 龙岗区“四季花城二区丹桂苑2栋”基准房价评估结果

由于楼栋及以上层面房价的统计计算过程基本一致，因此在本节中，我们以统计标准分区房价为例，结合操作界面介绍其计算步骤及操作界面。

首先，用户需在参数设置栏内设置相关计算参数（如图7.17所示），包括统计对象表、统计结果表、统计方法以及类型设置（如图7.18所示）。其中，类型设置包括按层高分类、按房龄分类及按面积分类三种方式，它们既可以单独使用，也可以联合使用。

其次，用户在设置完参数之后，点击“开始计算”按钮，计算结果将自动以列表方式显示（如图7.19所示），各个属性列显示了统计对象的基本属性信息，包括标准分区编号、大分区编号、面积、类型、房龄、统计价格及统计时点。

第三，用户可以点击属性列的名称进行排序显示。在图7.19中，统计结果的显示顺序是按照统计价格从小到大进行排序的。

第四，用户可以点击操作中的“定位”按钮，查询所关注的房地产的空间位置信息，如图7.20所示。

图7.17 设置评估参数

图7.18 类型设置

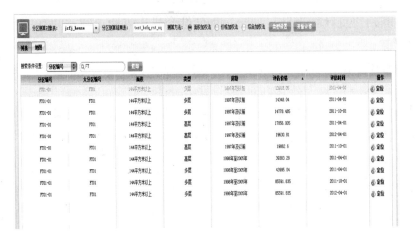

图7.19 标准分区房价统计结果

图7.20 标准分区空间定位

以上所述为楼栋及以上层面房价统计计算步骤和操作流程，接下来本节将以住宅房地产为例重点介绍各个层级房价统计的部分结果，并将统计结果按照房地产类型、房龄和面积进行分类显示，具体统计结果界面为：图7.21—7.22所示为楼栋房价分类统计结果；图7.23—7.25为楼盘房价分类统计结果；图7.26—-7.28为标准分区房价分类统计结果；图7.29—7.31为片区房价分类统计结果；图7.32—7.34为行政区房价分类统计结果；图7.35—7.37为全市房价分类统计结果。

图7.21 楼栋房价统计结果（不分类）

图7.22 楼栋房价分类统计结果（类型为"小高层"）

图7.23 楼盘房价分类统计结果（类型为"小高层"）

图7.24 楼盘房价分类统计结果（房龄为"1997年及以前"）

图7.25 楼盘房价分类统计结果（面积为"90平方米以下"）

图7.26 标准分区房价分类统计结果（类型为"多层"）

图7.27 标准分区房价分类统计结果（房龄为"2006年及以后"）

图7.28 标准分区房价分类统计结果（面积为"144平方米以上"）

图7.29 片区房价分类统计结果（类型为"小高层"）

图7.30 片区房价分类统计结果（房龄为"1998年至2005年"）

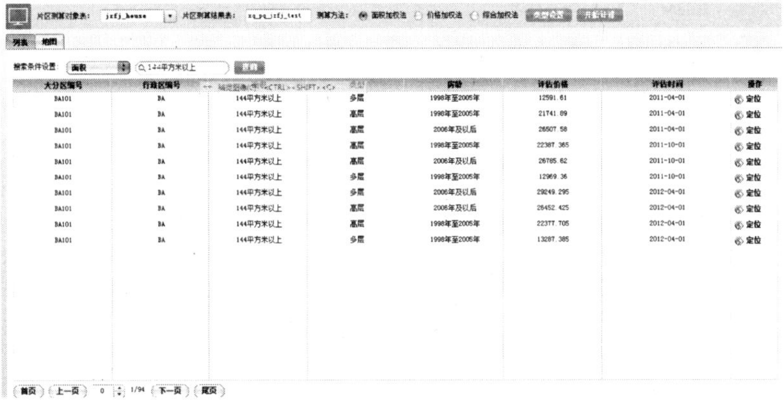

大分区编号	行政区编号			房龄	评估价格	评估时间	操作
BA101	BA	144平方米以上	多层	1998年至2005年	12591.61	2011-04-01	定位
BA101	BA	144平方米以上	高层	1998年至2005年	21741.89	2011-04-01	定位
BA101	BA	144平方米以上	高层	2006年及以后	26507.58	2011-04-01	定位
BA101	BA	144平方米以上	高层	1998年至2005年	22387.365	2011-10-01	定位
BA101	BA	144平方米以上	高层	2006年及以后	26785.62	2011-10-01	定位
BA101	BA	144平方米以上	多层	1998年至2005年	12969.36	2011-10-01	定位
BA101	BA	144平方米以上	多层	2006年及以后	29249.295	2012-04-01	定位
BA101	BA	144平方米以上	高层	2006年及以后	26452.425	2012-04-01	定位
BA101	BA	144平方米以上	高层	1998年至2005年	22377.705	2012-04-01	定位
BA101	BA	144平方米以上	多层	1998年至2005年	13287.385	2012-04-01	定位

图7.31 片区房价分类统计结果（面积为“144平方米以上”）

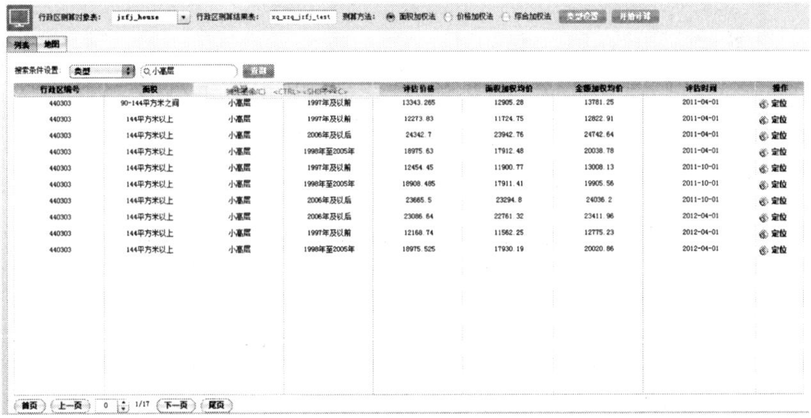

行政区编号	面积			评估价格	面积加权均价	金额加权均价	评估时间	操作
440303	90-144平方米之间	小高层	1997年及以前	13343.265	12905.28	13781.25	2011-04-01	定位
440303	144平方米以上	小高层	1997年及以前	12273.83	11724.75	12822.91	2011-04-01	定位
440303	144平方米以上	小高层	2006年及以后	24342.7	23942.76	24742.64	2011-04-01	定位
440303	144平方米以上	小高层	1998年至2005年	18975.63	17912.48	20038.78	2011-04-01	定位
440303	144平方米以上	小高层	1997年及以前	12454.45	11900.77	13008.13	2011-10-01	定位
440303	144平方米以上	小高层	1998年至2005年	18908.485	17911.41	19905.56	2011-10-01	定位
440303	144平方米以上	小高层	2006年及以后	23665.5	23294.8	24036.2	2011-10-01	定位
440303	144平方米以上	小高层	2006年及以后	23086.64	22761.32	23411.96	2012-04-01	定位
440303	144平方米以上	小高层	1997年及以前	12168.74	11562.25	12775.23	2012-04-01	定位
440303	144平方米以上	小高层	1998年至2005年	18975.525	17930.19	20020.86	2012-04-01	定位

图7.32 行政区房价分类统计结果（类型为“小高层”）

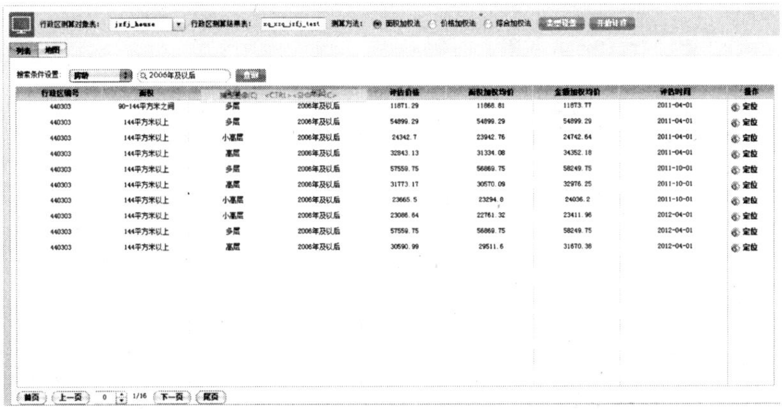

行政区编号	面积			评估价格	面积加权均价	金额加权均价	评估时间	操作
440303	90-144平方米之间	多层	2006年及以后	11871.29	11868.81	11873.77	2011-04-01	定位
440303	144平方米以上	多层	2006年及以后	54899.29	54899.29	54899.29	2011-04-01	定位
440303	144平方米以上	小高层	2006年及以后	24342.7	23942.76	24742.64	2011-04-01	定位
440303	144平方米以上	高层	2006年及以后	32843.13	31334.08	34352.18	2011-04-01	定位
440303	144平方米以上	多层	2006年及以后	57559.75	56869.75	58249.75	2011-10-01	定位
440303	144平方米以上	高层	2006年及以后	31773.17	30570.09	32976.25	2011-10-01	定位
440303	144平方米以上	小高层	2006年及以后	23665.5	23294.8	24036.2	2011-10-01	定位
440303	144平方米以上	小高层	2006年及以后	23086.64	22761.32	23411.96	2012-04-01	定位
440303	144平方米以上	多层	2006年及以后	57559.75	56869.75	58249.75	2012-04-01	定位
440303	144平方米以上	高层	2006年及以后	30590.99	29511.6	31670.38	2012-04-01	定位

图7.33 行政区房价分类统计结果（房龄为“2006年及以后”）

图7.34 行政区房价分类统计结果（面积为"144平方米以上"）

图7.35 全市房价分类统计结果（类型为"小高层"）

图7.36 全市房价分类统计结果（房龄为"1997年及以前"）

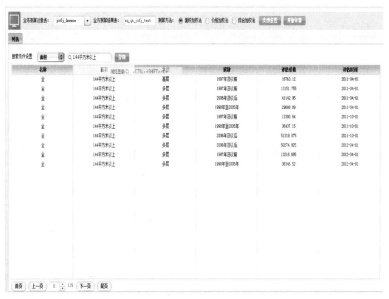

图7.37 全市房价分类统计结果（面积为"144平方米以上"）

二、评估结果检验

为了保证基准房价评估结果的准确性和一致性，我们应用比率分析方法对基准房价评估结果进行检验。

比率分析检验方法简单来说就是将评估结果与市场价值进行比较来计算相应的统计指标，进而根据统计指标验证评估结果质量。其中，市场价值是指房地产在公开竞争市场上最可能达成的价格，前提假设是交易双方知晓详情，且有充分的时间进行交易，价格不受特殊因素影响。在比率分析中，市场价值通常是用实际成交价格来表示。实际价格需要考虑成交时间、非典型融资、销售中包括的个人财产及其他因素，然后进行调整。不能代表公开市场的交易案例不可以用于比率分析。

在具体实施比率分析的过程中，我们采用IAAO的相关比率分析标准（表4.74）。

（一）比率检验数据分析

比率分析的目的是检验基准房价评估结果的公平性及一致性；应用范围是深圳市已登记的房地产。

为了保证对评估结果能够进行更好的检验，比率分析在方案设计上，遵循以下原则：一是尽量扩大检验的数据来源，保证数据的样本量，采用了个案评估数据、市场交易数据和二手房挂牌数据；二是比率分析的对象是已登记房地产；三是尽量涉及到房地产的不同类别。

在具体实施中，我们适当扩大了数据范围，从不同层面检验评估最终结果的准确性、可靠性和一致性。当然考虑到数据样本规模的大小和数据的准确性，一般以市场交易数据的可靠性最好，个案评估数据其次，挂牌数据仅做参考。由于非住宅房地产的差异性非常大，涉及不同的细分类别，因此比率分析检验的结果没有住宅的理想。

为了能够对不同类别的已登记房地产在组内和组间开展批量评估结果质量分析和检验，我们根据房地产的用途特征，按用途划分为住宅与非住宅，进行比率分析检验。其中非住宅包括商业（不含商务办公）、商务办公、工业和其他。

对于市场交易数据，我们选取交易时间与基准房价评估时点较为相近的案例，因房屋物理状况发生较大改变而导致不能匹配的情况较少，对于不是同一时点的交易案例，我们进行统一的交易时间修正，以保证每套房屋都是在同一状况下计算其评估比率。

对于个案评估数据，选择的估价时点在2011年10月1日至2012年10月1日之间。选取个案评估数据的条件为：选择估价方法主要为市场比较法、收益法和成本法的案例；剔除评估价格明显偏高或偏低的案例；剔除个案评估数据是针对多套房产一起评估的案例。

对于二手房挂牌数据，由于数据充分，因此我们选择挂牌时间距离本次评估时点半年内的数据，即二手房挂牌数据的挂牌时间介于2012年4月1日和2012年10月1日之间。与个案评估数据和市场交易数据不同的是，挂牌数据中没有楼栋和房号信息，涉及的内容有楼盘、地址、所在层、面积、户型、房龄、价格、挂牌时间等，因此挂牌数据与产权登记数据的匹配只能完成挂牌楼盘到产权楼栋的匹配。通过计算挂牌数据的楼盘均价可用于楼栋评估结果的检验。

从图7.15和表7.4来看，通过Kolmogorov-Smirnov（D）和Shapiro-Wilk（W）检验可知，显著性水平均小于0.05，比率样本也不服从严格的正态分布，从比率数据直方图来看，有较好的集中趋势，基本满足比率分析的数据要求。

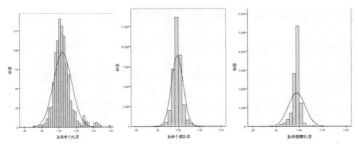

图7.15 比率数据直方图

表7.4 正态性检验

分类	Kolmogorov–Smirnova			Shapiro–Wilk		
	统计量	df	Sig.	统计量	df	Sig.
交易	0.105	1024	0.000	0.905	1024	0.000
个案	0.107	36999	0.000	–	–	–
挂牌	0.249	11303	0.000	–	–	–
a. Lilliefors 显著水平修正						

（二）市场交易数据比率分析

表7.5详细给出了基准房价评估中不同类型房地产评估结果与市场交易价格的比率分析检验结果。从表中我们可以看出，住宅、商业、办公和工业类房地产的整体评估水平（即比率中位数）分别为1.028、1.087、1.040和1.067，均符合0.90—1.10的IAAO标准。具体的，住宅房地产的离散系数和价格相关差分别为5.1和1.005，符合IAAO标准中二者需在5—10和0.98—1.03的规定，这说明住宅房地产基准房价评估结果具有较好的一致性和垂直公平性，不存在高价值的房地产被低估或低价值的房地产被高估的问题。对于非住宅房地产来说，其比率中位数和离散系数明显偏大，但仍符合IAAO的相关标准。其中，商业与办公的价格相关差较大，但仍在0.98-1.03的标准范围内。工业由于成交数据过少，比率分析结果仅供参考。

表7.5 基准房价市场交易数据比率分析结果

类型	评估时点	交易案例数	比率中位数	离散系数	价格相关差
住宅	2012–10–01	755	1.028	5.1	1.005

类型	评估时点	交易案例数	比率中位数	离散系数	价格相关差
商业	2012-10-01	97	1.087	12.9	1.021
办公	2012-10-01	175	1.040	13.4	1.013
工业	2012-10-01	2	1.067	20.0	0.999

（三）个案评估数据比率分析

表7.6详细给出了基准房价评估中不同类型房地产测试结果与个案评估价格的比率分析检验结果。其中，住宅房地产的比率分析检验效果最好，它的整体评估水平、离散系数和价格相关差分别为0.969、8.5和1.016，都符合IAAO标准对这三项指标的规定（即0.90—1.10、5—10和0.98—1.03），体现了良好的一致性和垂直公平性。而非住宅由于案例较少，导致可参与比率分析检验的数据较少，因此，其离散系数与价格相关差明显偏大，但仍符合IAAO相关标准。

表7.6 基准房价评估结果个案评估数据比率分析结果

类型	评估时点	案例数	比率中位数	离散系数	价格相关差
住宅	2012-10-01	35485	0.969	8.5	1.016
商业	2012-10-01	981	0.966	15.2	1.028
办公	2012-10-01	496	0.954	11.8	1.018
工业	2012-10-01	36	0.900	13.5	1.026

（四）挂牌数据比率分析

表7.7详细给出了基准房价评估中不同类型房地产测试结果与挂牌价格的比率分析检验结果。其中，住宅房地产的比率分析检验效果最好，它的整体评估水平、离散系数和价格相关差分别为0.945、6.9和1.013，都符合IAAO标准对这三项指标的规定（即0.90—1.10、5—10和0.98—1.03），体现了良好的一致性和垂直公平性。而非住宅由于挂牌案例较少，导致可参与比率分析检验的数据较少，因此，其离散系数与价格相关差明显偏大，但仍符合IAAO相关标准。

表7.7　基准房价评估结果挂牌数据比率分析结果

类型	评估时点	案例数	比率中位数	离散系数	价格相关差
住宅	2012-10-01	10342	0.945	6.9	1.013
商业	2012-10-01	739	0.964	16.1	1.029
办公	2012-10-01	198	0.946	12.9	1.015
工业	2012-10-01	21	0.903	19.8	1.031

（五）评估结果质量总结

综合三种数据来源的比率分析检验结果，可以得出以下结论：

从整体评估结果来看，三类数据的比率分析结果保持了相对的稳定性和一致性，评估水平与市场价格比较接近,评估结果具有较好的水平一致性，也具有较好的垂直公平性，不存在高价值的房地产被低估，也不存在低价值的房地产被高估的问题。

住宅房地产数据样本量相对较大，三种数据的比率分析检验均表明评估水平具有很好的准确性，基本和市场价格接近，评估结果具有很好的一致性，离散程度较小。在垂直公平性方面，也不存在低估和高估的现象，具有很好的公平性，符合IAAO关于比率分析检验的相关标准。由于挂牌数据的准确性有待确认，建议其检验结果仅作参考。

非住宅房地产，根据数据样本量的规模大小以及数据本身的准确性，可以看出：由于市场成交数据样本量较小，并且挂牌数据准确性仍有待确认，因此这两组数据的检验结果仅供参考，而个案评估数据的检验结果更贴近实际情况。综合来看，非住宅房地产的评估水平具有较好的准确性，评估结果具有相对较好的一致性。在垂直公平性方面，虽然符合IAAO的相关标准，但相对于住宅基准房价评估结果，价格相关差略大，这主要是因为深圳市非住宅房地产具有较大的差异性和复杂性；进一步来看，办公房地产评估结果的评估水平和一致性均较好，基本符合IAAO的比率分析标准；商业和工业房地产评估水平基本合理，虽然离散系数略大，但仍符合IAAO检验标准，具有较好的一致性和公平性。

综上所述，深圳市已登记房地产基准房价评估水平具有较好的准确性，评估结果具有相对较好的一致性和公平性，基本达到了预期效果。

第四节　成果应用

　　深圳市基准房价评估与应用平台是一个综合性的系统平台，除了能够进行基准房价评估之外，还能够将基准房价评估结果发布出去，供不同用户进行查询使用，使基准房价体系在社会经济领域中发挥更大的作用。

一、评估结果查询

　　基准房价评估结果查询是系统平台实现的一项基本功能，目的是以文字和地图形式将用户自定义的查询结果显示出来。平台为用户提供了两种查询功能，分别为按名称查询方式和按属性查询方式。

　　（一）按名称查询

　　用户可以在"统计对象"中选择查询范围，并在"名称"栏内输入关键字，平台将进行模糊匹配查询，查询结果以列表方式显示出来，如图7.16所示。在这个实例中，统计对象范围为"标准分区"，查询关键字为"FT"，查询结果显示的信息为符合查询条件的标准分区编号、名称和房价，并可以进行空间定位和查看详情。图7.17显示了"深圳市中心区"的定位功能，系统将自动跳转到该标准分区的二维地图位置，并显示相关信息，便于用户查看。图7.18显示了对"深圳市中心区"标准分区的"详情查看"功能，该功能按照层高、房龄和面积进行分类显示，这种显示方式与前文所述的基准房价体系相对应。

图7.16　查询结果列表显示

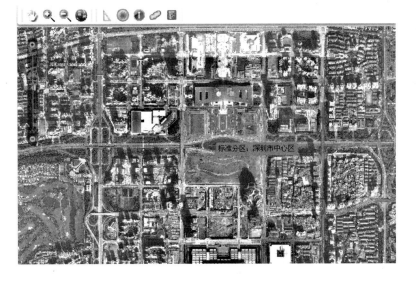

标准分区:深圳市中心区

图7.17　查看结果地图定位显示

多层

房龄	分户型	均价(元/平米)		
		90平米以下	90—144平米	144平米以上
1997年及以前		15652.72	14920.365	13933.05
1998年至2005年				85591.835

小高层

房龄	分户型	均价(元/平米)		
		90平米以下	90—144平米	144平米以上
1997年及以前		15865.21	11539.61	15875.72
1998年至2005年		21311.24	33339.095	36808.155

高层

房龄	分户型	均价(元/平米)		
		90平米以下	90—144平米	144平米以上
1997年及以前		19023.385	19158.42	19630.81
1998年至2005年		31847.2	35210.13	39293.81
2006年及以后		29846.565	30186.695	30863.4

图7.18　查看详情结果显示

（二）按属性查询

用户可以利用系统平台实现按属性查询基准房价功能，这些属性包括对象范围、面积范围、类型和房龄。在定制查询时，用户既可以设置某一个属性，也可以设置多个属性进行联合查询，这样极大提升了查询的灵活性。图7.19所示为设置了查询对象范围为"标准分区"、面积范围为

"90—144平方米之间"、类型为"高层"和房龄为"1998年—2005年"的查询结果列表显示界面，该界面显示了查询结果的编号、名称以及房价。在点击某一条记录后（以"南山中心区"为例），右侧地图显示区域将自动跳转到该标准分区，并显示区域名称及其房价（如图7.20所示）。

分区编号	分区名称	基准价
LG201-02	龙城地区一	11318.79
NS01-02	后海地区	19395.265
NS01-01	南山中心区	24599.715
LG201-01	龙岗中心城中心区	10167.265
FT03-01	上沙下沙地区	24429.365
LG201-06	龙城地区三	8874.97
FT02-T2	中心公园片区	31725.755
FT05-04	香蜜湖地区	30045.72
FT04-02	车公庙地区	22270.665
FT03-T3	皇岗口岸地区	21192.685
FT05-05	景田地区	23025.25
LHD1-04	东门地区	21810.195
LHD1-01	罗湖商业中心区	13533.715
NS02-01	蛇口北地区	26744.025
FT03-T2	福田保税区	17792.815
NS02-02	蛇口南地区	22980.665
FT05-03	农科中心地区	31362.78
LG201-03	龙城地区二	10506.915
NS08-04	深圳湾填海区	41952.8
FT04-03	深圳高尔夫球场地区	20820.245

图7.19 属性查询结果列表显示

图7.20 二维地图查询显示

二、评估结果发布

评估结果发布是将各种制作好的基准房价专题图发布到互联网上，以便用户查询使用。这些专题图包括楼宇基准房价分布图、楼盘房价分布图、标准分区房价分布图、片区房价分布图和行政区房价分布图。这些图层可以通过调整透明度进行叠加显示。以标准分区住宅房地产房价分布图为例（图7.21），房价价格高低用冷暖色块加以区分，暖色块表示价格较高的标准分区，而冷色块则表示价格较低的标准分区。例如，图7.21中所示红色区域为住宅房价最高的标准分区，这与实际情况中该区域内分布着大量的高档住宅情况相符。再者，利用鼠标点击图层或输入关键字查询某个标准分区，系统将自动跳转到该标准分区的位置并显示其按类型组合分类的房价走势，点击"评估时点"可以查询该时点的房价统计结果（如图7.22所示）。

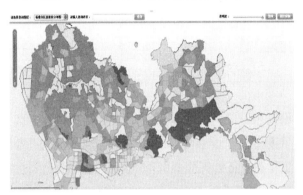

图7.21　标准分区住宅基准房价分布图

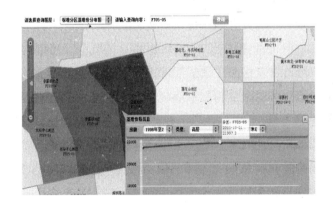

图7.22　标准分区住宅基准房价查询结果显示

三、评估结果应用

深圳市基准房价体系示范应用成果在深圳市有关社会经济生活中得到了较为广泛的推广应用，并取得了明显的社会经济效益。

（一）深圳市地税局用于存量房交易计税税基核定工作

深圳市地税局以本研究成果中的基准房价为基础，形成了存量房计税参考价格，并实际应用于房地产交易按评估价征税工作之中，取得了较好的应用成效。

基准房价评估成果为深圳市房地产交易计税提供了计税价格参考。交易双方利用虚假合同隐瞒真实价格、房地产合同登记价格严重偏离市场水平成为普遍现象。这不仅造成国家大量税收流失，也严重扰乱了房地产市场秩序。项目采用房地产整体估价法进行了深圳市已登记存量住宅的全面评估，2011年7月11日，评估成果正式应用于深圳市存量住房交易计税的征管工作。房地产整体估价以市场价值为基础，评估结果较为准确，并且每年更新两次。以该评估结果作为住房交易的计税参考价格，对成交价格偏低且无正当理由的交易实行按计税参考价格核定征税，能够基本遏制"阴阳合同"偷漏税款的行为。这对于保证税收公平与效率、规范房地产市场秩序具有重要意义。成果自应用以来，社会认可度较高，系统运行平稳，在房地产交易税收征管工作中发挥了重要的作用。

此外，本研究成果还为房地产税制改革提供技术准备。房地产市场价值评估是下一步房地产税制改革的重要内容；而传统的个案评估受制于其自身局限性，无法满足对大批量房地产进行快速、准确、低成本评估的要求。项目通过利用批量评估技术和GIS技术，并结合深圳市房地产市场特点构建信息系统，可以在保证评估准确性的基础上，大幅节约评估工作时间和评估成本，为房地产税制改革奠定了良好的技术基础，提供了可供借鉴的方法和模式。

（二）深圳市规划和国土资源委员会用于房地产行业管理工作

本研究成果已被深圳市规划和国土资源委员会实际运用于多个领域之中：

1. 在房地产市场监控及政策制定上，基准房价成果的应用有利于政府部门及时了解房地产市场运行状况、调整监控重点和方向，有的放矢地制定房地产宏观调控政策；

2. 在房地产价格信息公示上，对外发布基准房价及其统计信息能够有效改变现有公众对房地产价格信息获取不利的局面，能够让公众了解房地产市场真实运行状况，从而指导其合理地进行房地产消费，规避投资风险；

3. 在房地产税基核定和定价参考方面，本研究成果已经成为深圳市核定房地产相关税基、制定房屋拆迁补偿价格、银行抵押贷款价格和保障房买卖及租赁价格时的重要参考标准和解释依据。

此外，本研究成果还受到了其他兄弟城市的高度关注，并为其提供了重要的经验借鉴。自2010年以来，深圳市规划和国土资源委员会多次向兄弟城市介绍项目工作成果，取得了较好的示范效应。

（三）深圳市房地产研究中心用于相关研究工作

本研究成果为开展房地产市场政策研究工作提供了基础性的价格参考依据。本研究所形成的成果之一基准房价，覆盖到了深圳市所有房地产，且具有实用性高、科学性强等特征。深圳市房地产研究中心在开展房地产调控政策咨询、房地产市场运行仿真模拟分析以及城市更新单元价值评估等工作时，采用了基准房价以作为价格参考依据，所形成的研究成果获得了行业主管部门、业内兄弟机构以及广大市民百姓的高度认可。

本研究成果为开展房地产市场监控特别是价格监控提供了先进的技术手段。深圳市房地产研究中心的核心业务之一是开展深圳市区域房地产市场监控工作，其中又以区域房地产价格监控最为重要。本研究所构建的全样本房价统计模型，有效克服了以往所存在的监控样本数量不足、价格监测结果起伏较大的弊端。深圳市房地产研究中心采用此技术手段，定期对深圳市各区域的房地产市场价格及指数进行监控，并及时向社会发布，取得了良好的社会反响，为社会公众了解市场行情、为开发企业掌握市场动态做出了积极贡献。

此外，本研究成果还为提升房地产市场研究的信息化水平提供重要的技术支撑。本研究所开发的深圳市基准房价评估与应用平台具有较高的可操作性，并已实际应用于深圳市房地产研究中心的信息化提升工作之中，为达成房地产市场研究的系统化、集成化及科技化奠定了良好基础。

（四）金融机构、房地产中介机构及普通市民用于日常工作与生活

本研究成果为金融机构开展房地产抵押贷款评估业务提供了重要的价格参考依据，其中，基准房价评估成果为金融机构开展房地产抵押价值评估提供了基础性的价格参考依据，能够有效提升金融机构的工作质量和工作效率，同时也为有效防范房地产金融风险提供了基础依据。

　　本研究成果为房地产评估机构开展房地产评估业务提供了重要的参考依据。房地产评估机构的主营业务之一是开展房地产价值评估,其中又以分析确定相关评估参数最为关键,而本研究所形成的楼栋及以上区域房价统计结果,为评估机构掌握区域市场整体状态及市场变化行情提供了基础依据,进而为确定评估参数提供了重要的技术手段。此外,本研究所形成的基准房价成果,也为个案评估提供了基础性的价格参考依据,进而能够有效提升评估机构的个案评估水平和效率。

　　本研究成果为房地产中介机构促成居间交易提供了重要的价格参考依据。房地产中介机构在促成居间交易时,采用基准房价评估成果以作为待交易标的物的价值参考,可以有效减少交易双方对价格认知的差异,从而为促成公平交易乃至规范交易市场秩序奠定了良好的基础。

　　最后,本研究成果还为普通市民进行投资置业提供了较为可靠的价格参考依据。

参考文献

[1] 涂平：《武汉市商品住宅定价研究》[D]，武汉：华中科技大学，2005。

[2] 张鑫：《基于特征价格的二手房价格评估方法研究》[D]，杭州：浙江大学，2007。

[3] 仝德,陈怡：《基准房价的概念、特点及应用》[J]，《中国房地产》，2008(5):29-31。

[4] 张福林.:《小区基准房价法在房地产估价中的应用》[J]，《城市建设》， 2010(29):92-94。

[5] 曾锋：《长沙市存量房价格智能评估系统的开发与应用》[J].，《中国房地产业》，2011(9)：466-467。

[6] 李顺：《上海市地价评估系统编制及应用》[D]，上海：同济大学，2007。

[7] 李爱华：《基于ELES的保障性住房价格研究》[C]，北京，2010:349-354。

[8] 杨永清：《房地产价格的动态性及估价方法改进研究——以烟台市房地产业为例》[D]，武汉：华中科技大学，2005年。

[9] 刘洪玉. 关于庐山名人别墅定价的理论思考[J]. 房地产世界. 1996,(4).

[10] 郑捷奋,刘洪玉. 城市轨道交通与周边房地产价值关系研究[D]. 北京:清华大学,2004.

[11] Maurice, J. R. The Rise in Houseprices in Dublin: Bubble, Fad or Just Fundamentals[J]. Ireland Economic Modelling.2001, 18(2):281-295.

[12] Dennis, R. C, Patric H. H and Charlotte M, et al. Determinants of Real House Price Dynamics[R]. MayerNBER Working Paper No. 9262, Issued in October 2002.

[13] Sau, K. L. Market Fundamentals, Public Policy and Private Gain: House Price Dynamics in Singapore[J]. Journal of Property Research. 2002, 19(2): 121-143.

[14] Richard, M. and Nancy, W. House Price Dynamics and Market Fundamentals: The Parisian Housing Market[J]. Urban Studdy. 2003, 40(5-6): 1027-1045.

[15] John, K. and Chishen, W. House Prices and Fundamental Value[J]. FRBSF Economic Letter. 2004(1).

[16] Ball, M. J. Recent empirical work on the determinants of relative house prices[J]. Urban Studies, 1973.

[17] Benjamin, J. D., Randall, S. G. and Sirmans, C. F.. Mass Appraisal: An Introduction to Multiple Regression Analysis for Real Estate Valuation[J]. Journal of Real Estate Practice and Education. 2004,7(17):65-77.

[18] Committee TTS. Standard on Mass Appraisal of Real Property[R]. In: IAAO; 2011.

[19] International Valuation Standards Committee. International Valuation Standards[R]. In:IVSC[A].2007.

[20] The Appraisal Foundation. Uniform Standards of Professional AAPFHPraisal Practice[R]. In:USPAP[A].2008.

[21] Hough, D. E. and Kratz, C. G. Can good architecture meet the market test [J]. Journal of Urban Economics. 1983, 14 (1) :40-54.

[22] Vandell, K. D. and Lane, J.S. The economics of architecture and urban design : some preliminary findings [J]. Journal of the American Real Estate and Urban Economics Association. 1989 ,17 (2) :235-260.

[23] Laverne, R. J. and Geideman, K. W. The Influence of Trees

and Landscaping on Rental Rates at Office Buildings[J]. Journal of Arboriculture. 2003, 29 (5):281－290.

[24] Cervero, R. Rail-oriented Office Development in California:How successful? Transportation Quarterly. 1994, 48(1):33－44.

[25] Efron, B. and Tibshirani, R. An Introduction to the Bootstrap[M]. New York and London, 1993.

参考文献

责任编辑:高晓璐

图书在版编目(CIP)数据

基准房价理论与实践/耿继进 著. -北京:人民出版社,2014.3
(房地产评估与发展系列丛书)
ISBN 978-7-01-013087-3

Ⅰ.①基…　Ⅱ.①耿…　Ⅲ.①房价-研究-中国　Ⅳ.①F299.233.5

中国版本图书馆 CIP 数据核字(2014)第 012853 号

基准房价理论与实践
JIZHUN FANGJIA LILUN YU SHIJIAN

耿继进　汪友结　张　晖　著

人民出版社 出版发行
(100706　北京市东城区隆福寺街 99 号)

北京龙之冉印务有限公司印刷　新华书店经销

2014 年 3 月第 1 版　2014 年 3 月北京第 1 次印刷
开本:710 毫米×1000 毫米 1/16　印张:23
字数:350 千字

ISBN 978-7-01-013087-3　定价:48.00 元

邮购地址 100706　北京市东城区隆福寺街 99 号
人民东方图书销售中心　电话 (010)65250042　65289539